JÜRGEN ZANGENBERG (HRSG.)
DAS TOTE MEER

DAS TOTE MEER

KULTUR UND GESCHICHTE AM TIEFSTEN PUNKT DER ERDE

JÜRGEN ZANGENBERG (HRSG.)

VERLAG PHILIPP VON ZABERN · MAINZ

INHALT

Vorwort   7
von Jürgen Zangenberg

Region der Extreme   11
Umwelt und Klimaveränderungen am Toten Meer
von Frank H. Neumann, Elisa J. Kagan und Mordechai Stein

Das Tote Meer   27
Ein Wechselbad der Kulturgeschichte
von Wolfgang Zwickel

Die hellenistisch-römische Zeit am Toten Meer   39
Kultur, Wirtschaft und Geschichte
von Jürgen Zangenberg

Winterpaläste in Jericho   53
Steingewordener Machtanspruch der Hasmonäer und Herodianer
von Katharina Galor

Ist das „essenische Qumran" noch zu retten?   63
von Jean-Baptiste Humbert

Die Schriftfunde vom Toten Meer   75
Schätze aus Höhlen zwischen Jericho und Masada
von Mladen Popović

En-Gedi   91
Palmengarten und königliche Oase
von Gideon Hadas und Jürgen Zangenberg

Masada und die Palastfestungen des Herodes   101
von Katharina Galor

Paradies am Meeresrand   113
Die Palastanlage von Ain ez-Zara/Kallirrhoë
von Christa Clamer

Zoara, Khirbet Qazone und die Nabatäer am Südostende des Toten Meeres   125
von Konstantinos D. Politis

Fenster ins Leben   135
Die Dokumente Shimon Bar-Kochbas, der Salome Komaïse, Babathas und des Eli'ezer Ben-Samuel aus der Wüste Juda
von Gabriele Faßbeck

Aus dem Westen ans Tote Meer   149
Frühe Reisende und Entdecker
von Joan E. Taylor

Anhang
Literaturverzeichnis   165
Anmerkungen   169
Abbildungsnachweis   172

von Jürgen Zangenberg

VORWORT

Viele von uns waren schon einmal am Toten Meer. Qumran, die berühmte Fundstelle der Schriftrollen, und Masada, Festung des Herodes und Schauplatz des Endkampfs der Zeloten, stehen auf dem Programm einer jeden Reise nach Israel. Das Tote Meer, fremdartig abweisend und anziehend zugleich, liefert die bizarre Kulisse für Geschichten von einsamen Nomaden, asketischen Eiferern und hartgesottenen Rebellen. Mythen und Geschichte gehen gerade am tiefsten Punkt der Erde eine ganz besondere Verbindung ein. Geschichte löst sich in Fantasie auf wie das Salz der Berge im einfließenden Wasser des Jordans, und nur zusammen formen sie das Tote Meer. Und sogleich wird aus Fantasie wieder Geschichte, die über Generationen weiterwirkt und die Landschaft prägt. Das vorliegende Buch versucht, die Geschichte dieser einzigartigen Region als Ganzes in den Blick zu nehmen. Nicht einzelne Orte wie Qumran oder Masada, über die ohnehin erfreulich viel Literatur existiert, sollen für sich betrachtet, sondern aus der Region heraus als Ganzes verstanden werden. Auch soll nicht allein das besser bekannte israelisch-palästinensische Westufer, sondern das erst in letzten Jahren für Besucher ebenso gut erreichbare jordanische Ostufer des Toten Meeres bewusst gleichwertig in die Darstellung einbezogen werden. Heutige Grenzen hatten in der Vergangenheit ohnehin keine Bedeutung. Die Menschen wechselten von einer Seite des Salzmeeres auf die andere und hielten Kontakt zueinander. Viele heutige Reisende aber kennen

Abb. 1: Blick über das künstliche Plateau der Festung Machaerus mit Teilen des Palastes. Im Hintergrund das moabitische Bergland.

Abb. 2: Satellitenaufnahme des Toten Meers. Gut erkennbar ist die Trennung in einen tieferen Nordteil und einen flachen, fast ausgetrockneten und zum Salzabbau genutzten Teil südlich der Halbinsel Lisan. Die dünne Linie markiert den heutigen Grenzverlauf.

nur eine Seite des Meeres und laufen daher Gefahr, Aussehen und Geschichte einzelner Orte zu verallgemeinern. Sie erliegen oft dem Eindruck, in der Wüste am Toten Meer hörten alle Wege auf und die Zivilisation gelange an ihr Ende. Wenigen modernen Besuchern war bisher vergönnt, eine Rundreise um das gesamte Salzmeer zu unternehmen und gleichsam in einem Rundumgang zu entdecken, wie vielfältig sich trotz aller vermeintlichen landschaftlichen Eintönigkeit das menschliche Leben über die Jahrhunderte gerade in dieser Region hinweg gestaltet hat.

Die Aufgabe, eine Gesamtsicht der antiken Geschichte und Kultur der Region zwischen Jericho im Norden und Zoara im Süden, einschließlich der natürlichen Grundlagen menschlicher Besiedlung, zu erarbeiten, ist heute dank intensiver Forschungen einer großen Zahl von Wissenschaftlern viel leichter zu erfüllen als noch vor 20 Jahren. Oft genug aber sind die Ergebnisse dieser Untersuchungen nur in Fachzeitschriften oder schwer erreichbaren internationalen Monografien publiziert. So wird in der interessierten Öffentlichkeit oft nicht hinreichend wahrgenommen, wie stark sich unser Bild von der Siedlungs- und Kulturgeschichte dieser Region in den letzten Jahren gewandelt hat und sich dank lebhafter Diskussionen und ständig neuer Funde immer weiter verfeinert. Dabei ist es ganz natürlich, ja sogar wünschenswert, dass immer wieder Kontroversen über die zutreffende Interpretation bestimmter archäologischer Funde und Interpretationen aufbrechen. Besonders heftig tobt der wissenschaftliche Streit darüber, ob die Ruine von Qumran genuin mit der religiösen Gruppe der Essener verbunden ist oder nicht.

Daher gilt all den Kolleginnen und Kollegen, die mir Manuskripte mit den neuesten Ergebnissen ihrer Arbeit für diesen Band zur Verfügung gestellt haben, mein herzlicher Dank. Die Namen dieser Wissenschaftler demonstrieren, wie international die Forschung zum Toten Meer inzwischen ist. Vieles davon wurde im deutschen Sprachraum noch nie veröffentlicht, anderes noch nie in einer derartigen Zusammenschau vorgestellt. Dieses Buch will jedoch neben allem wissenschaftlichen Anspruch auch den „Mythos" einfangen, der genauso zum Toten Meer gehört wie Ruinen und Funde. Besonderer Dank gebührt daher dem Fotografen Dinu Mendrea, der gemeinsam mit seinen Brüdern Sandu und Radu das Buch in ganz wesentlicher Weise ausgestattet hat. Dinu Mendreas Bilder, zum großen Teil

Abb. 3: Ein „Asket aus der Wüste". Szene aus einer Dokumentation des ZDF über Qumran („Terra X").

eigens für diesen Band während unterschiedlicher Jahreszeiten 2005 und 2006 aufgenommen, dienen ausdrücklich nicht allein der archäologischen Dokumentation oder Illustration, sondern fangen den Charakter einer Siedlung in ihrer heute zugänglichen Landschaft und diese selbst ein. Die Fotografien richten so den Blick auf die oft übersehenen natürlichen Grundlagen, die das Leben in dieser Region wie in kaum einer anderen geprägt haben. Dank gebührt auch Studienleiter Joachim Negel und dem Studienjahrgang 2005/06 an der Dormitio-Abtei auf dem Zionsberg in Jerusalem, während dessen Kurs zur „Einführung in die biblische Archäologie" die ersten Schritte auf dem Weg zu diesem Buch gemacht wurden. Dankbar bin ich nicht zuletzt dem Verlag Philipp von Zabern und dem engagierten Redaktionsteam unter Leitung von Annette Nünnerich-Asmus dafür, dass keine Mühen gescheut wurden, das Buch in der vom Verlag gewohnten opulenten Weise herauszubringen.

Ich wünsche allen Lesern den rechten Blick für die *Zusammenhänge*, in denen die Einzelbefunde stehen und einen Schuss kritische Vorsicht, nicht das Bild, das uns heute vor Augen liegt, wenn wir ans Tote Meer fahren, mit dem zu verwechseln, wie es dort in der Antike aussah.

Jürgen Zangenberg,
Leiden/NL im Herbst 2009

Abb. 4: Flacher, sumpfiger Saum am Westufer des Toten Meeres. Wo Süßwasser zutage tritt, ist Pflanzenwuchs möglich.

REGION DER EXTREME

Umwelt und Klimaveränderungen am Toten Meer

Abb. 1: Der salzigste Binnensee der Welt und zugleich tiefster Punkt der Erdoberfläche: das Tote Meer.

von Frank H. Neumann, Elisa J. Kagan und Mordechai Stein

Eine zentrale Rolle für die Besiedlungsgeschichte der Region spielen die klimatischen und geologischen Verhältnisse. Von besonderer Bedeutung sind die Verfügbarkeit von Wasser und der Spiegel des Toten Meeres, der entscheidend durch den Niederschlag bestimmt wird. Diese Faktoren bestimmen das Pflanzenwachstum und die Landwirtschaft. Geowissenschaftliche Forschungen haben hier neue Erkenntnisse erbracht.

MORPHOLOGIE UND GEOLOGIE DER REGION UM DAS TOTE MEER

Das Tote Meer, dessen Seespiegel gegenwärtig bei 420 m unterhalb des Meeresspiegels liegt, ist in den letzten Dekaden um etwa 1 m pro Jahr abgesunken. Dieser Umstand hat zur Bildung tiefer Erosionsrinnen am Ufer des Toten Meeres beigetragen. Allerdings ist der heutige Seespiegelrückgang nicht die Folge großer Trockenheit, sondern direkter Eingriffe des Menschen in den Wasserhaushalt der Region. Große Wassermengen werden dem Jordan, dem Hauptzufluss des Toten Meeres, für die Bewässerung entnommen. Zudem sind im Süden des Toten Meeres Eindampfungsbecken, welche die Verdunstungsrate steigern, sowohl auf jordanischer wie auch auf israelischer Seite angelegt worden. Sie dienen der Produktion von Mineralien wie z. B. Brom oder Pottasche (Weiterverarbeitung zu Kalidünger).

Das Tote Meer ist der tiefste hypersaline See der Welt (Wassertiefe 330 m) und hat einen extrem hohen Salzgehalt (ca. 30 %, 10fach höherer Salzgehalt als Meereswasser). Der See ist Teil des 6000 km langen Afrikanisch-Syrischen Grabensystems und liegt innerhalb eines *Pull Apart Basins* (durch tektonische Bewegung gebildetes Becken). Dieses Becken wurde entlang der sogenannten „Totes-Meer-Transformstörung" gebildet, einer geologischen Störung, an der die Afrikanische und die Arabische Erdplatte aneinandergrenzen.[1] Diese Störung ist der Grund für zahlreiche Erdbeben in der Region, die große Zerstörungen verursachten und sowohl historisch als auch archäologisch innerhalb der letzten 4000 Jahre nachgewiesen wurden.[2] Die Erdbeben deformierten Sedimente, die im Toten Meer und dem Lisan-See (dem Vorgänger des Toten Meeres) abgelagert wurden. Anhand detaillierter Untersuchungen dieser Ablagerungen konnten Datensätze der Erdbebenaktivitäten angelegt werden.[3]

Abb. 2: Tief in das Mergelsediment eingeschnittene Erosionsrinne am Westufer des Toten Meers.

Das Tote Meer stellt keinesfalls die erste Wasseransammlung in der Region dar. Seit dem *Neogen* – einer geologischen Zeiteinheit, die vor 23 Millionen Jahren begann – bildeten sich Frisch- und Salzwasserseen in den tektonischen Senken entlang der „Totes-Meer-Transformstörung".[4] Während der letzten Eiszeit wurden die Becken durch die Wassermassen des Lisan-Sees aufgefüllt (70.000 bis 14.000 Jahre vor heute). Er erstreckte sich vom See Gennesaret bis in das Aravah-Tal südlich des heutigen Toten Meeres, der Seespiegel des Lisan-Sees lag 160 m unterhalb des (heutigen) Meeresspiegels.[5] Vor 14.000 Jahren sank der Lisan-See rapide bis auf einen Seespiegel von 500 m unterhalb des Meeresspiegels ab und am Beginn des *Holozäns* (vor 11.000 Jahren) war das Sedimentbecken von einem neuen See besetzt: dem Toten Meer.[6] Die Sedimente, die im holozänen Toten Meer abgelagert wurden, werden als „Ze'elim-Formation" bezeichnet.[7] Diese Formation ist in durch den rapiden Seespiegelrückgang der letzten Jahrzehnte angelegten Erosionsrinnen aufgeschlossen, die entlang des Ufers des Toten Meeres zu finden sind (Abb. 2). Die Sedimentabfolge wurde in zahlreichen Bohrkernen ebenfalls nachgewiesen.[8] Die Sedimente sind in drei verschiedenen Umwelten zur Ablagerung gekommen:

- *Fluviatile* (Fluss-) Umwelt: Diese Sedimente sind von Wasserläufen in *Wadis* (Trockental) abgelagert worden, häufig nach sturzbachartigen Regenfällen im Winter. Die Korngröße der Sedimente erstreckt sich von Geröllen bis hin zu grobem Sand.
- Küstenumwelt: Typisch sind Sande, gewöhnlich in dünnen Lagen. Strandwälle (*beachridges*, bis 1 m mächtig), charakterisiert durch schräg geschichtete Sande und Kiesellagen, können sowohl in Aufschlüssen als auch entlang der heutigen Küste des Toten Meeres beobachtet werden. Krusten aus *Aragonit* (einem karbonatischem Mineral) oder domähnliche Aragonitstrukturen erscheinen ebenfalls in Strandwällen, wo sie Kiese, Holz und frühere Oberflächen bedecken. Aragonitkrusten werden als Indikatoren für frühere Ufer genutzt. Sie sind Produkte der Eindampfung entlang der Ufer und werden häufig sekundär verfrachtet. Die Sandlagen und Strandwälle inklusive der Aragonitkrusten stehen oft in Verbindung zu *Diskordanzen* (Lücken in der Sedimentation durch Erosion oder Sedimentationsunterbrechung, z. B. Diskordanzen A–D in Ze'elim, vgl. Abb. 7).
- *Lakustrine* (See-) Umwelt: Während des regenreichen Winters transportieren Fluten tonige Sedimente, die massive La-

gen bilden. Ein anderer Sedimenttyp besteht aus oft nur millimeterdicken weißen und dunklen Lagen aus weißlichem Aragonit, Gips und dunkelgrauen Mergeln, die jährlich abgelagert werden können.[9] Aragonit und Gips sind *Evaporite* (Eindunstungsgesteine; bilden sich durch Verdunstung aus Meerwasser).

Ein tieferes Verständnis der Sedimentablagerung innerhalb der Erosionsrinnen (z. B. Ze'elim, Ain-Feshkha) ist Voraussetzung für die Rekonstruktion der Seespiegelschwankungen des Toten Meeres (s. u.).

KLIMA, WASSER UND VEGETATION AM TOTEN MEER

Auch der Zusammenhang zwischen Klima, Wasser und Vegetation in der Region am Toten Meer ist mittlerweile deutlicher ins Blickfeld getreten. Das Klima in Palästina ist mediterran: Während des Winters bringen Zyklone Regen, der Sommer dagegen ist trocken und heiß. Der Niederschlag nimmt zum Süden und zum Jordantal hin ab (Abb. 4). Die Topografie hat einen starken Einfluss auf Niederschlags- und Temperaturverteilung. Das Jordantal, das Tote Meer sowie die östlichen Hänge des Judäischen Berglandes (<350 mm/Jahr) befinden sich im Schatten des vom Meer kommenden Regens und sind vergleichsweise trocken (*arid*) während das Hügelland feucht (*humid*) ist. In Samaria und Judäa beträgt die durchschnittliche jährliche Niederschlagsrate 600–700 mm. Der Niederschlag nimmt in Richtung der Steppen- und Wüstengebiete im Süden Israels rapide ab (<400 mm/Jahr in der nördlichen Negev).[10] Die Wadis (z. B. Wadi Qumran, Nahal

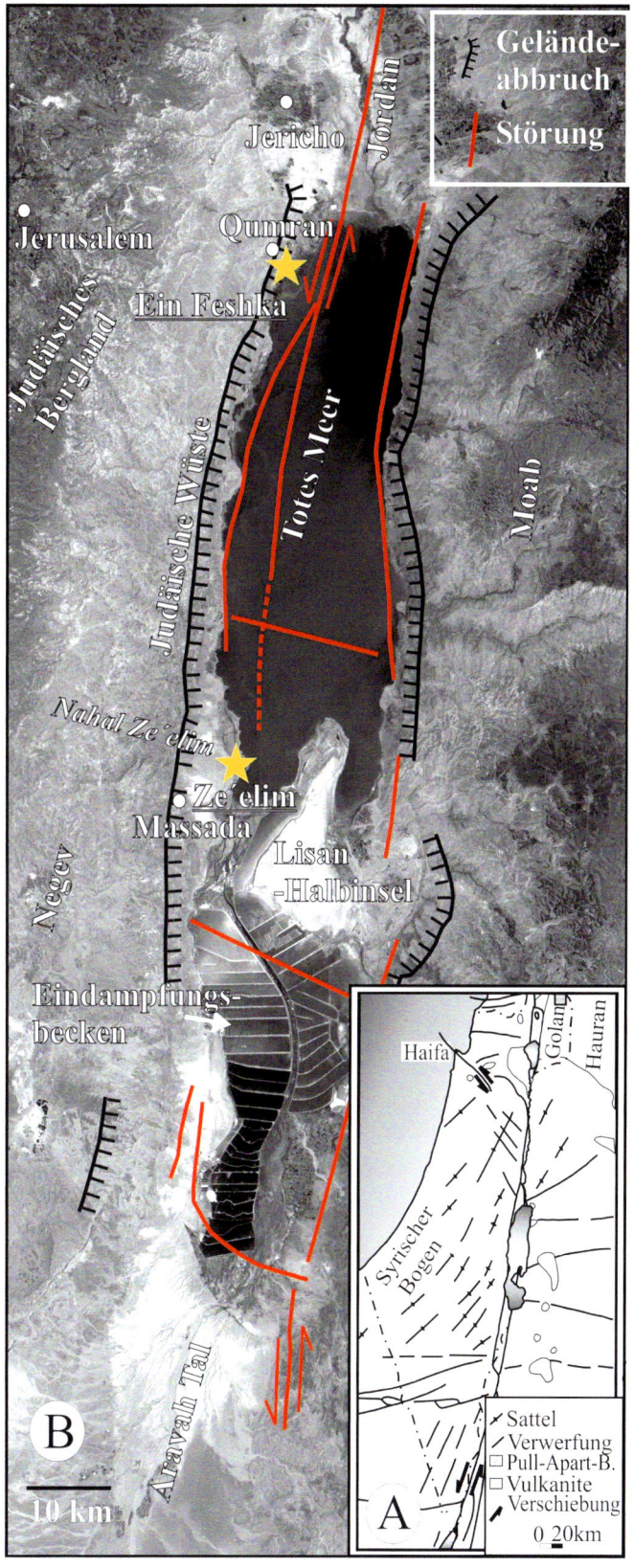

Abb. 3: A) Tektonik von Israel (nach Garfunkel 1988); B) Region um das Tote Meer mit geologischen Störungen und den Arbeitsgebieten an der Westküste (schwarze Sterne) (vereinfacht und modifiziert nach Ben-Avraham/Lazar 2006).

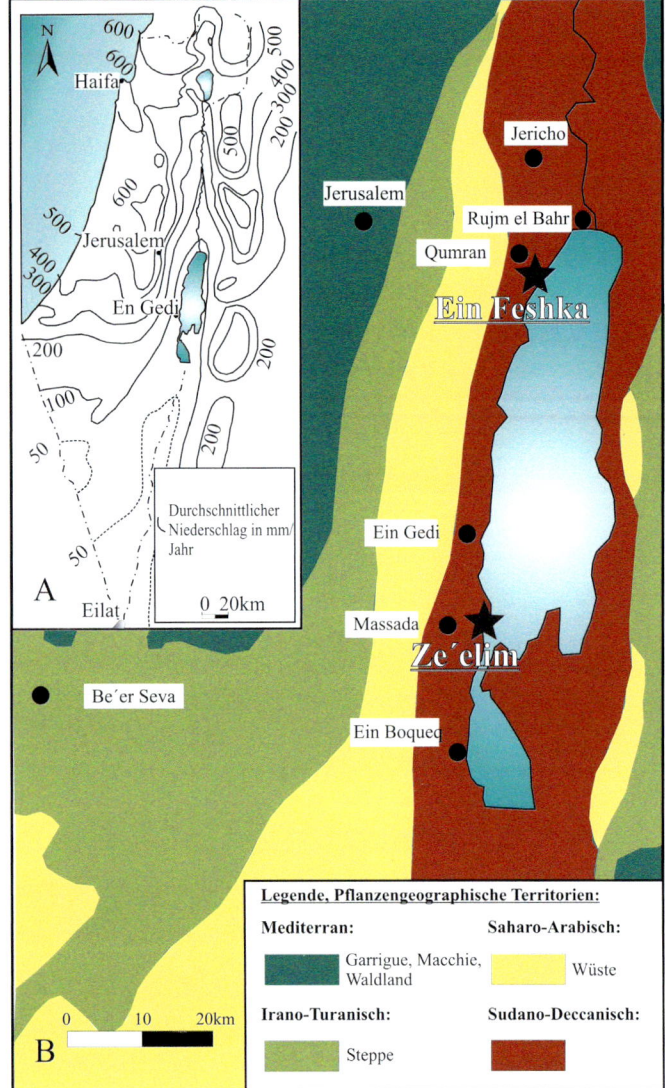

Abb. 4: A) Jährlicher durchschnittlicher Niederschlag in mm (nach Jaffe 1988);
B) Pflanzengeografische Territorien am Toten Meer, der nördlichen Negev und in den Judäischen Bergen (nach Zohary 1966), Sterne markieren Arbeitsgebiete.

Ze'elim), die die Hügelgebiete von Samaria und Judäa im Westen des Toten Meeres sowie in Moab und Edom im Osten entwässern, führen nur während winterlicher Regenfälle Wasser. Diese Fluten werden und wurden für die Bewässerung genutzt, z. B. in Qumran, wo in der Antike Aquädukte und Zisternen Wasser transportierten bzw. speicherten.[11] Quellen, die von *Aquiferen* (Grundwasserleitern) aus dem Judäischen Bergland entlang der Flanken des Toten Meeres gespeist werden, tragen ebenfalls zum Wasserhaushalt der Region bei. In den Oasen von En-Gedi und Jericho treten Frischwasserquellen zutage und werden noch heute für intensive Bewässerungslandwirtschaft genutzt. Die Quellen von Ain-Feshkha bei Qumran sind dagegen brackig und wurden in der Antike hauptsächlich für die Bewässerung der salztoleranten Dattelpalmen verwendet.[12] G. Gvirtzman berichtet, dass die Frischwasserquellen entlang der nordwestlichen Küste des Toten Meeres jährlich etwa 85 Mio. Kubikmeter Wasser schütten.[13] Verständlicherweise wurden große und dauerhafte Siedlungen vor allem bei den Frischwasseroasen von Jericho und En-Gedi errichtet.

Die Pflanzenwelt Palästinas ist im Vergleich zur relativ kleinen Landfläche vielfältig. Die hohe Biodiversität (2600 Pflanzenarten) ist das Ergebnis dreier Faktoren:

- In Palästina existieren vier pflanzengeografische Territorien, jedes definiert durch bestimmte klimatische Bedingungen und eine typische Pflanzenwelt (siehe weiter unten).
- Die große Anzahl von Habitaten resultiert aus rauer Topografie, den starken Unterschieden in Niederschlag und Temperatur, einer variablen Geologie und einer hohen Anzahl verschiedener Bodentypen.
- Der anthropogene Druck hat die natürliche Umwelt in starkem Maße beeinflusst und zu großräumiger Degradation und Veränderungen in der Vegetationszusammensetzung des Raumes geführt. Auch sind vor allem durch die landwirtschaftlichen Aktivitäten des Menschen viele fremde Arten entweder als Feldfrüchte oder Unkräuter eingeführt worden.[14]

Im Umfeld des Toten Meeres stoßen die folgenden vier pflanzengeografischen Territorien aufeinander:

- Das Mediterrane Territorium ist weitestgehend deckungsgleich mit dem Verbreitungsareal des Olivenbaumes (*Olea europea*) und umfasst das Küstengebiet sowie die Hügelländer. Weitere Bäume sind die gewöhnliche, immergrüne Eiche (*Quercus calliprinos*), sommergrüne Eichen (z. B. *Quercus boisseri*) sowie die Aleppo-Kiefer (*Pinus halepensis*).[15]

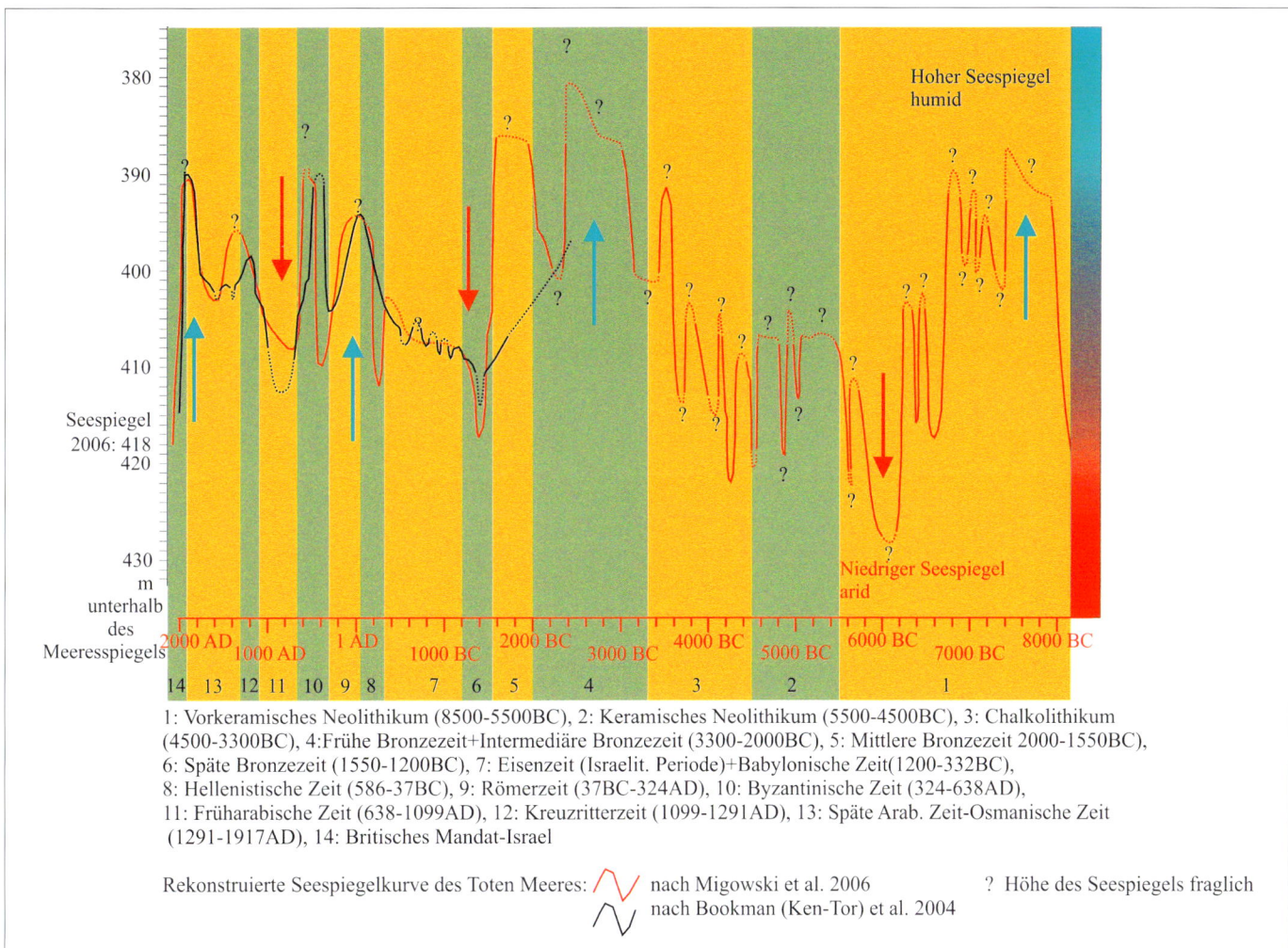

Abb. 5: Zusammengefasste und vereinfachte Rekonstruktion der holozänen Seespiegelkurve des Toten Meeres (nach Migowski u. a. 2006), Radiokarbondatierungen in Migowski u. a. 2006. Archäologische Perioden sind ergänzt worden (grüne und orangefarbene Felder, Perioden nach Levy 1995a).

- Das Irano-Turanische Territorium, das durch Niederschläge unter 300 mm/Jahr gekennzeichnet ist. Typische Pflanzen der semiariden (halbtrockenen) Steppe sind der weiße Wermut (*Artemisia herba-alba*) und verschiedene Süßgräser (*Poaceae*).[16]
- Das Saharo-Arabische Territorium, charakterisiert durch arides Wüstenklima (Niederschlag unter 100 mm/Jahr) sowie z. B. Salz tolerierende Gänsefußgewächse (Chenopodiaceae), Doppelblattsträucher (*Zygphyllum dumosum*) und Tamarisken (*Tamarix sp.*).[17] Dieser Vegetationstyp ist in der Umgebung des Toten Meeres am weitesten verbreitet.
- Das Sudano-Deccanische Territorium ist typisch für die Oasen am Toten Meer, im Jordan- und im Aravatal. Beispiele sind Akazien (*Acacia sp.*), der Zahnbürstenbaum (*Salvadora persica*) und als Kulturpflanze die Dattelpalme (*Phoenix dactylifera*).[18]

WAS KÖNNEN UNS POLLEN ÜBER DIE UMWELT DER VERGANGENHEIT ERZÄHLEN?

Es überrascht nicht, dass der Erkenntnisgewinn in der archäologischen Forschung mit Nachdruck Fragen nach möglichen Wechselwirkungen zwischen Klima und regionaler Besiedlungsgeschichte aufwirft. Die archäologische Forschung in Palästina hat Beweise für den Zusammenbruch von Kulturen, aber auch für Perioden des Aufschwungs erbracht. Beispiele sind der Siedlungsrückgang nach der Frühen Bronzezeit oder die Blütezeit während der Römischen Zeit. In der Vergangenheit sind solche Fluktuationen der Siedlungsdichte häufig lediglich als Ergebnis sozioökonomischer oder politischer Faktoren gewertet worden. Ferner wird z. T. noch heute die Meinung in der archäologischen Fachliteratur vertreten, dass sich das Klima der Region während der letzten Jahrtausende nicht spürbar verändert habe.[19] Diese Sicht ist zu korrigieren. Paläoklimatische Daten haben den Beweis für Klimaschwankungen erbracht, die eine Erklärung für historische Beschreibungen von Dürren und Hungersnöten geben können. Die Region des Toten Meeres ist für die Erforschung von Klimaschwankungen, Vegetationsgeschichte und Siedlungsdynamik geeignet. Klimatische Gegensätze charakterisieren das Gebiet, die Vegetation ist vielgestaltig und Landwirtschaft wurde häufig in klimatischen Grenzregionen betrieben, die für Klimaschwankungen besonders empfindlich sind. Für die Rekonstruktion des Klimas der Vergangenheit sind die Fluktuationen des Seespiegels des Toten Meeres – vor allem hervorgerufen durch Schwankungen des Niederschlags – wichtig. Ältere Studien zu den Seespiegelschwankungen des Toten Meeres sind häufig durch einen Mangel an Radiokarbondatierungen und Unsicherheiten in Teilen der Seespiegelrekonstruktion geprägt.[20]

> Die Palynologie oder Pollenanalyse ist eine verlässliche Methode zur Rekonstruktion vergangener Umwelten und hat sich (siehe weiter unten) auch in der Region des Toten Meeres bewährt. Lichtmikroskope werden benutzt, um die Verbreitung bestimmter Pollen in Sedimentschichten zu analysieren (*Olea europaea*-Pollen). Der Pollengehalt gibt Auskunft darüber, welche Pflanzen zur Zeit der Ablagerung der betreffenden Sedimentschicht verbreitet waren. Mittels Radiokarbondatierung (^{14}C) und anderer Datierungsmethoden (z. B. ^{210}Pb) lässt sich eine Chronologie erstellen und die Sedimentationsgeschwindigkeit (in mm/Jahr) berechnen. Die Ergebnisse der Pollenanalyse lassen sich in Pollendiagrammen darstellen, die die Prozentkurven wichtiger Pollentypen anzeigen. Vorteile dieser Methode sind die häufig hohe Anzahl der Pollenkörner, die Widerstandsfähigkeit der Pollenkörner sowie ihre große räumliche Verbreitung, z. B. durch Windtransport.

Pollendaten über die holozäne Vegetationsgeschichte sind aus Bohrkernen des Toten Meeres verfügbar, aber bis heute umfassen die meisten publizierten Datensätze maximal 3000 Jahre.[21] Neuere Forschungen haben das Wissen über Seespiegelschwankungen und Vegetationsgeschichte des Toten Meeres verbessert.

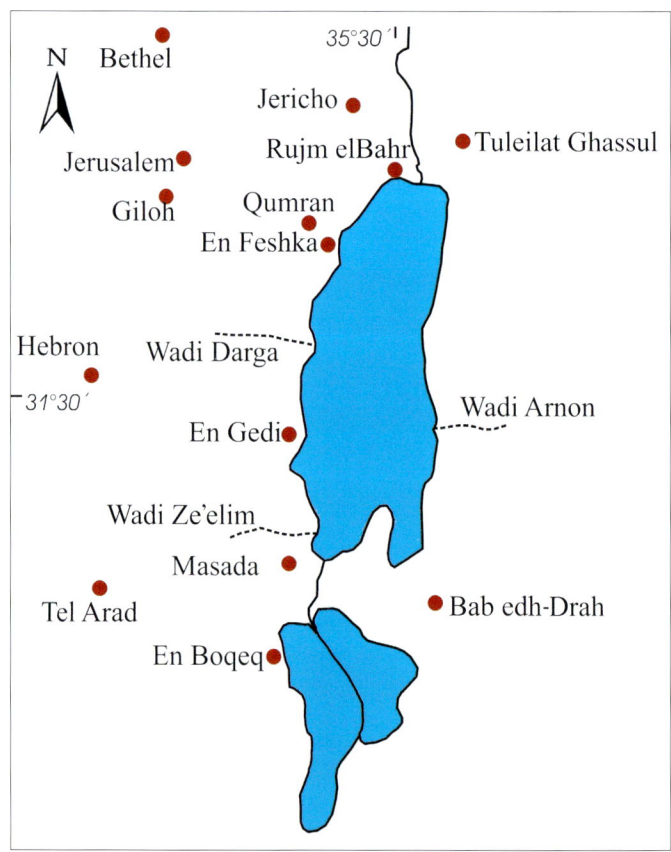

Abb. 6: Karte der Region um das Tote Meer mit einigen im Text erwähnten archäologischen Stätten (nach Beit-Arieh 1997, ergänzt).

KLIMASCHWANKUNGEN IN PALÄSTINA – BEWEISE DURCH DIE SEESPIEGELSCHWANKUNGEN DES TOTEN MEERES

Eine Bohrkampagne des GeoForschungsZentrums Potsdam und der Hebräischen Universität Jerusalem 1997 an der Westküste des Toten Meeres erbrachte holozäne Sedimentkerne von den Lokalitäten Ain-Feshkha, En-Gedi, Ze'elim und Nahal Hever.[22] Ziel war u. a. die Rekonstruktion des Paläoklimas der Region und die Verbindung zu Siedlungsfluktuationen. Da Seespiegelschwankungen ein Indikator für Veränderungen des Niederschlags sind, wurde eine detaillierte Rekonstruktion der Seespiegelschwankungen vorgenommen. Eine Chronologie für das Holozän wurde auf Grundlage von 40 Radiokarbondatierungen an organischem Material der Bohrkerne von En-Gedi, Ain-Feshkha und Ze'elim sowie der Korrelation historischer Erdbeben zu in den Bohrkernen identifizierten *Seismiten* (durch Erdbeben deformierte Sedimentschichten) entwickelt.[23] Die Seespiegelrekonstruktion (Abb. 5) basiert auf sedimentologischen Informationen der Bohrkerne und ihrer Korrelation zu Erosionsrinnen entlang der Westküste des Toten Meeres (z. B. Ze'elim). Diese Korrelation erfolgte auf der Basis gemeinsamer sedimentologischer Erkennungsmerkmale wie z. B. bestimmter Sandschichten, Strandwälle oder Seismite. Durch diesen Vergleich war es möglich, Profile aus den tieferen Bereichen des Sees (Bohrkerne) mit küstennahen Profilen (Erosionsrinnen) zu vergleichen, wenn in letzteren Informationen aufgrund von Erosion oder Sedimentationslücken fehlten.[24] In Abb. 5 ist die von R. Bookman (Ken-Tor) u. a. rekonstruierte Seespiegelkurve (umfasst die letzten 3500 Jahre) als schwarze Linie dargestellt.[25] Die Kurve basiert auf der Identifikation früherer Küstenlinien und Radiokarbondatierungen in den Erosionsrinnen von Ze'elim und En-Gedi (u. a. ZA-1). C. Migowski u. a. haben die Seespiegelkurve der letzten 10.000 Jahre ermittelt und die Fluktuationen mit der Siedlungsgeschichte der Region verglichen (rote Linie in Abb. 5).[26] Unterbrochene Linien und Fragezeichen signalisieren Unsicherheiten im entsprechenden Abschnitt der Seespiegelkurve, die archäologischen Perioden wurden der Abbildung von den Verfassern hinzugefügt.[27] Wichtige archäologische Stätten der Region um das Tote Meer werden in Abb. 6 dargestellt. Als Ergebnis der klimatologischen Datenauswertung können folgende Szenarien zur Diskussion gestellt werden:

Vorkeramisches Neolithikum (8000–5500 v. Chr.)

Offensichtlich fällt der Beginn von Ackerbau und Viehzucht z. B. in Jericho mit günstigeren, humiden Klimabedingungen ab 8000 bis 7100 v. Chr., also einem hohen Seespiegel, zusammen.[28] Um 6600 v. Chr. sinkt der Seespiegel ab und kennzeichnet eine Periode ausgeprägter Trockenheit. Jericho degeneriert in dieser Zeit zu einem kleinem Dorf.[29] 600 Jahre später hat die Seespiegelkurve des Toten Meeres ein absolutes Minimum erreicht. Das Klima im Nahen Osten war extrem trocken, Jericho wird verlassen, das Siedlungssystem des Vorkeramischen Neolithikums kollabiert.[30]

Keramisches Neolithikum (5500–4500 v. Chr.)

Am Übergang vom Vorkeramischen zum Keramischen Neolithikum steigt der Seespiegel des Toten Meeres. Dennoch bleibt der Seespiegel bis zur zweiten Hälfte des Chalkolithikums relativ niedrig und signalisiert bis ca. 3600 v. Chr. eher aride Klimabedingungen. G. W. Ahlström nennt das Keramische Neolithikum aufgrund der geringen Anzahl an Fundplätzen „das dunkle Zeitalter" in Palästina.[31] Einige „Megasites" (z. B. Ain-Ghazal) bestanden nahe permanenter Wasserläufe.[32]

Chalkolithikum (Kupfersteinzeit) (4500–3300 v. Chr.)

Während des Chalkolithikums steigt der Seespiegel und zeigt ein zunehmend feuchtes Klima an. Die Bevölkerung wächst während des 4. Jts. v. Chr. an. Teleilat Ghassul, Namensgeber für die sogenannte „Ghassulian culture", am nordöstlichen Ende des Toten Meeres ist eine der bedeutendsten kupfersteinzeitlichen Siedlungen (Abb. 6), Höhlen am Toten Meer waren ebenfalls bewohnt und der Schrein von En-Gedi wurde errichtet.[33] Aufgrund günstiger Klimabedingungen verbreiteten sich landwirtschaftliche Gemeinschaften auch in den Irano-Turanischen Steppengebieten.[34] Während des Chalkolithikums kamen neue Techniken auf; Kupfer wurde erstmals verarbeitet, winterliche Fluten für die Landwirtschaft genutzt und Olivengärten sowie Dattelhaine angelegt.[35] Der Übergang vom Chalkolithikum zur Frühen Bronzezeit I korrespondiert mit dem Einsetzen arider Bedingungen.

Frühe Bronzezeit und Intermediäre Bronzezeit (3300–2000 v. Chr.)

Um 3200 v. Chr., zu Beginn der Frühen Bronzezeit, befindet sich der Seespiegel des Toten Meeres auf einem niedrigen Niveau. Feuchtere Bedingungen stellen sich erst ab 3100 v. Chr. ein, die zu einem steigenden Wasserspiegel führen, bis um 2400 v. Chr. ein Maximum erreicht ist.[36] Die günstigen Klimabedingungen, zusammen mit Innovationen in der Landwirtschaft (z. B. Beginn des Weinanbaus), führten zu einem Bevölkerungsanstieg. Der Fernhandel mit Ägypten und Mesopotamien entwickelte sich und die ersten Stadtstaaten entstanden.[37] Nahe der Lisan-Halbinsel entstand die Siedlung Bab edh-Dhra, die ihren Reichtum auf einer prosperierenden Landwirtschaft und dem Handel mit Bitumen, Salz und Schwefel begründete. Arad, im Negev gelegen, entwickelte sich von einer kleinen Siedlung zur Stadt (vgl. Abb. 6). Das erneut besiedelte Jericho und Kerak nahe des östlichen Ufers des Toten Meeres sind andere bedeutende Städte der Frühen Bronzezeit in der Region.[38] Während der Intermediären Bronzezeit kollabiert die Stadtkultur der Frühen Bronzezeit III, die meisten Städte werden aufgegeben. Sowohl politische und sozio-ökonomische Faktoren als auch Änderungen des Klimas werden als Ursachen für den Bevölkerungsrückgang diskutiert, Zivilisationen in Griechenland, Palästina und im Indus-Tal brachen ebenfalls um 2200 v. Chr. zusammen.[39] Am Ende der frühen Bronzezeit ab 2500 v. Chr. zeigt die Seespiegelkurve des Toten Meeres einen starken Rückgang.[40]

Im Rahmen eines Gemeinschaftsprojektes israelischer und deutscher Forscher, u. a. den Autoren des vorliegenden Beitrags, wurden 2005/2006 palynologische und sedimentologische Studien an holozänen Profilen in zwei Erosionsrinnen (Ze'elim [ZA-2] und Ain-Feshkha [EFE]) am Westufer des Toten Meeres durchgeführt.[41] Ziel des Projektes war die Analyse möglicher Verbindungen zwischen Klima, Sedimenten und Vegetationsgeschichte. Dabei deckt das Profil von Ze'elim den Zeitraum zwischen der Mittleren Bronzezeit und dem Mittelalter ab. Ein kurzer Profilabschnitt wird in den Übergangsbereich zwischen Keramischem Neolithikum und Beginn des Chalkolithikums gestellt. Das Profil von Ain-Feshkha setzt in der Späten Bronzezeit ein und endet ebenfalls im Mittelalter. Der folgende Abschnitt soll neben der Beschreibung der Seespiegelschwankungen ab der Mittleren Bronzezeit auch einen detaillierten Blick auf die Vegetationsentwicklung in den Pollendiagrammen von Ze'elim und in Ain-Feshkha werfen.

Das Profil von Ze'elim (nahe Masada) weist lakustrine und fluviatile Sedimente auf, während die Sedimentation im Profil von Ain-Feshkha (nahe Qumran) vorwiegend lakustrin ist. Sedimentationslücken, die oft unterhalb von Strandwallablagerungen auftreten, kennzeichnen das Profil von Ze'elim. Das Profil von Ain-Feshkha ist dagegen kontinuierlich und kann Informationen über Sedimentation und Vegetationsgeschichte auch von jenen Abschnitten liefern, die im Profil von Ze'elim fehlen. Darüber hinaus sind die palynologischen und sedimentologischen Ergebnisse wichtig für ein besseres Verständnis der Paläoumwelt und der Landwirtschaft nahe Qumran. Da die Erosionsrinnen von Ze'elim für die Rekonstruktion der Seespiegelschwankungen genutzt worden sind,[42] ergibt sich die Möglichkeit, die klimatisch gesteuerte Seespiegelkurve direkt mit der Vegetationsgeschichte zu vergleichen. Aufgrund der Radiokarbondatierungen lässt sich die Vegetationsentwicklung in Ze'elim und Ain-Feshkha mit der Seespiegelkurve in einen direkten Bezug stellen. Die Vegetationsgeschichte wird sowohl durch klimatische Schwankungen, als auch durch den anthropogenen Druck (Landwirtschaft, Holzeinschlag, Beweidung) beeinflusst.

Aussagen über die Vegetation in Ze'elim am Übergang vom Keramischen Neolithikum zum Chalkolithikum sind aufgrund des kurzen Profilabschnittes, mutmaßlicher Sedimentationslücken sowie unzureichender Radiokarbondaten eingeschränkt. Allerdings weisen sehr hohe Werte der Gänsefußgewächse (*Chenopodiaceae*), der Asteraceen (*Asteroideae* und *Cichorioideae*) sowie niedrige Werte der Bäume auf eine aride Periode hin (Abb. 7). Dies steht in guter Übereinstimmung mit einem allgemein niedrigen Seespiegel im selben Zeitraum (vgl. Abb. 5). Aufgrund einer wahrscheinlich durch Erosion verursachten Lücke zwischen 4580–1900 v. Chr. fehlen in Ze'elim Informationen über das mittlere und späte Chalkolithikum sowie über die Frühe Bronzezeit – die Sedimentation setzt erst wieder in der Mittleren Bronzezeit ein. Siedlungsphasen sind in beiden Lokalitäten durch hohe Werte von Kulturpflanzen (Abb. 7.8, z. B. Olivenbaum-*Olea*, Weintraube-*Vitis*, Walnussbaum-*Juglans*, Dattelpalme-*Phoenix*, Johannisbrotbaum-*Ceratonia*) gekennzeichnet. Trockenperioden zeigen sich in den Pollendiagrammen anhand niedriger Kulturpflanzenwerte und eines Rückgangs der mediterranen Bäume (z. B. Eichen: *Quercus calliprinos* [immergrüne Eiche], *Quercus boisseri* [laubwerfende Eiche]).

Abb. 7: Vereinfachtes und verkürztes Pollendiagramm von Ze'elim (ZA-2) mit generalisierter Lithologie und Prozentwerten wichtiger Pollenindikatoren, Radiokarbonaltern (nach Zwickel u. a. [in Vorbereitung] Neumann u. a. 2007) und archäologische Zeitabschnitte, rechts: Korrelation mit Profil ZA-1 (in der gleichen Erosionsrinne gelegen, Ken-Tor u. a. 2001a) und Spiegelschwankungen des Toten Meeres, stark vereinfachte Darstellung (vergl. Ken-Tor u. a. 2001a).

VEGETATIONS-, KLIMA- UND SIEDLUNGSGESCHICHTE AM TOTEN MEER VON DER MITTLEREN BRONZEZEIT BIS IN DAS MITTELALTER[43]

Mittlere Bronzezeit (2000–1550 v. Chr.)

Drei Radiokarbondatierungen im Profil von Ze'elim weisen auf die Mittlere Bronzezeit hin. Sandschichten am Beginn der Mittleren Bronzezeit sowie hohe Werte der *Chenopodiaceae* zeigen trockene Umweltbedingungen an. Während der Mittleren Bronzezeit durchläuft die Kurve der Oliven (*Olea*), die seit dem Chalkolithikum kultiviert wurden[44], einen ersten Gipfel (11 %). Da

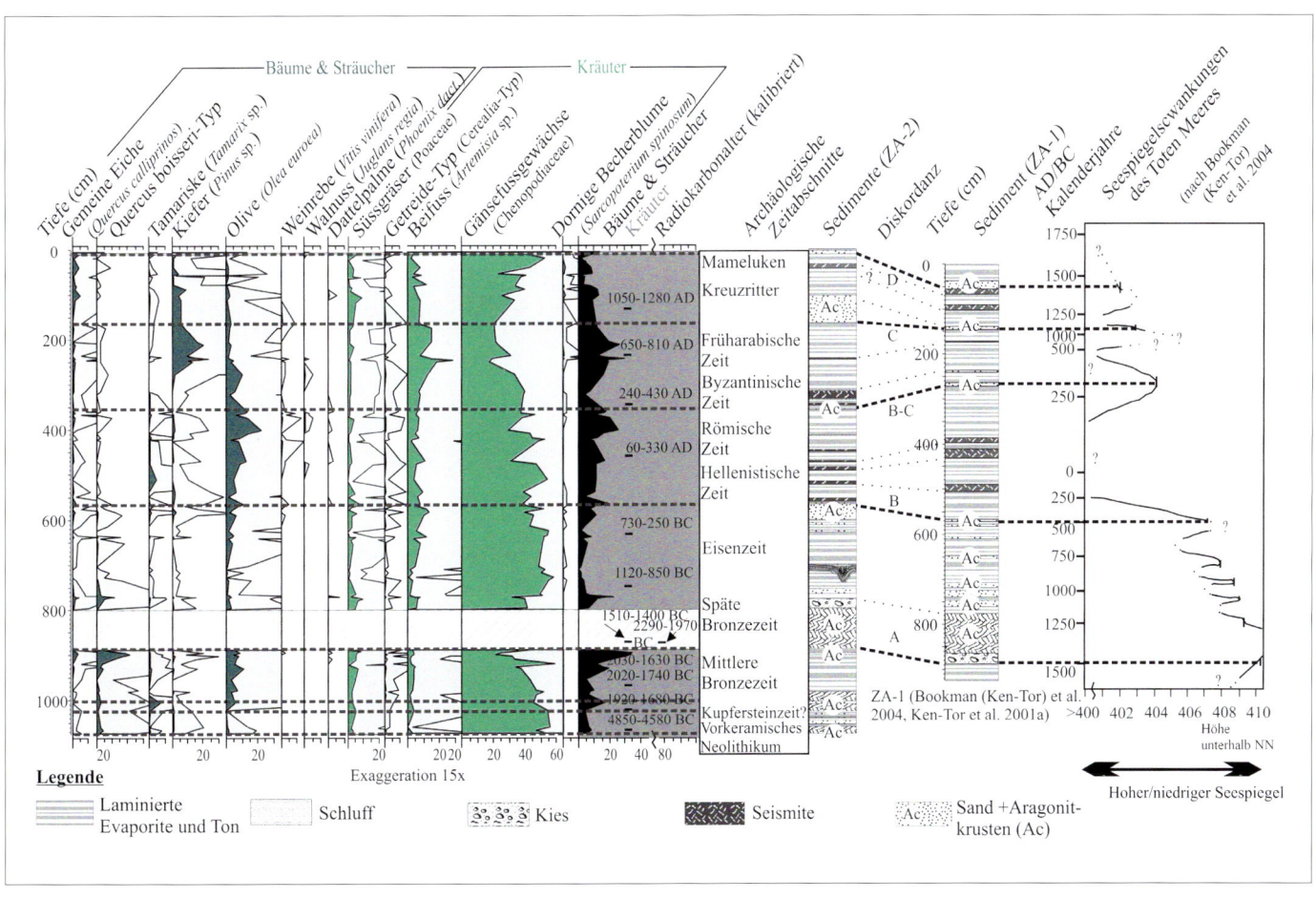

hier generell Westwinde dominieren, stammt die Mehrzahl der Olivenpollen wohl von den Judäischen Bergen. Der *Olea*-Anstieg wird dabei vom Rückgang der Chenopodiaceae begleitet, die vorwiegend in der Wüste wachsen. Humide Klimabedingungen werden auch durch den hohen Seespiegel um 1800 v. Chr. angezeigt. Kanaanitische Stadtstaaten gewinnen an Einfluss, kleinere Siedlungen wurden auch im Hügelland gegründet (z. B. Bet-El, Shiloh, Jerusalem, Hebron).[45] Am Ende der Mittleren Bronzezeit durchlaufen die Eichen (hauptsächlich die Laub werfende Eiche *Quercus boisseri*) einen Gipfel, die Prozentwerte der Chenopodiaceae nehmen kontinuierlich ab und die Werte der Oliven (*Olea*) verbleiben auf vergleichsweise hohem Niveau. Vor allem der starke Anstieg der Eichen kann als Signal für ein feuchteres Klima gewertet werden. Am Ende der Mittleren Bronzezeit sinken die Werte der Eichen und Oliven stark ab und die Anzahl der Chenopodiaceae steigt. In die selbe Zeitspanne

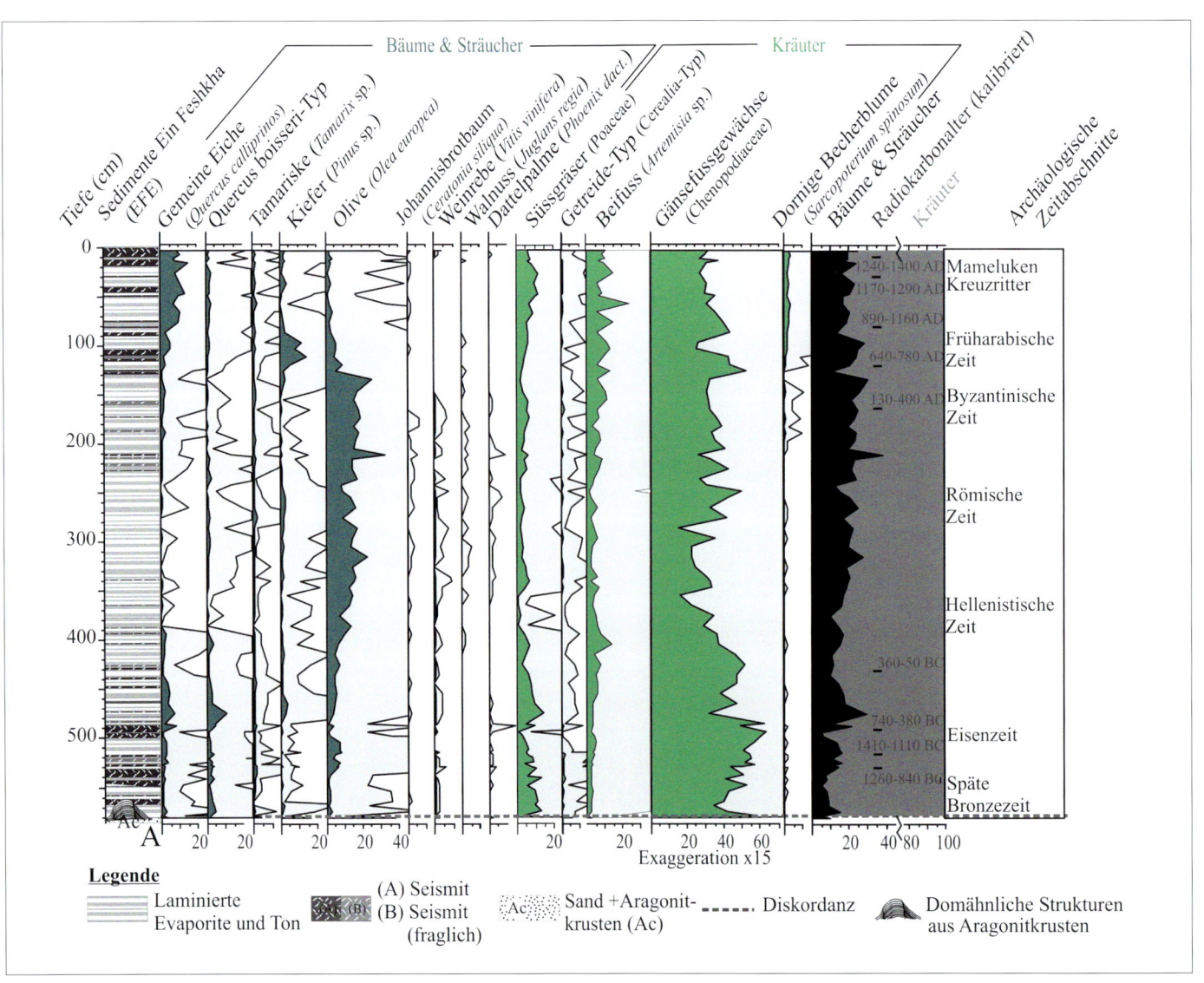

Abb. 8: Vereinfachtes und verkürztes Pollendiagramm von Ain-Feshkha (EFE) mit generalisierter Lithologie und Prozentwerten wichtiger Pollenindikatoren, Radiokarbonaltern (Neumann u. a. 2007) und archäologische Zeitabschnitte.

fällt auch ein Absinken des Seespiegels – man kann also von insgesamt deutlich trockeneren Umweltbedingungen ausgehen, die für die Landwirtschaft wenig zuträglich waren.

Späte Bronzezeit (1550–1200 v. Chr.)

Die Späte Bronzezeit ist eher trocken, die Seespiegelkurve zeigt ein deutliches Minimum um 1400 v. Chr. (vgl. Abb. 5). Die Werte der Bäume, besonders der Eichen und Oliven, sind niedrig, während die Prozentanteile der Kräuter, besonders der *Chenopodiaceae*, in beiden Pollendiagrammen relativ hoch sind (vgl. Abb. 7.8). Allerdings ist das Profil von Ze'elim durch eine 300 Jahre umfassende Sedimentationslücke gekennzeichnet, während das Profil von Ain-Feshkha wohl kontinuierlich ist. Ein Strandwall, ein deutlicher Anzeiger für einen außerordentlich niedrigen Spiegel des Toten Meeres, lässt sich aufgrund von Radiokarbondatierungen in die Späte Bronzezeit stellen (1510–1400 v. Chr.) und kann sowohl in Ze'elim als auch in Ain-Feshkha festgestellt werden. Viele Siedlungen wurden in der Späten Bronzezeit verlassen. Nur wenige Dörfer existierten im Hügelland, Jericho war während der Frühen Bronzezeit nur vorübergehend bewohnt.[46] Ein Grund für den Niedergang der Landwirtschaft war sicherlich auch die sinkende ökonomische Bedeutung der Hügelländer im ägyptisch verwalteten Palästina, dennoch betonen Issar und Zohar die Bedeutung eines trockeneren Klimas.[47] Frumkin u. a. postulieren die Austrocknung des südlichen Beckens des Toten Meeres während der Späten Bronzezeit.[48]

Eisenzeit (1200–586 v. Chr.), Babylonische und Persische Zeit (586–332 v. Chr.)

Die Vegetationsgeschichte der Frühen Eisenzeit im Pollendiagramm von Ain-Feshkha ist durch einen Gipfel der Oliven (max. 8 %) sowie relativ hohe Werte der Dattelpalmen geprägt (vgl. Abb. 7). Die hohen Werte der Kulturpflanzen spiegeln eine kurze Phase verstärkter landwirtschaftlicher Aktivitäten wider. Während der Eisenzeit steigt der Spiegel des Toten Meeres allmählich an, obwohl die Werte der *Chenopodiaceae* immer noch hoch sind und der Seespiegel zwischen 1200 und 332 v. Chr. stark fluktuiert. Während der Frühen Eisenzeit konzentrierte sich die Bevölkerung nördlich von Jerusalem (z. B. Bet-El) und im Jordantal nicht weit von der Oase von Ain-Feshkha. Juda war dagegen relativ schwach besiedelt und vor allem durch Weideland geprägt (z. B. Hebron, Giloh).[49] In einer Profiltiefe von 495 cm im Pollendiagramm von Ain-Feshkha zeigen ansteigende *Chenopodiaceae*-Werte sowie ein Rückgang der Oliven-Werte deutlich trockenere Bedingungen an. Ein Siedlungsrückgang während des 10. Jhs. v. Chr. oder als Folge der assyrischen Eroberung des Nordreiches Israel im 8. Jh. v. Chr. könnten mit dieser Periode vermehrt auftretende Dürren in Verbindung gebracht werden.[50] Allerdings sind die Radiokarbondatierungen im betreffenden Profilabschnitt unsicher. Im Pollendiagramm von Ain-Feshkha (Profiltiefe 480 cm, vgl. Abb. 8) ist aufgrund eines Gipfels der Eichen, Kiefern und Pistazien eine Rückkehr zu eher humiden Bedingungen offensichtlich. Die Werte der mediterranen Waldvegetation sinken dann ab. Dies ist eventuell eine Folge vermehrter Siedlungsaktivität und erhöhten Baumeinschlages am Beginn einer neuen Siedlungsperiode in der Späten Eisenzeit, die sich im Pollendiagramm auch durch den Anstieg der Oliven zeigt. Fluktuationen des Seespiegels, des Klimas und der Vegetation können auch in Ze'elim beobachtet werden, allerdings sind ganze Profilabschnitte innerhalb der Eisenzeit aufgrund von Erosion wohl nicht erhalten geblieben. Ein Gipfel der Olivenwerte während der Frühen Eisenzeit wird im Pollendiagramm von Ze'elim, eventuell infolge der Erosion des entsprechenden Profilabschnittes, nicht beobachtet (vgl. Abb. 7). In einer Profiltiefe von 775 cm steigen die Werte der Eichen, Kiefern und Pistazien kurzfristig steil an, im Folgenden fallen mindestens zwei trockene Phasen mit niedrigen Baumpollenwerten und hohen Chenopodiaceae-Werten auf. In den gleichen Profilabschnitten zeigten sich niedrige Seespiegel aufgrund von Sandschichten und einem Erosionskanal in einer Tiefe von 700 cm. Am Ende der Eisenzeit verbesserten sich die Klimabedingungen, der Seespiegel steigt ab 600 v. Chr. an und Oliven verbreiten sich erneut.

Hellenistische Periode (332–63 v. Chr.)

Dieser Zeitabschnitt ist eine Phase der Kontinuität, die Olivenwerte steigen in beiden Pollendiagrammen weiter an. Wein (*Vitis*) tritt vor allem in Ain-Feshkha verstärkt auf (vgl. Abb. 8). Die Weingärten von En-Gedi finden in der Bibel Erwähnung.[51] Pollenkörner des Walnussbaumes (*Juglans regia*) treten das erste Mal im Diagramm von Ain-Feshkha auf. Der Walnussbaum wurde in Palästina erst in der Zweiten Tempelperiode eingeführt (515 v. Chr.–70 n. Chr.).[52] Der stärkere Einfluss von Kulturpflanzen steht in Übereinstimmung mit einem Anstieg des Seespiegels und zeigt kühlere und humidere Bedingungen ab ca. 300 v. Chr. an. Die Nabatäer ließen sich im Negev nieder und betrieben dort Ackerbau und Weidewirtschaft.[53] An der nördli-

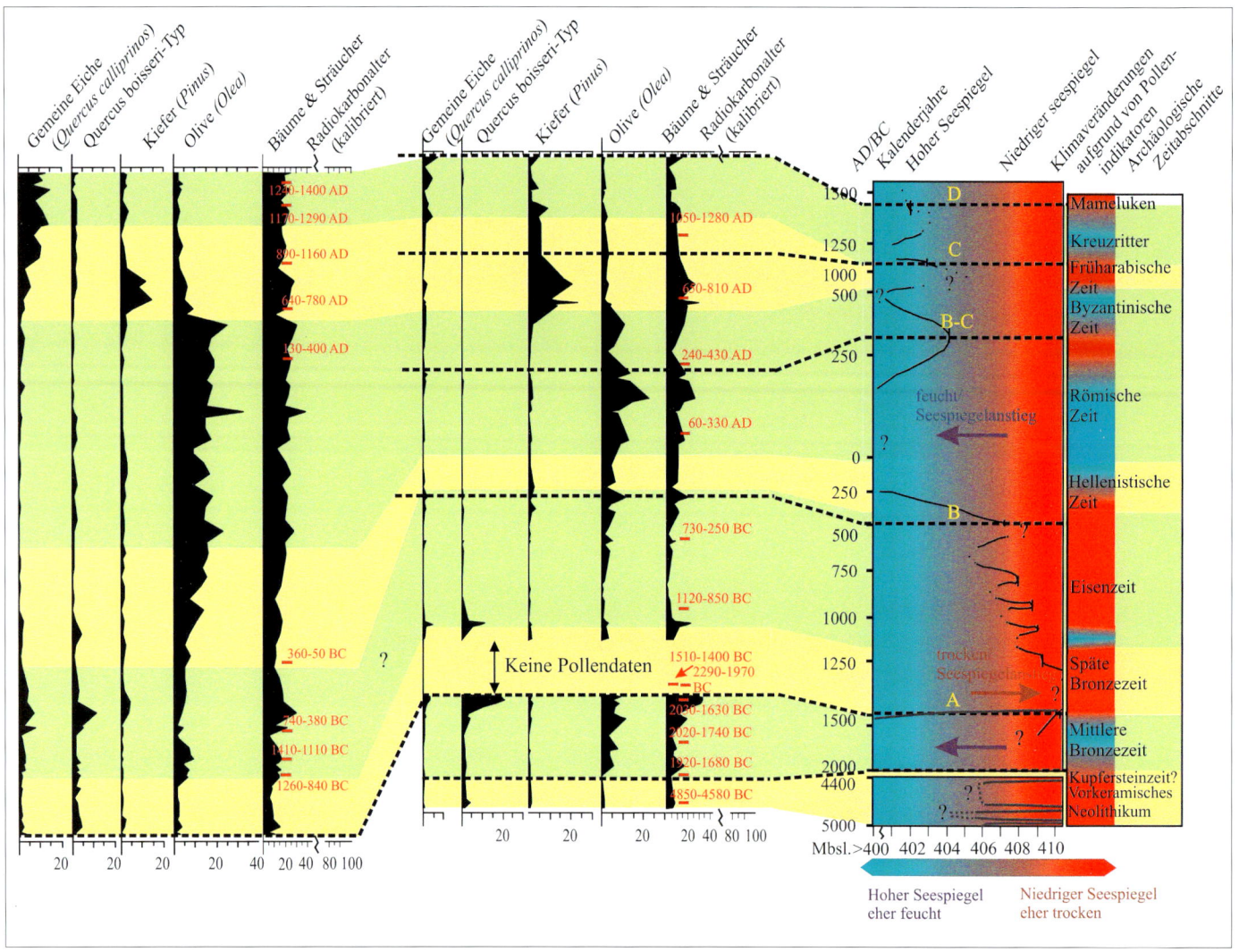

Abb. 9: Korrelation des vereinfachten Pollendiagrammes von Ain-Feshkha (EFE, links) und Ze'elim (ZA-2, Mitte) zu den Seespiegelschwankungen des Toten Meeres (blau: Seespiegelanstieg, rot: Seespiegelrückgang) (nach Bookman [Ken-Tor] u. a. 2004), Seespiegelschwankungen im Vorkeramischen Neolthikum und der Kupfersteinzeit ergänzt nach Migowski u. a. (2006). Klimaschwankungen (blau: humid, rot: arid) aufgrund einer Rekonstruktion auf Basis von Pollenindikatoren beider Pollendiagramme (mediterrane Bäume (z.B. Eichen) + Kulturpflanzen (Olea, Vitis, Juglans, Phoenix, Ceratonia) versus Kräuter (v. a. Chenopodiaceae) und archäologische Perioden (nach Levy 1995a). Radiokarbonalter sind rechts in den Pollendiagrammen dargestellt, hellgrüne und gelbe Felder zeigen Korrelation der archäologischen Perioden an.

chen Küste des Toten Meeres wurde Rujm el-Bahr als Ankerplatz gebaut (vgl. Abb. 7). Steinanker aus hellenistisch-römischer Zeit entlang der Küste des Toten Meeres zeigen die wachsende Bedeutung des Handels auf dem See an und reflektieren den Anstieg der Siedlungsaktivitäten.[54]

Römische (63 v. Chr.–324 n. Chr.) und byzantinische Zeit (324–638 n. Chr.)

Die römisch-byzantinische Zeit ist durch hohe Olivenwerte in beiden Pollendiagrammen geprägt (z. T. >20 %), allerdings sind die Prozentwerte in Ain-Feshkha z. T. deutlich höher (vgl. Abb. 8.9). Walnussbäume, Weinreben und Dattelpalmen wurden vermehrt angebaut, sind aber im Pollendiagramm von Ain-Feshkha stärker als in Ze'elim vertreten. In römischer Zeit sind Dattelplantagen, bewässert durch Brackwasser, von Ain-Feshkha bei Qumran bekannt.[55] Getreide (*Cerealia*) tritt häufiger als in früheren Perioden auf. Pollenkörner des Getreidetyps lassen sich allerdings im Nahen Osten nur eingeschränkt als Siedlungsindikatoren nutzen, da in der Region auch die Wildgetreideformen weit verbreitet sind.[56] Der salztolerante Johannisbrotbaum (*Ceratonia siliqua*), dessen Schoten eine Kohlenhydratquelle sind und zudem als Viehfutter genutzt werden, wurde offensichtlich bei Ain-Feshkha gepflanzt. Der Einfluss der Kulturpflanzen ist im Pollendiagramm von Ain-Feshkha stärker und die Artenvielfalt der Feldfrüchte ist größer als im Pollendiagramm von Ze'elim (Abb. 9). Ain-Feshkha liegt näher zu landwirtschaftlichen Zentren in der Oase von Jericho und im Judäischen Bergland. Zwischen 240 und 430 n. Chr. sinkt der Seespiegel kurzfristig ab, dies führt im Profil von Ze'elim zur Ablagerung einer dünnen Sandschicht, nachdem vorher laminierte Mergel und Evaporite vorherrschend waren und einen hohen Seespiegel anzeigen. Im Pollendiagramm von Ze'elim sinken die Prozentwerte der Olive auf 2 % ab, andere bedeutende Kulturpflanzen fehlen im entsprechenden Profilabschnitt (z. B. Weinrebe, Walnussbaum, Dattelpalme). Das Klima im 3. und 4. Jh. n. Chr. war trockener als während des 1. Jhs. v. und n. Chr.[57] Frumkin u. a. erwähnen einen niedrigen Seespiegel während des 3. Jhs. n. Chr. und es existieren Berichte über häufige Dürreperioden im 3. und 4. Jh.[58] Ze'elim befindet sich nahe ökologischen Grenzregionen des Ackerbaus (z. B. Negev) und könnte deswegen in stärkerem Maße von kurzfristigen Klimafluktuationen beeinträchtigt gewesen sein als Ain-Feshkha. Während der byzantinischen Periode ab ca. 350 n. Chr. steigt der Seespiegel erneut an. Die Landwirtschaft erholt sich und die Werte der Olive, der Weinrebe, des Johannisbrotbaumes und anderer Kulturpflanzen steigen sowohl im Pollendiagramm von Ain-Feshkha als auch in Ze'elim erneut an (vgl. Abb. 9). Die Siedlungsdichte ist hoch, Farmen, Städte (z. B. Elusa), Bewässerungsanlagen (z. B. Dämme) und Agrarinstallationen (z. B. Olivenpressen) lassen sich selbst im Negev finden. Die Region um das Tote Meer war vergleichsweise dicht besiedelt, am Ufer des Toten Meeres existieren von Qumran im Norden bis En-Boqeq im Süden byzantinische Gebäude.[59] Im 7. Jh. n. Chr., am Übergang zur früharabischen Zeit, sinken die Werte aller kultivierten Pflanzen steil ab, während die *Chenopodiaceae*, Indikatoren für trockene Bedingungen, stark ansteigen. Im gleichen Zeitraum lässt sich ab ca. 600 n. Chr. auch ein dramatisches Absinken des Seespiegels feststellen.

Früharabische Zeit (638–1099), Kreuzritter, Ayyubiden, Mamelucken (1099–1516)

Das auffälligste Merkmal beider Pollendiagramme, neben den niedrigen Werten für Kulturpflanzen, ist das Maximum der Kiefernwerte (wohl hauptsächlich *Pinus halepensis*, vgl. Abb. 9). *Pinus halepensis* ist ein Pionierbaum und könnte sich auf – eventuell nach dem Einfall der Araber 638 n. Chr. aufgegebenen – Feldern etabliert haben. Zudem ist die Aleppo-Kiefer besser als Laubbäume an Trockenheit angepasst und deshalb in Zeiten vermehrter Dürre besonders konkurrenzstark.[60] Im Gegensatz dazu vertragen besonders junge Kiefernschösslinge keine Überschattung. Wenn sich Laubbäume ausbreiten, können sich Kiefernbestände deshalb häufig schlechter verjüngen. Die immergrünen Eichen (*Quercus calliprinos*), Element der mediterranen Macchie wie Pistazienarten (*Pistacia* sp.) und die dornige Becherblume (*Sarcopoterium spinosum*), expandieren in beiden Diagrammen nach dem Rückgang von *Pinus*, obwohl die immergrüne Eiche in Ain-Feshkha deutlich stärker auftritt. Auch die *Poaceae* (Süßgräser) und zumindest in Ain-Feshkha, der Wermut (*Artemisia* sp.) verbreiten sich und könnten einen stärkeren Einfluss der Irano-Turanischen Steppenvegetation anzeigen. In Ze'elim fällt ein 60 cm mächtiger Strandwall (Sand und Aragonitkrusten) auf, der einen niedrigen Seespiegel um 1250 n. Chr. anzeigt (vgl Abb. 5). Gleichzeitig lässt sich ein Ausbreiten der Chenopodiaceae im Pollendiagramm von Ze'elim beobachten. In den obersten Proben des Profiles von Ain-Feshkha, aufgrund von Radiokarbondatierungen etwa 1240–1400 n. Chr., treten vermehrt Pollenkörner der Olive, des Walnussbaumes und der Dattelpalme auf, während der Johannisbrotbaum wohl auch in der Früharabischen Zeit genutzt wurde (vgl. Abb. 8). Im Gegensatz zu älteren Siedlungsperioden ist diese Phase schwächer ausgeprägt, könnte aber in der Kreuzritter- oder der Mameluckenzeit liegen, als der Seespiegel höher lag und die Niederschläge reichlicher waren.[61]

SCHLUSSFOLGERUNGEN

- Das Tote Meer ist ein hypersaliner Endsee, am tiefsten Punkt der Erdoberfläche gelegen und Teil der „Totes-Meer-Transformstörung". Erdbeben sind aufgrund der hohen tektonischen Aktivität typisch für die Region.
- Palästina befindet sich im Einflussbereich des mediterranen Winterregenklimas. Der Niederschlag wird hauptsächlich von der Topografie bestimmt und sinkt vom Judäischen Bergland (300–700 mm/Jahr) zur Judäischen Wüste (Regenschattenwüste/<100 mm/Jahr) ab. Das Tote Meer wird vom Jordan, winterlichen Fluten der Wadis und Quellen (z. B. En-Gedi, Ain-Feshkha) mit Wasser versorgt.
- Im Umfeld des Toten Meeres treffen vier pflanzengeografische Territorien aufeinander:
  - Mediterran: Waldland, Macchie, Garrigue; typische Pflanzen sind Eichen und Oliven;
  - Irano-Turanisch: Steppe; Beifuß, verschiedene Süßgräser;
  - Saharo-Arabisch: Wüste; weitverbreitet sind Gänsefußgewächse;
  - Sudano-Deccanisch: Vegetation der Oase im Aravah- und Jordantal und entlang des Ufers des Toten Meeres; typische Elemente sind Akazien und – als Kulturpflanze – Dattelpalmen.
- Untersuchungen des Paläoklimas der Region geben Hinweise auf Klimaschwankungen, die sich häufig in historische Beschreibungen von Dürren und Hungersnöten einfügen. Verwendete Methoden sind die Rekonstruktion von Seespiegeln und die Pollenanalyse.
- Sedimentkerne und Aufschlüsse in Erosionsrinnen am Westufer des Toten Meeres sind genutzt worden, um Schwankungen im Paläoseespiegel des Toten Meeres zu rekonstruieren. Der See reagiert sensibel auf Änderungen der regionalen Hydrologie (Niederschlag, Oberflächenabfluss), daher können anhand der Seespiegelschwankungen Aussagen über die holozäne Klimaentwicklung der Region getroffen werden.
- Dabei fallen aride Perioden (niedriger Seespiegel) häufig mit Zusammenbrüchen von Siedlungssystemen zusammen (z. B. am Ende des Vorkeramischen Neolithikums oder am Ende der Frühen Bronzezeit). Im Gegensatz sind humide Perioden (hoher Seespiegel) durch eine Expansion von Siedlungen und ackerbaulichen Nutzflächen gekennzeichnet (z. B. im Vorkeramischen Neolithikum oder während der Frühen Bronzezeit).
- Die Vegetationsgeschichte der Region um das Tote Meer inklusive des sich westlich anschließenden Gebietes des Judäischen Berglandes wurde aufgrund von sedimentologischen und palynologischen Studien in den Erosionsrinnen von Ze'elim (bei Masada) und Ain-Feshkha (bei Qumran) untersucht. Eine detaillierte Chronologie beider Profile konnte anhand von zahlreichen Radiokarbondatierungen erstellt werden und erlaubte einen direkten Vergleich mit der Seespiegelkurve des Toten Meeres.
- Aus den Pollendaten lassen sich Informationen über die Vegetation, das Klima und die Landwirtschaft während der Siedlungsperioden ableiten. Perioden verstärkter Siedlungsaktivitäten, einer Expansion der Landwirtschaft sowie eines starken mediterranen Einflusses innerhalb entsprechender Pollenspektren sind auf humide Phasen beschränkt, während Zusammenbrüche von Siedlungssystemen und die Aufgabe landwirtschaftlicher Nutzflächen häufig mit Dürreperioden zusammenfallen. Insofern können die Ergebnisse der Seespiegelrekonstruktion unabhängig bestätigt werden. Der Aufstieg und Fall von Zivilisationen in der Region um das Tote Meer scheint mit der Klimageschichte verknüpft. Somit sind die Werte mediterraner und/oder kultivierter Pflanzen während humider Perioden (hoher Seespiegel) hoch, z. B. während der Mittleren Bronzezeit oder in der römisch-byzantinischen Zeit. Andererseits ist ein Niedergang von Kulturpflanzen und/oder mediterraner Vegetation mit einem Wechsel zu ariden Umweltverhältnissen verbunden, z. B. den Seespiegelrückgängen während der Späten Bronzezeit. Durch die vegetationsgeschichtlichen Studien sind Informationen über die Bevorzugung einzelner Feldfrüchte in bestimmten Zeitabschnitten oder ihre Einführung verfügbar (Walnussbaum in der Zweiten Tempelperiode).
- Regionale Unterschiede beim Vergleich der beiden Pollendiagramme am westlichen Ufer des Toten Meeres sind offensichtlich. Die mehr aride Lokalität Ze'elim wird stärker von der Wüstenvegetation des Saharo-Arabischen pflanzengeografischen Territoriums beeinflusst, während im Pollendiagramm von Ain-Feshkha mediterrane Elemente und Kulturpflanzen stärker hervortreten.

DAS TOTE MEER

Ein Wechselbad der Kulturgeschichte

von Wolfgang Zwickel

Wer heute das Tote Meer besucht, gewinnt den Eindruck, dass diese Region immer ein wenig im Schatten der kulturellen Entwicklung des Landes lag. Zwar gibt es mit Masada und Qumran auch gut besuchte Touristenorte, dazu einige Badestrände, Ausflugslokale und Hotels, aber die Landschaft ist doch eher unwirtlich und lädt nicht unbedingt dazu ein, sich hier dauerhaft niederzulassen. Trotzdem gibt es Epochen, in denen gerade diese Region unter kulturellen Gesichtspunkten bedeutsam war, auch wenn hier wohl nie viele Menschen gelebt haben.

Abb. 1: Ahnen aus Ton? Jungsteinzeitliche Figuren aus Ain Ghazal (Archaeological Museum Amman).

Diese wechselvolle Entwicklung in der Zeit vom 9. Jt. v. Chr. bis zur Zeit der persischen Oberherrschaft über Palästina (538–332 v. Chr.) gilt es nachfolgend in groben Zügen nachzuzeichnen. Die west- und ostjordanische Seite haben dabei eine unterschiedliche Entwicklung durchlaufen. Dies liegt an den unterschiedlichen geografischen Bedingungen. Zwar reicht auch am Westufer das Gebirge oft bis an das Wasser heran, aber es gibt doch öfters eine breitere Uferzone, die sowohl Siedlungen als auch landwirtschaftliche Tätigkeiten und eine gangbare Wegführung in Ufernähe ermöglichen. Im Ostjordanland ist dies dagegen kaum möglich. Lediglich der Nordrand des Toten Meeres und die Lisan-Halbinsel bieten die Voraussetzung für permanente Siedlungen. Da die jeweiligen Uferzonen nur dann bewohnt werden konnten, wenn es Kontakte zum Bergland gab, um Produkte dort absetzen zu können, war das Tote Meer in diesen Perioden immer eine Grenze zwischen den Kulturen im jeweiligen Bergland.

ERSTE SIEDLUNGSANFÄNGE IM NEOLITHIKUM

Im Neolithikum (8300–4500 v. Chr.) erfolgte im gesamten Vorderen Orient eine erste umfassende Änderung der Lebensweise der Menschen. Bis dahin lebte man – von wenigen Ausnahmen abgesehen – in Höhlen. Man ernährte sich als Jäger und Sammler von dem, was sich den Menschen zufällig bot. Mit dem Ende der letzten Eiszeit stiegen die Temperaturen an. Nun ergaben sich völlig neue Möglichkeiten des Siedelns. Die Menschen verließen in einem über mehrere Jahrtausende sich hinziehenden Prozess ihre Höhlen, siedelten in kleinen Verbänden an günstigen Ortslagen und begannen allmählich mit Kleinviehzucht und Ackerbau.

Abb. 2: Der neolithische Turm aus Jericho (Tell es-Sultan).

Jericho bot für diese Entwicklung ideale Voraussetzungen: Im Jordangraben war es gegen Ende der Eiszeit wesentlich wärmer als im Bergland, die neben dem Siedlungshügel von Jericho entspringende Quelle versorgte die Gegend mit Wasser und mit der Nähe zum Toten Meer und den dortigen Asphalt- und Salzvorkommen verfügten die Bewohner von Jericho auch über Rohstoffe, die in entferntere Regionen gehandelt werden konnten. So ist es auch nicht verwunderlich, dass gerade in Jericho auf Tell es-Sultan die „älteste Stadt der Welt" entstand. Dieser Ehrentitel von Jericho muss allerdings relativiert werden. Zum einen sind inzwischen weitere Orte entdeckt worden, die mit Jericho altersmäßig wetteifern können, zum anderen kann man sicherlich nicht von einer Stadt im modernen Sinn sprechen. Mit vielleicht 200 Einwohnern war der Ort für heutige Vorstellungen extrem klein, und eine soziale Schichtung innerhalb des Ortes lässt sich auch nicht feststellen. All diese Ortslagen zeichnet aus, dass sie besonders günstige Rahmenbedingungen für die neue Lebensweise der Menschen nach der Eiszeit aufweisen.

Die ältesten in Jericho nachgewiesenen Schichten reichen bis in die Zeit um 9500 v. Chr. zurück. Mit kurzen Unterbrechungen bestand auf Tell es-Sultan knapp 5000 Jahre eine Siedlung, bis der Ort um 4500 v. Chr. wieder aufgegeben wurde. Mit mehrfachen Siedlungslücken besteht der Ort bis heute an derselben Stelle im Umfeld der alten Quelle. Aus dem Neolithikum stammt ein eindrückliches Bauwerk auf dem Siedlungshügel: Ein über 9000 Jahre alter runder Turm aus Bruchsteinen, der einen Durchmesser von 9–10 m aufweist und noch bis zu einer Höhe von 8,25 m ansteht. Im Inneren des Turms führt eine Treppe hinauf. Diese Bauanlage war für die damalige Zeit eine architektonische Meisterleistung!

In dieser frühen Zeit spielte das rund 10 km von Jericho entfernte Tote Meer eine wichtige Erwerbsgrundlage für die Einwohner der Stadt. Der Asphalt, der auf der Oberfläche des Wassers schwamm, war in der Antike Klebstoff und Salz und wurde zum Pökeln benötigt. Mit den Produkten des Toten Meeres dürfte Jericho in der Lage gewesen sein, florierenden Handel zu betreiben, der zur Blüte der Stadt beigetragen hat. Daneben waren die Quelle Ain es-Sultan und die fruchtbare Ebene der Oase entscheidend. Auch in der Folgezeit bildete Jericho immer wieder einen Zentralort für das Wirtschaftsleben am Toten Meer. In jüngster Zeit wurde eine weitere jungsteinzeitliche Siedlung des 9. Jts. v. Chr. in Zahrat edh-Dhra 2 am Südostufer des Toten Meeres untersucht, die ebenso wie Jericho die lokale Topografie mit reichlich vorhandenem Quellwasser in der fruchtbaren Ebene nutzte.

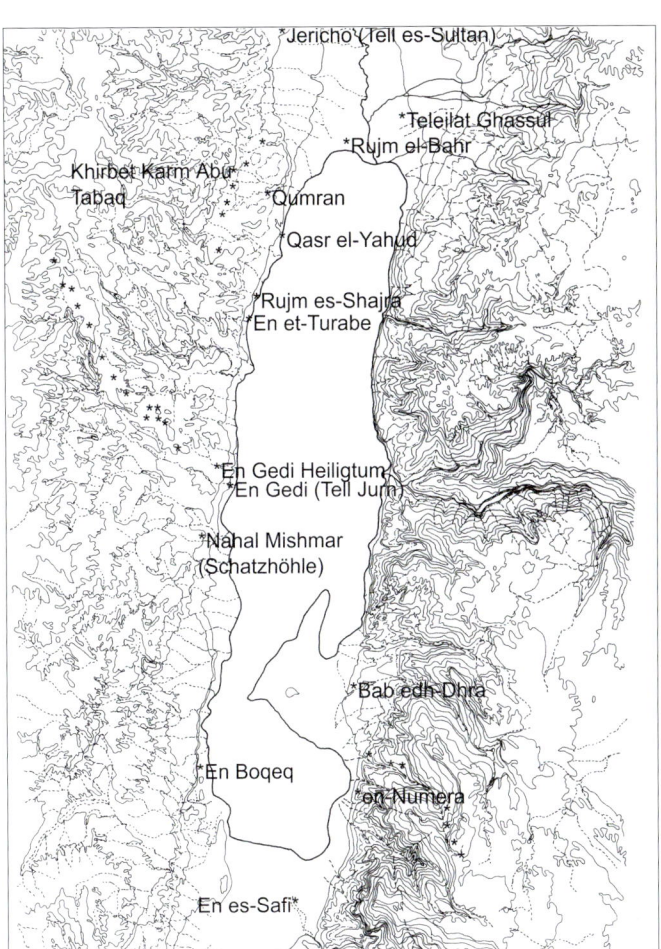

Abb. 3: Wichtige Fundstellen aus der Besiedlungsgeschichte des Gebiets um das Tote Meer (Karte Ronja Kratz).

CHALKOLITHIKUM: DAS HEILIGTUM VON EN-GEDI ALS ZENTRUM DER CHALKOLITHISCHEN STÄDTE

Während des Chalkolithikums entstand im Süden des Landes bei Beerscheba ein neues kulturelles und wirtschaftliches Zentrum. Die Blüte der zahlreichen chalkolithischen Ortschaften im Bereich des Beckens von Beerscheba hängt nicht zuletzt mit der Metallverarbeitung zusammen, die dort weiterentwickelt und perfektioniert wurde. Das Metall stammt zumindest teilweise aus dem Jordangraben aus der Umgebung von Fenan (bibl. Punon; vgl. Num 33,42–43). Metallurgische Untersuchungen zeigen aber, dass ein Teil des Metalls aus der Umgebung von Norsuntepe in Ostanatolien stammt. Dies setzt einen intensiven internationalen Fernhandel voraus.

Die Metallverarbeitung im Becken von Beerscheba zeigt auch eine Verbindung zum Toten Meer an. In der sogenannten „Schatzhöhle" von Nahal Mishmar wurde von Pessach Bar-Adon 1962 in einer natürlichen Höhle ein sensationeller Fund gemacht: insgesamt 416 zum Teil hochwertig verarbeitete Metallgerätschaften.[1] Unter ihnen fanden sich Äxte, Meißel, Hämmer, reich verzierte Zepter und Zepteraufsätze, Standarten, Metallhörner und eigenartige „Kronen" mit dekorativen Aufsätzen.

Während man aus dem Becken von Beerscheba nur vereinzelte Metallgerätschaften kannte, entdeckte man hier einen Hortfund, der offensichtlich in der Höhle versteckt wurde. Die Beziehung zur Beerscheba-Kultur ist nicht nur durch die zum Teil selben Typen von Metallgerätschaften deutlich. Auch geografisch gibt es eine Verbindung. Folgt man dem Nahal Mishmar und den natürlich vorgegebenen Wegeführungen in der Wüste Juda, gelangt man über Arad in die Gegend von Beerscheba.

Bei den Metallgeräten fanden sich auch textile Matten, die mit Hilfe der ¹⁴C-Methode datiert wurden. Die Objekte gehören in die Zeit zwischen 3500 und 2800 v. Chr. Neuere Untersuchungen zu den Keramikgefäßen, die gleichfalls in Verbindung mit den Metallgerätschaften entdeckt wurden, zeigen, dass der Fundkomplex aus dem Spätchalkolithikum stammen muss.[2] Damit dürften die Funde sogar noch etwas älter sein und aus der Zeit zwischen 4500 und 3600 v. Chr. stammen – zeitgleich übrigens zu den Siedlungsschichten im Becken von Beerscheba.

Warum aber wurden solche Gerätschaften hier in einer Höhle am Toten Meer gelagert? Schon bei ihrer Entdeckung wurde vermutet, dass die Gegenstände in irgendeiner Art und Weise kultisch gedeutet werden können oder müssen. Zumindest die „Kronen" und die Standarten entziehen sich jeglicher praktischer Funktion. Eine sinnvolle Erklärung wäre eine Verbindung mit dem isoliert stehenden zeitgleichen Heiligtum oberhalb von En-Gedi[3], das knapp 10 km nördlich der Schatzhöhle liegt, aber über einen Fußweg von dort aus gut zu erreichen ist (zu En-Gedi vgl. den Beitrag von G. Hadas und J. Zangenberg in diesem Band). Es handelt sich um einen ohne weiteren Siedlungskontext stehenden Tempel, der von der profanen Welt mit einer Mauer abgegrenzt war. Die Anlage existierte nur während einer Epoche und bestand aus einem rechteckigen ummauerten Hof von ca. 25 x 20 m Größe, an dessen nördlicher Seite sich ein lang gestrecktes Hauptgebäude (20 x 5 m) und an der Ostseite ein kleineres Nebengebäude (7,5 x 4,5 m) befanden. Im Südwesten des ummauerten Bezirks lag ein Torhaus, das nach außen genau auf die tiefer liegende Quelle von En-Gedi ausgerichtet war, nach innen aber auf den zentralen Bereich des Hauptgebäudes. Ein weiteres kleines Tor befand sich im Nordosten. Innerhalb des Tempelareals gab es zwei Gebäude. Als eigentliches Heiligtum diente der größere Breitraum. In der Mitte der zum Hof ausgerichteten Wand besaß er einen Eingang, diesem gegenüber lag eine halbkreisförmige Steinsetzung, ein einzelner Stein befand sich am rechten äußeren Rand außerhalb der Steinsetzung. Bei diesem Stein handelt es sich um Kalkstein, wie er in der Region nicht anzutreffen ist und deshalb über größere Distanzen hierher gebracht wurde. Auf ihm stand vermutlich die Kultfigurine des Tempels, ein mit Wassergefäßen beladener Bulle. Im Osten des Tempelareals gab es ein weiteres Gebäude, das vielleicht als Unterkunft für den Priester genutzt wurde. Im Zentrum des Hofes befand sich schließlich ein kreisrundes Becken, in das vermutlich Wasserspenden, die von der Quelle hierher gebracht wurden, gegossen wurden. Aufgrund der aufgefundenen Keramik und der mit Wassergefäßen beladenen Figurine scheint hier der Libations- und Wasserkult

Abb. 4: Figur eines tanzenden Priesters (?) auf einem Wandfresko aus Teleilat Ghassul nahe der Nordostspitze des Toten Meers (Chalkolithikum, Archaeological Museum Amman).

eine herausragende Rolle eingenommen zu haben, was bei einer Kultstätte mitten in der Wüste auch verständlich ist.

Setzt man voraus, dass die Funde aus der Schatzhöhle wirklich in Verbindung mit dem Heiligtum in En-Gedi standen, dann lässt sich der dortige Kult möglicherweise näher bestimmen. Sicherlich wurde der Tempel nur ausnahmsweise für bestimmte Feste genutzt. Die zahlreichen metallenen Zepteraufsätze und Standarten verdeutlichen, dass man der Gottheit für den materiellen Reichtum, den man durch die Metallverarbeitung erworben hatte, danken wollte. Zepter mit Gazellenköpfen und Vögeln sind vielleicht als Symbol der Fruchtbarkeit zu verstehen – ein Aspekt, der wohl auch hinter den Libationen im Tempel stehen dürfte. Die „Kronen" schließlich sind vermutlich als Vorläufer der späteren Tempelmodelle zu deuten. Man kann zumindest vermuten, dass in diese zylinderförmigen Gefäße ebenso Wasser gegossen wurde, wie in das Kultbecken im Hof des Tempels von En-Gedi. Aus Gilat, 20 km nordwestlich von Beerscheba gelegen, stammt eine Tonfigur, bei der eine nackte Fruchtbarkeitsgöttin mit einem „Butterfass" auf dem Kopf, das aber sicherlich als Wassergefäß anzusprechen ist, auf einer solchen „Krone" sitzt. Auch hier ist die „Krone" demnach wieder mit Wasser und mit Fruchtbarkeit verbunden.

Zuletzt bleibt noch die Frage, warum sich die Bewohner des Beckens von Beerscheba gerade diese damals menschenleere Gegend oberhalb des Toten Meeres als Pilgerziel ausgesucht haben. Natürlich kann man auch hier wieder nur Vermutungen anstellen. Vielleicht war es ja gerade die Wüste und die dort vorhandene Quelle von En-Gedi, die für die Menschen so symbolbehaftet war. Gießt man in der Wüste Wasser aus, so blühen die in der Erde enthaltenen Samen schnell auf und verändern die Landschaft. Mit den Libationen konnte man dies innerhalb weniger Tage miterleben. Indem die Wasserspenden als Gabe für die Gottheit gebracht wurden, wurde das anschließende Aufblühen als göttliche Gabe verstanden, ebenso wie die durch die Standarten ausgedrückte göttliche Gabe von Tieren zur Ernährung der Menschen. Die ganze Prozession wäre demnach ein Dank an die Gottheit für die Gabe der Lebensgrundlagen Fruchtbarkeit für den Fortbestand, Tiere als Nahrung und Metallhandwerk als Erwerbsgrundlage.

Am Nordufer des Toten Meeres gab es auf jordanischem Boden noch eine weitere chalkolithische Siedlung: Teleilat Ghassul. Mit rund 25 ha Siedlungsfläche handelt es sich hierbei um eine für die damalige Zeit riesige Ortslage, auch wenn davon ausgegangen werden kann, dass der Ort nicht in allen Bereichen gleichermaßen dicht besiedelt war. Gegründet wurde die Stadt um 4500 v. Chr. und hatte nach neuesten Forschungen wohl bis 3900/3800 v. Chr. Bestand. Während die Gegend heute recht trostlos ist, lag sie früher auf einer Sandbank und war von sumpfigem Süßwasser umgeben. Leider sind viele Einzelheiten noch immer unklar, weil die Grabungen nur unzureichend publiziert wurden. Teleilat Ghassul und einige weitere kleine Ortslagen am Nordufer des Toten Meeres zeigen jedoch, dass hier im Chalkolithikum neben der Beerscheba-Kultur ein weiterer Siedlungsschwerpunkt lag.

Frühbronzezeit: Das Reich der Toten auf der Lisan-Halbinsel

Mit dem Ende des Chalkolithikums änderte sich die Situation am Toten Meer grundlegend. Gab es bislang im Norden mit Teleilat Ghassul und einigen wenigen kleinen Nachbarorten einen Siedlungsschwerpunkt sowie im Westen in En-Gedi einen Tempel, so verlagerte sich die Siedlungsaktivität in der Frühbronzezeit auf das Südostufer des Toten Meeres. Für die rund 1000 Jahre andauernde Frühbronzezeit (3300–2200 v. Chr.) besitzen wir so gut wie keine Hinweise auf menschliche Präsenz am Westufer. Auf der Lisan-Halbinsel entstand nun aber eine wichtige neue Stadt: Bab edh-Dhra. Allererste, wenn auch äußerst bescheidene Nachweise menschlicher Aktivitäten an diesem Ort stammen bereits aus dem Chalkolithikum. Während der Frühbronzezeit IA (3300–3200 v. Chr.) lassen sich hier, am tiefsten Punkt der Erde, die ersten Bestattungen nachweisen. Bis zur Frühbronzezeit IV/Mittelbronzezeit I (2200–2000 v. Chr.) diente der Ort als Bestattungsplatz. Insgesamt 20.000 Gräber mit 500.000 Bestattungen werden hier vermutet – zu viel für die kleine Ortschaft mit gerade einmal 100 x 300 m Größe, die hier ab 3200 v. Chr. für rund 1000 Jahre bestand. Für die Frühbronzezeit II/III hat man rund 600 ha besiedelte Fläche im ganzen Westjordanland errechnet.[4] Nimmt man das Ostjordanland hinzu, dürften insgesamt etwa 750 ha Land besiedelt gewesen sein. Bei einer Wohndichte von 250 Personen pro Hektar kann man von einer Einwohnerzahl des gesamten West- und Ostjordanlandes von 190.000 Menschen ausgehen. Da die durchschnittliche Lebenserwartung etwa 40 Jahre betrug und die Zahl der Bewohner des Landes sowohl in der Frühbronzezeit I, als auch in der Frühbronzezeit IV/Mittelbronzezeit I geringer war, lebten in den rund 1000 Jahren insgesamt etwa 4 Millionen Menschen im Land. Das aber heißt, dass etwa jeder achte in Bab edh-Dhra bestattet wurde! Der Ort muss die zentrale Begräbnisstätte für ein ausgedehntes Hinterland gewesen sein und hatte sich offenbar völlig auf die Bestattung der Menschen spezialisiert.

Abb. 5: Ibex-Zepter aus Kupfer, aus der sog. „Höhle des Schatzes" (Nahal Mishmar) in der Judäischen Wüste.

Neben Bab edh-Dhra gab es aber am Südende des Toten Meeres noch einige weitere Ortslagen: en-Numera, En es-Safi, Feife und Hanazir (siehe dazu v. a. den Beitrag von K. D. Politis in diesem Band). Dies zeigt, dass die guten klimatischen Bedingungen bereits in der Frühbronzezeit genutzt wurden, um hier am Südende des Toten Meeres Landwirtschaft zu treiben.

Mittel- und Spätbronzezeit: Das Schweigen der Funde (zwischen 2200 und 1150 v. Chr.)

Mit der Mittelbronzezeit I (ab etwa 2200 v. Chr.) beginnt sowohl am West- als auch am Ostufer eine Zeit ohne Zeugnisse menschlicher Präsenz. Die Gründe hierfür sind schnell gefunden. Es ist die Zeit des großen internationalen Handels und eines Wiederaufblühens der Städte. In dieser Zeit konzentrierte sich die Aktivität auf die in den Tälern und nahe den Handelsstraßen gelegenen Städte im Westjordanland. Die Wüste war nicht attraktiv genug, um hier zu leben, und selbst eine einst so wichtige Stadt wie Jericho erlebte in diesen Jahrhunderten ihren allmählichen Untergang. Zudem erschwerten Klimaveränderungen mit einem Rückgang des Wasserspiegels des Toten Meeres und damit mit einem Rückgang der Niederschläge das Leben in der Wüste.

Eine neue kleine Blüte in der frühen Eisenzeit (ca. 1150–900 v. Chr.)

Das Desinteresse am Toten Meer scheint sich während der Eisenzeit I fortzusetzen – aber nur scheinbar. Weiterhin sind kaum Siedlungen oder auch nur Scherbenfunde in der unmittelbaren Nähe des Toten Meeres nachweisbar. Mitten in der judäischen Wüste verlaufen nun aber deutlich einige Straßen, die offenbar zum Toten Meer führen. Einerseits führt eine solche Straße von Jericho, das in der Eisenzeit I nach einer Siedlungslücke wieder besiedelt wurde, über eine Hochebene etwa 7 km östlich des Meerufers nach Süden. Wie eine Perlenkette reihen sich hier zahlreiche, meist namenlose Orte entlang der Wegführung auf, die auch heute noch als Fahrweg benutzt wird. Hier wurde aber nicht nur Handel betrieben, man nutzte die kleine Ebene auch, um Kleinvieh zu züchten. Die Ortschaften weisen teilweise denselben Grundriss wie viele andere früheisenzeitliche Siedlungen auf – eine geschlossene Kette von Häusern, wobei der freie Platz im Inneren für die Kleinviehhaltung genutzt werden konnte. Zum Teil wurden hier aber auch Wachtürme errichtet, die den Weg sichern sollten. Ein weiterer Weg führte von Tekoa im judäischen Bergland hinab zum Toten Meer und endete in der Region von En-Gedi. Der Weg durch die Wüste war recht beschwerlich. Die vielen Stationen, die sich unterwegs finden, waren sicherlich nicht immer feste, permanente Siedlungen, sondern oft nur Rastplätze für die Menschen und Tiere, die die schweren Lasten bergauf schleppen mussten.

Die Straßenführungen sind eigentlich nur sinnvoll, wenn in dieser Zeit wieder Salz und Asphalt vom Toten Meer einerseits nach Jericho, andererseits nach Juda geholt wurde, um es dann weiter zu verhandeln.[5] Nachdem der internationale Handel zusammengebrochen war, spielte in dieser Zeit der Kleinhandel wieder eine bedeutende Rolle. Mit Salz und Asphalt ließ sich offenbar Geld machen. Auf ostjordanischem Gebiet gab es überhaupt keine früheisenzeitlichen Siedlungen in unmittelbarer Nähe zum Toten Meer. Lange haben sich die Neugründungen aber offenbar nicht gehalten. Spätestens mit dem 9. Jh. v. Chr. gab es wieder eine Verschiebung der Lebensweise. Man konzentrierte sich mehr auf die Städte Jerusalem und vor allem Samaria, die expandierten. Mit steigendem Wohlstand wurden die kleinen ländlichen Siedlungen aufgegeben. Es war zu mühsam, hier zu wohnen. Von dieser Landflucht war für gut zwei Jahrhunderte auch die Umgebung des Toten Meeres betroffen.

Erst gegen Ende der Eisenzeit bzw. der biblischen Königszeit ist wieder eine Intensivierung des Lebens am Toten Meer festzustellen. 733 v. Chr. und dann noch einmal 722 v. Chr. eroberten die Assyrer große Teile des Nordreichs Israel. Die Assyrer hinterließen ein Land, das weitgehend verwüstet war: die Fruchtbäume abgeholzt, die Felder verbrannt, die Vorräte geplündert. Die einheimische Oberschicht wurde deportiert, stattdessen eine fremde Oberschicht neu angesiedelt. Die landwirtschaftlich ausgerichteten Bewohner des Landes, die nicht ins Exil geführt wurden, konnten so nicht weiterleben. Sie hatten alle finanziellen Ressourcen verloren, die ihnen einen selbstständigen Neuanfang ermöglicht hätten. So blieb ihnen nur die Flucht in andere Regionen, von denen die Assyrer nur Tribute forderten, aber nicht das Land verwüstet hatten. Wegen der engen religiösen und teilweise auch verwandtschaftlichen Beziehungen flohen viele Menschen nach Juda, wo sich innerhalb weniger Jahre die Einwohnerzahl um ein Vielfaches erhöhte. Aber auch in Ammon, Moab und Edom lässt sich in dieser Zeit ein erheblicher Bevölkerungsanstieg beobachten. Die Neuankömmlinge mussten in diesen Ländern nun aber versorgt werden. In Juda können wir hinter der prophetischen Sozialkritik jener Zeit noch erkennen, dass die vorhandenen Äcker neu verteilt wurden, um zumindest einem Teil der neuen Bevölkerung ein Auskommen zu ermöglichen. Andere wurden als Fremdlinge in bereits bestehen-

Abb. 6: Chalkolithische Kupferkrone mit Vögeln und Aufsätzen mit Steinbockhörnern aus der Schatzhöhle von Nahal Mishmar. Würdezeichen eines Priesterkönigs? (Israel Museum Jerusalem).

den Orten angesiedelt und arbeiteten als grundbesitzlose Tagelöhner auf den Äckern der Grundbesitzer. Überall im Land wurden aber auch neue Anlagen errichtet, die zwar einen festungsähnlichen Charakter haben, wegen ihrer dünnen Mauern als Festung aber eher ungeeignet erscheinen. Vielmehr wird es sich dabei um Krongüter im Besitz des Königshauses gehandelt haben, in denen einerseits Menschen wohnen konnten und andererseits Nahrungsmittel für die Versorgung der Bevölkerung produziert wurden.[6] Modern gesprochen hat das Königshaus in der damaligen Zeit umfassend für Arbeitsprogramme gesorgt, die es den Menschen ermöglichen sollten, überleben zu können. Und hierfür wurden auch all jene Gegenden landwirtschaftlich genutzt, die bislang wegen der natürlichen Rahmenbedingungen nicht gerade vielversprechend hierfür waren. Und so finden wir nun eine ganze Reihe von neuen Siedlungen, die teilweise auch ausgegraben sind und uns somit Informationen über ihren Charakter vermitteln. Nur diese sollen hier näher vorgestellt werden, einige weitere bisher nur durch Oberflächenuntersuchungen bekannte Siedlungen (vgl. Abb. 3) dürften das bisherige Bild weiter stützen.[7]

Die bekannteste dieser Neugründungen ist die älteste Siedlungsschicht in Qumran. Hier wurde eine Zisterne mit einer Mauer umgeben – angesichts der Wüstenlandschaft war eine Zisterne sicherlich eine notwendigerweise zu schützende Einrichtung. Es grenzte ein großer Hof an, der an zwei oder drei Seiten von Lager- bzw. Wohnräumen umgeben war. In Rujm el-Bahr unmittelbar am Nordufer des Toten Meeres, Qasr el-Yahud/Khirbet Mazin etwas südlich von Qumran, bei Rujm es-Shajra, in unmittelbarer Nähe der Quelle von En el-Ghuwer und 2 km südlich sowie in der Nähe einer Quelle am Seeufer bei En et-Turabe wurden jeweils unter hellenistisch-römischen Resten späteisenzeitliche Scherben gefunden, die auf entsprechende Siedlungsaktivitäten hinweisen. Die unmittelbare Lage am Toten Meer legt es nahe, dass auch schon in der späten Eisenzeit hier einfache Häfen angelegt wurden, sodass Produkte leichter auf dem Wasser gehandelt werden konnten. Eine Wegführung unmittelbar am Ufer entlang war im Altertum nahezu unmöglich; erst nach dem 2. Weltkrieg hat man hier eine Straßenanlage durch die Felsen gesprengt.

Die südlichste Siedlung am Toten Meer war auf westjordanischer Seite der Tell Goren/Tell Jurn in der Oase En-Gedi (siehe dazu den Beitrag von G. Hadas und J. Zangenberg in diesem Band). Der Tell ist etwa 140 m lang und an seiner Oberfläche nicht mehr als 25 m breit. Selbst wenn man die Abhänge als Wohnfläche mit berücksichtigt, ergeben sich allenfalls 0,9 ha Siedlungsfläche. Hier wohnten wohl nie mehr als etwa 200 Menschen. Der Ort wurde auch später besiedelt als die vorher genannten Ortslagen. Nach dem Keramikbefund zu urteilen siedelten hier erstmals seit etwa 630 v. Chr. Menschen, also rund 100 Jahre später als bei den vorangegangenen Orten. Der ältesten Siedlung war auch kein langes Leben beschieden. Im Kontext der Zerstörung des Südreichs 587 v. Chr. und der nachfolgenden Wirren wurde auch diese Siedlung aufgegeben. Leider sind die Befunde der ältesten Siedlungsschicht nicht allzu gut erhalten. Sie reichten aber aus, um zu verdeutlichen, warum so weit südlich noch eine Siedlung gegründet wurde. Einige Keramikgefäße und Gerätschaften weisen darauf hin, dass man hier in En-Gedi Parfüme hergestellt hat. Wenn diese Annahme zutrifft, dann hat man in Juda kurz vor dem Untergang des Landes noch einmal versucht, einen neuen und einträglichen Erwerbszweig in der Wüste zu etablieren, um das Einkommen des Landes zu verbessern. Die klimatischen Verhältnisse waren in En-Gedi hierfür ideal. Manche Spezereien benötigen ein sehr trockenes und warmes Klima, wie es in En-Gedi existiert, zum Teil ist aber auch reichlich Wasser für die Kultivierung der Pflanzen notwendig. So dürfte an dieser entlegenen Stelle ein hoch spezialisierter Betrieb gegründet worden sein. Auch auf der Hochebene einige Kilometer westlich des Toten Meeres wurden wieder Siedlungen gegründet.[8] Lawrence Stager wies nach, dass die Ackerbauern in dieser Region dank der Errichtung von Quer- und Umfassungsmauern die Regenfälle in den Wintermonaten aufstauen konnten, um so selbst in dem trockenen Wüstenklima noch in bescheidenem Maße Weizen, Gerste, Wein und Gemüse anbauen zu können. Auch daran wird deutlich, dass man wieder jede Möglichkeit nutzte, um Ackerbau zu betreiben und um wenigstens geringe Erträge zu erwirtschaften.

Welche Funktion hatten nun die Siedlungen, die in der nördlichen Hälfte des Toten Meeres errichtet wurden? Leider verfügen wir über keinerlei konkrete Texte, die uns dazu genauer Auskunft geben könnten. Salz- und Asphaltvorkommen zu sammeln wird ein Schwerpunkt gewesen sein. Das Buch Ezechiel erwähnt im Kontext einer visionären und eschatologischen Verwandlung des Toten Meeres in lebendiges Wasser, dass dort auch weiterhin die Salzvorkommen ausgebeutet werden sollen (Ez 47,11). Auch der Ortsname Ir-Hamelach („Salzstadt") in Jos 15,61 zeugt vom Salzabbau in dieser Region. Es spricht auch manches dafür, dass man in dieser Zeit schon mit Lastschiffen auf dem Toten Meer Güter transportierte. Der Transport auf dem Wasser war auf jeden Fall einfacher als zu Lande. Einige der Orte dürften unmittelbar am Wasser gelegen haben. Es wäre für die Rekonstruktion des antiken Wasserspiegels am Toten Meer auch wichtig, die exakten Höhen der Kaianlagen zu vermessen, um so nähere Auskünfte über den antiken

Wasserstand zu haben. Teilweise wird man hier auch von Kleinviehhaltung gelebt haben. Des Weiteren werden die Bewohner der Ortschaften die Wasserquellen genutzt und hier in bescheidenem Maße Ackerbau betrieben haben. Leider hat man die Gegend noch nicht ausreichend intensiv erforscht, sodass offen bleiben muss, ob und wie Quellwasser für die Bewässerung der umliegenden Böden Anwendung fand. Insbesondere an Weinanbau ist dabei zu denken, zumal für En-Gedi ein solcher auch biblisch belegt ist (s. u.) und ein Ort in der etwas weiter landeinwärts gelegenen Ebene heute noch den Nahmen Khirbet Karm Abu-Tabaq („Weinberg des Abu Tabaq") trägt. Und schließlich scheint man gegen Ende der Königszeit in der Oase von En-Gedi auch noch Spezereien angepflanzt und aus ihnen Parfüme hergestellt zu haben. Das Gebiet bot somit trotz des kärglichen Lebens einige Möglichkeiten für eine Spezialisierung, die wohl von den Menschen der damaligen Zeit in ihrer Not aufgegriffen und genutzt wurden.

Im Ostjordanland gibt es in der späten Eisenzeit II offenbar auch wieder menschliche Aktivitäten auf der Lisan-Halbinsel. Deutlich erkennbar ist bislang, dass eine Steige hinab zum Toten Meer nun intensiv ausgebaut wurde. Auf der Halbinsel selbst gibt es jedoch nur äußerst wenige Spuren einer permanenten Besiedlung. Offensichtlich lag das Hauptinteresse am Einsammeln der Rohstoffe, die das Tote Meer bot, nicht aber an einer dauerhaften Anwesenheit.

DIE EXILSZEIT: DAS TOTE MEER – WEITGEHEND UNBEWOHNTES LAND MIT SPEZIALISIERUNG

Die Eroberung Judas durch die Babylonier 597 und 587 v. Chr. hatte nachhaltige Folgen für die Besiedlung am Toten Meer. Alle Siedlungen wurden zunächst einmal aufgegeben. Angesichts der geringer gewordenen Bevölkerungszahl war es nicht mehr notwendig, an derart kargen Orten zu wohnen und wirtschaftliche Nischen zu finden. Im 5. und 4. Jh. v. Chr. gab es nach einer Siedlungslücke nur an einem Ort wieder eine Neubesiedlung: In Tell Goren/Tell Jurn in der Oase En-Gedi entstand wieder eine blühende Siedlung. Wovon die Menschen hier in dieser Zeit lebten, zeigt uns ein biblischer Text aus dem Hohelied (1,14):

> Eine Hennablütentraube ist mir mein Geliebter,
> aus den Weinbergen von En-Gedi.

Offenbar wurden in der Oase auch Wein und Henna angebaut. Noch heute trifft man den Hennabusch im Jordantal an, allerdings nicht mehr in der Gegend um En-Gedi. Der Busch wird vor allem wegen seines Färbemittels angepflanzt. Scheinbar ließen sich nun hier wieder Menschen nieder, um neuerlich mit einer Spezialisierung, die an anderen Orten kaum möglich gewesen wäre, ihr Auskommen zu sichern. Die folgenden Jahrhunderte bis zur hasmonäischen Eroberung sind archäologisch schwer zu fassen. Literarisch sind um 180 v. Chr. im Buch *Jesus Sirach* Dattelpalmen in En-Gedi belegt (Sir 24,13):

> Wie eine Zeder auf dem Libanon wuchs ich empor,
> wie ein wilder Ölbaum auf dem Hermongebirge;
>
> Wie eine Palme in En-Gedi wuchs ich empor,
> wie Oleandersträucher in Jericho,
> wie ein prächtiger Ölbaum in der Schefela,
> wie eine Platane am Wasser wuchs ich empor.

Dies zeigt deutlich, dass in hasmonäischer Zeit ein neuer Schwerpunkt der landwirtschaftlichen Tätigkeit am Westufer des Toten Meeres gefördert wurde: der Dattelanbau, der in den folgenden Jahrhunderten noch erheblich an Aufschwung gewann.

Das Gebiet am Toten Meer war im Verlauf der Jahrtausende bis zur hellenistischen Zeit immer Randgebiet, das nicht zum Wohnen einlud. Selbst wenn das Klima damals teilweise besser war als heute (vgl. den Beitrag von F. H. Neumann, E. J. Kagan und M. Stein in diesem Band), so waren die Lebensbedingungen dennoch stets extremer als in anderen Teilen des Landes. Die Region am Toten Meer war für die Menschen offenbar trotzdem immer wieder attraktiv, sei es aus religiösen Gründen wie im Chalkolithikum oder in der Frühbronzezeit, sei es aus wirtschaftlichen Gründen wie in der Eisenzeit. Ein für die spätere Entwicklung offenbar entscheidender Fortschritt ergab sich am Ende der judäischen Königszeit: Mit der Gründung der Siedlung von En-Gedi erkannten die Menschen, dass das extreme Klima am Toten Meer eine gute Einkommensquelle bieten konnte, wenn man hier Spezialisten ansiedelte, die diese Bedingungen nutzten. So trat neben das Einsammeln von Salz und Asphalt zunächst die Parfümindustrie, die auch in späteren Zeiten noch am Toten Meer in En-Boqeq und an zahlreichen anderen Orten betrieben wurde, dann der Henna- und Weinanbau und schließlich die Dattelzucht, für die diese Region wirklich ideal war.

DIE HELLENISTISCH-RÖMISCHE ZEIT AM TOTEN MEER

Kultur, Wirtschaft und Geschichte

Abb. 1: Der Berg Nebo, 808 m hoch, bietet eine fantastische Aussicht über das Jordantal und das Tote Meer nach Westen bis nach Israel.

von Jürgen Zangenberg

Ganz im Unterschied zu heute war das Gebiet östlich und westlich des Jordans und des Toten Meeres – vielleicht abgesehen von etwa 150 Jahren zwischen 300 und ca. 150 v. Chr. – nicht durch politische Grenzen getrennt, die die Bewegung von Menschen und Waren beeinträchtigten. Zudem waren politische Grenzen, wo sie existierten, oft nicht von Dauer und beeinflussten den Alltag der Menschen nicht stark. Seit die Römer im Jahre 63 v. Chr. mit Pompeius direkt ihre Hand auf die Levante gelegt hatten, waren den Rivalitäten und Konflikten unter den einzelnen Lokal- und Regionalfürsten mit ihren Nachbarn ohnehin enge Grenzen gesetzt. Rom hatte schlicht kein Interesse an instabilen Verhältnissen innerhalb der strategisch wichtigen Landbrücke zwischen Ägypten und Syrien/Mesopotamien und griff lediglich ein, wo diese gefährdet schien.

Freilich bedeutet dies nicht, dass die Bevölkerung der Region östlich und westlich des Toten Meeres kulturell oder ethnisch homogen war – im Gegenteil! Während bis ca. 150–100 v. Chr. am Ostufer des Toten Meeres ganz überwiegend Menschen lebten, die in der antiken Literatur als „Araber" bezeichnet werden, weiter nördlich „Syrer" ansässig waren, lebten westlich des Jordangrabens überwiegend Juden. Jedoch sagen antike Volksbezeichnungen wie „Syrer" oder „Juden" relativ wenig über Unterschiede in Lebensweise und materieller Kultur aus. Sie dürfen auch nicht mit modernen Begriffen von staatlicher Zugehörigkeit verwechselt werden. Das kulturelle Grundstratum dieser Bevölkerungsgruppen war semitisch, sprachlich waren Aramäisch oder dessen Abwandlungen (wie z. B. Nabatäisch) präsent, zunehmend auch Griechisch. Ein erkennbares, an bestimmte Ethnien gebundenes und dieses anzeigende Formen- und Fundspektrum der materiellen Kultur bildete sich erst langsam heraus und wurde zuerst während des späten 3. Jhs. v. Chr. in den zum Teil neu gegründeten großen Städten der späteren Dekapolis erkennbar, wo unter tatkräftiger Förderung durch die Territorialmächte Ägypten und seit 200 v. Chr. Syrien die ortsansässige semitische Kultur eine einzigartige Symbiose mit importierter griechischer Architektur, Kunst und Kultur einging und Griechisch auch als Umgangssprache mehr und mehr an Boden gewann.

Für die Region am Toten Meer war diese Entwicklung freilich nur mittelbar von Bedeutung, da Philadelphia, Gerasa und Pella, die am nächsten benachbarten städtischen Zentren, doch recht weit entfernt lagen. Ab der zweiten Hälfte des 2. Jhs. v. Chr. ist diese Symbiose verstärkt auch in Judäa zu beobachten, wo sich unter dem Eindruck der durch die Hasmonäer neu gewonnenen politischen Unabhängigkeit, den wachsenden Bedürfnissen der Oberschicht und einer zunehmenden Ausdifferenzierung religiöser Praktiken eine spezifisch palästinisch-jüdische materielle Kultur entwickelt. Gut zwei Generationen später beginnt dieser Prozess bei den Nabatäern und gipfelt im frühen 1. Jh. n. Chr. in der Monumentalarchitektur Petras.

Abb. 2: Karte des britischen Palästinapioniers Claude R. Conder vom 16. März 1875 mit einem Ausschnitt des Westufers des Toten Meers in der Gegend um Ain et-Turabe. Mit freundlicher Genehmigung des Palestine Exploration Fund, London.

Die Bedeutung dieser sich ausbildenden, regionalen, kulturellen Zonen wird durch eine Reihe von Faktoren relativiert, die stets mit zu bedenken sind. Zunächst ist damit zu rechnen, dass die Bevölkerungsverhältnisse trotz weitgehender Immobilität nicht statisch waren. Vor allem seit Mitte des 2. Jhs. v. Chr. hat eine beträchtliche Wanderungsbewegung von jüdischen Bevölkerungsgruppen von Westen nach Osten eingesetzt, die sich im Zuge der hasmonäischen Expansion seit dem Ende des 2. Jhs. v. Chr. in Gebieten ansiedelten, die zuvor von „Arabern" oder „Syrern" bewohnt waren. Im eher ländlich geprägten Ostjordanland führte dies zur jüdischen Aufsiedlung von Teilen der fruchtbaren moabitischen Hochebene, die später unter dem Namen „Peräa" Teil des hasmonäisch-herodianischen Reiches war. In Städten wie etwa Gadara oder Gerasa kam es zur Entstehung jüdischer Diasporagemeinden. Trotzdem ist fraglich, ob selbst in Peräa die Mehrheit der Gesamtbevölkerung jemals jüdisch war (von lokalen Schwerpunkten einmal abgesehen), sodass wir seit ca. 100 v. Chr. mit einem hohen Grad an Neben- und Miteinander unterschiedlicher, aber miteinander verwandter Kulturen in der Region östlich des Toten Meeres zu rechnen haben. Ferner ist darauf zu achten, dass die im Entstehen begriffenen kulturellen Zonen Judäa, Nabatäa und Syrien/Dekapolis in sich selbst alles andere als homogen waren. Regionale und lokale Unterschiede spielen auch hier durchweg eine große Rolle. So sorgen z. B. regionale, zuweilen sehr alte Traditionen von Hausbau oder Keramikproduktion dafür, dass bestimmte Merkmale die „Grenze" einzelner kulturell-ethnischer oder politischer Zonen überschreiten können und dann nicht mehr einer bestimmten Ethnie klar zuweisbar sind. Die Regionalität materieller Kultur – etwa im Hinblick auf die Formgebung von Gebrauchskeramik – beginnen wir erst langsam zu verstehen, ihre Bedeutung wird mit zunehmender Forschung vermutlich eher noch deutlicher hervortreten. Schließlich ist zu betonen, dass weder die drei kulturellen Zonen für sich, noch diese in ihrer Gesamtheit gegenüber Einflüssen von Außen unzugänglich waren. Seit Alexander und den Diadochenreichen Syrien und Ägypten wuchs der Einfluss griechischer Kultur auf den gesamten Ostteil des Mittelmeergebietes, der seit Pompeius um die spezifisch römische Variante erweitert wurde. Hellenistischer Einfluss war in positiver wie negativer Weise Stimulans für die Entwicklung regionaler Kulturen, auszublenden war er jedoch nicht. Die Region am Toten Meer partizipierte wie auch alle anderen Regionen der syrisch-palästinischen Landbrücke an diesem Trend, wobei gerade auch hier die individuelle Weise des Umgangs für die einzelnen Zonen charakteristisch ist.[1]

Noch ein paar Bemerkungen zur natürlichen Umwelt (siehe dazu auch den Beitrag von F. H. Neumann, E. J. Kagan und M. Stein in diesem Band). Paläobotanische Untersuchungen haben gezeigt, dass die regionale Vegetation in der Antike weit vielfältiger war als heute. Abgesehen von Tamarisken, Zypressen und Akazien, die der Dürre widerstehen, sind andere Arten (Pappeln, Platanen, Weiden, Kapernstrauch, Feigen und Eichen) bezeugt, die eine andere, feuchte Umgebung oder leicht salziges Wasser brauchen.[2] Archäologische Daten, literarische Texte und Papyri aus der Region liefern umfassende Belege für eine gut entwickelte und in höchstem Maße angepasste, auf Oasenwirtschaft gegründete Ökonomie in späthellenistischer und frührömischer Zeit. Zahlreiche Aufsätze im vorliegenden Buch dokumentieren die überragende Rolle der Dattelpalme und lokal auch der Balsamstaude.

Vor allem Dattelplantagen aber waren alles andere als Monokulturen. Bei entsprechender Bewässerung konnten zahlreiche andere Garten- und Nutzpflanzen gezogen werden.[3] Auf der Hochebene wuchs Getreide, in Oasen wie En-Gedi Wein. Voraussetzung von all dem ist Wasser, doch waren trotz des harten Klimas und des heutigen Wüstencharakters der Region Quellen in so ausreichendem Maße vorhanden, dass Menschen an vielen Orten ihr Auskommen fanden. Zu den Nutzpflanzen kommen Rohstoffe wie Asphalt und Salz hinzu, ebenso Kleinviehzucht und in bescheidenem Maße Jagd. Vor allem in Qumran sind zahlreiche Werkzeuge gefunden worden, die die vielfältigen landwirtschaftlichen Aktivitäten dokumentieren: von der Hacke über Sicheln, Laubmesser zum Zurückstutzen von Unterholz und Zweigen sowie Scheren zur Schafschur. Aus den Höhlen bei Qumran und En-Gedi und aus Grabungen auf Masada können wir ersehen, dass mit lokal vorhandenen Produkten eine ganze Bandbreite von Haushaltsgegenständen hergestellt wurden: Matten, Körbe, Textilien, Holzgeschirr und zu einem gewissen Teil auch Keramik. Gerade durch ihr Klima bot die Region Produkte wie Datteln, Salz, Balsam oder Asphalt, die nicht vor Ort allein konsumiert werden konnten, sondern anderenorts gefragt und daher ein begehrtes Handelsgut waren. Andere Produkte wie Öl fehlten in der Region und wurden – wie auch ein großer Teil der Keramik sowie andere Gebrauchsgüter wie Glas und Metallgeräte – von außerhalb der Region, z. B. aus der Gegend um Jerusalem, und in zunehmendem Maße auch von außerhalb Palästinas importiert, wie Feinkeramik oder Waren in außerpalästinischen Transportgefäßen.[4]

Ein Schub an Offenheit ist vor allem in der herodianischen Periode ab dem ausgehenden 1. Jh. v. Chr. zu verzeichnen. Die Region war in besonderem Maße auf Handel angewiesen und profitierte davon, dass seit der Hasmonäerherrschaft, vollends aber mit der faktischen Machtübernahme Roms seit Mitte des 1. Jhs. v. Chr., Warenverkehr ungehindert möglich war und offensichtlich auch große Summen Geld in die Region flossen, um ihre einzigartigen Möglichkeiten nutzbar zu machen. Den Zufluss an Geld sieht man nicht nur durch einen Zuwachs an Bevölkerung, sondern auch im stufenweisen Ausbau bestehender Siedlungen (En-Gedi, Jericho) und der Gründung neuer Niederlassung mit landwirtschaftlichen (Qumran, Archelais), militärischen (Festungen) oder infrastrukturellen Aufgaben (Khirbet Mazin, Rujm el-Bahr). Viele dieser Anlagen erfüllten natürlich mehrere Funktionen zugleich und sind letztlich auch nicht vom Repräsentationsbedürfnis der regionalen jüdischen Herrscher zu trennen. Sehen wir uns das Bild näher an.

„EINMAL ÜBER DEN JORDAN"

Eine Fernstraße nördlich des Toten Meeres

Von besonderer Bedeutung für die Anbindung der Region zwischen Jordan-Unterlauf und Nordufer des Toten Meeres war die Straße, die Jerusalem und das judäische Gebirge mit dem moabitischen Bergland östlich des Jordan verband.[5] Die Verbindung wurde sicher bereits sehr viel früher genutzt und stellt eine der wichtigsten West-Ost-Verbindungen Palästinas dar. Dank literarischer Quellen (vor allem Eusebios' *Onomastikon* und byzantinischer Pilgerberichte) und mehrerer Surveys, während derer u. a. zahlreiche Meilensteine des 3. bis 5. Jhs. n. Chr. gefunden wurden, ist ihr spätantiker Verlauf gut bekannt. Die Trasse des 1. Jhs. v. und n. Chr. dürfte davon kaum abgewichen sein, auch wenn sie aufgrund des römischen Ausbaus archäologisch nicht mehr nachweisbar ist.

Die regionale Siedlungsstruktur am nördlichen Toten Meer ist ohne diese Straße nicht zu verstehen. Die Straße verband die Region am Toten Meer letztlich mit dem Mittelmeer im Westen und den Städten der Dekapolis im Osten. Sicher hatten bereits die Hasmonäer Interesse an einer gut befestigten Verbindung zwischen ihren westjordanischen Kerngebieten und den neu erworbenen ostjordanischen Ländereien, die seit Ende des 2. Jhs. v. Chr. als Peräa („Land jenseits [des Jordan]") fester Bestandteil des hasmonäisch-herodianischen Gebietes bleiben sollten, bis der für die Juden katastrophale Ausgang des Ersten Jüdischen Krieges und vor allem die Einrichtung der *Provincia Arabia* um 106 n. Chr. die territorialen Gegebenheiten im Ostjordanland drastisch veränderten. Die Straße führt von Jerusalem ostwärts zunächst nach Jericho (berühmt durch den „barmherzigen Samariter", vgl. Lk 10,30), dem unbestrittenen Zentrum an der Nordwestseite des Toten Meeres.

Die Bedeutung Jerichos kann angesichts entsprechender literarischer und archäologischer Quellen nicht hoch genug eingeschätzt werden. Neben den Palästen von Tulul Abu el-Alayiq (siehe dazu den Beitrag von K. Galor in diesem Band) existierte eine Wohnstadt vermutlich unter dem heutigen Jericho, über die wegen Überbauung leider sehr wenig Archäologisches bekannt ist.[6] Ihre Größe ist allein aus den großen Nekropolen in den Mergelhängen westlich und im Umkreis des Tell es-Sultan nördlich der Siedlung zu erahnen. Besonders in der Westnekropole wurde eine Reihe prachtvoll ausgestatteter Kammergräber entdeckt, die den Reichtum der jüdischen Einwohner Jerichos dokumentieren. Zahlreiche literarische Quellen unterstreichen, dass Jericho als Krongut besonders enge Verbindungen zum Königshof hatte und viele Menschen priesterlicher Herkunft waren.

Von Jericho aus zieht die Straße dann weiter nach Osten und überquert in einer Furt den Jordan. Leider ist der genaue Verlauf der Trasse im Mergelgebiet zwischen Jericho und etwas östlich des Jordan nicht genau bekannt. Deutlich ist jedoch, dass spätestens in byzantinischer Zeit eine Reihe von Kirchen und Klöstern im Einzugsgebiet der Straße errichtet wurden, die Pilger auf dem Weg zum Mosesheiligtum auf dem Nebo gut haben aufsuchen können (Abb. 1).[7] Neben dem Nebo war vor allem die Stelle, wo Johannes Jesus getauft hatte, und die Lokalisierung der Säule, in die Lots Frau nach der Vernichtung von Sodom und Gomorrha verwandelt wurde, für Pilger von Interesse (siehe dazu den Beitrag von J. Taylor in diesem Band). Die byzantinischen Lokalisierungen lassen sich nicht harmonisieren, oft ist auch nicht ganz deutlich, mit welchen archäologischen Fundstätten man die zahlreichen in der Literatur genannten Ortsnamen verbinden soll, zumal die ersten drei Evangelien keine ausreichend genaue Ortsangabe bieten (Mk 1,2-8parr). Während Joh 1,28 das Ereignis in Bet-Ania („Ort des Hinübergehens") verortet, bietet die Madeba-Karte westlich des Jordan Bet-Araba („Ort des Übergangs", arab. Makhdat al-Hajla) und östlich des Jordan Ainon Sapsaphas die Taufstelle an (Wadi Kharrar, nach dem Pilger von Piacenza 9,7–9).[8] Wie auch immer der Taufort bezeichnet wird, die allermeisten frühchristlichen Autoren sind sich darin einig, dass dort auch der Prophet Elia in den Himmel aufgestiegen ist. Wahrscheinlich kann keiner der zahlreichen seit byzantinischer Zeit bis heute mit der Taufe Jesu in Verbindung gebrachten Orte ausschließlichen Anspruch auf historische Zuverlässigkeit erheben, da die Jordanfurt im Laufe der Zeit und je nach den topografischen Gegebenheiten immer wieder die Lage gewechselt hat und die Toponyme möglicherweise auch eher eine Furtzone als einen bestimmten Ort bezeichnen. Oft sind die zahlreichen frühchristlichen Klöster auf älteren Siedlungsresten errichtet worden, wie etwa das Gerasimos-Kloster bei Ain/Qasr Hajla, wo laut Flavius Iosephus bereits im 2. Jh. v. Chr. ein Dorf namens Bet-Agla existiert hat (Flavius Iosephus, *Antiquitates Iudaicae* 13,26). Wie diese Siedlungen im Einzelnen beschaffen waren, ist nur sehr schwer zu sagen. Literarische Erwähnung findet ferner das Dorf Bet-Ennabris/Tell Nimrin (im Zusammenhang mit dem Jahr 67 erwähnt bei Flavius Iosephus,

Abb. 3: Tell er-Rameh, Ort des antiken Livias, von Herodes zu Ehren der Frau des Augustus benannt.

Bellum Iudaicum 4,420–421 etwa 4 km nördlich von Livias). Streufunde aus vorbyzantinischer Zeit belegen, dass die Gegend trotz der Bezeichnung als „Wüste" kaum völlig verlassen war. Vermutlich verhielt es sich dort nicht anders als sonst: Wo Wasser war, konnten Menschen leben.

LIVIAS UND ESBUS

Städtische Zentren östlich des Jordan

Östlich der Jordanfurt bestanden mit Livias (Tell er-Rameh) und Hesban bedeutende Niederlassungen, die deutlich dokumentieren, wie wenig der Jordan als Grenze fungierte und wie sehr die südliche Jordanebene bzw. die Region an der Nordspitze des Toten Meeres als eine geografische und auch wirtschaftliche Einheit verstanden werden muss. Tell er-Rameh/Livias (Abb. 3) ist dafür ein besonders gutes Beispiel. Livias wird in einer Liste von zwölf Städten erwähnt, die Alexander Jannäus von den „Arabern" erobert hatte und die sein Sohn Hyrkanus in seiner verzweifelten Suche um Hilfe an den Nabatäerkönig Aretas zurückzugeben versprach (Flavius Iosephus, *Antiquitates iudaicae* 14,18). Madeba, Naballo (Nebo?) und Zoara werden in diesem Zusammenhang auch genannt. Bedeutsam ist der Hinweis bei Eusebios (*Onomastikon* 48,14–15), Herodes hätte einen Ort namens Bet-Ramphtha zu Ehren des Augustus und seiner Frau in Livias umbenannt. Wie groß Bet-Ramphtha war, bevor Herodes es umbenannte, lässt sich mangels archäologischer Ausgrabungen nicht sagen, doch fügt sich diese Maßnahme in den systematischen Ausbau der Region insgesamt hervorragend ein. Folgt man Jos 13,27, dann geht der Ort zumindest auf die Eisenzeit zurück. Umbenennungen bestehender Orte durch Herodes stellen nicht nur eine Ehrenbezeugung *pro forma* dar, sondern ziehen in aller Regel bauliche Veränderungen nach sich, wie man etwa anhand der ebenfalls zu Ehren des Kaisers benannten Stadt Samaria-Sebaste oder der fast völligen Neugründung Caesarea am Meer sehen kann. Gerade Herodes setzte die Gründung oder Umgestaltung von Orten ganz bewusst als Infrastrukturmaßnahme ein, die der Förderung regionaler Wirtschaft, der Optimierung besonderer Erträge oder der Verstärkung direkter Kontrolle über eine Region dienten. Der Grund, warum ausgerechnet Bet-Ramphtha in den Genuss dieser Maßnahme kam, liegt in zwei Dingen begründet, die zwar erst in späten Texten erwähnt werden, aber auch für die uns interessierende Epoche als Grundlage für die Existenz einer Siedlung vorauszusetzen sind: natürliche Süßwasserquellen und landwirtschaftliches Potenzial (Theodosius, *Terra Sancta* 19; Pilger von Piacenza 10). Der Ort lag nicht nur strategisch wichtig auf halbem Wege zwischen Jericho und dem Aufstieg zum Ostjordanland, sondern ließ auch erwarten, dass sich die Investitionen auszahlten. Noch im 6. Jh. n. Chr. erwähnt Theodosius, dass in Livias die „größeren nikolaitanischen Datteln" wuchsen, die besonders begehrt waren. Livias gehörte somit zum Gürtel von Siedlungen im Dunstkreis des Toten Meeres, die sich auf die höchst lukrative Produktion von Datteln zur Weiterverarbeitung und zum Export spezialisiert hatten und so die extremen Klima- und Bodenverhältnisse optimal nutzten. Bezeichnend ist auch, dass sich die intensive Nutzung der natürlichen Ressourcen offensichtlich nicht ohne staatliche Hilfsmaßnahmen bewerkstelligen ließ: Dattelwirtschaft, die sicher schon vor und neben Herodes existierte, war aufwendig und kostspielig. Plantagen mussten gepflegt und die Bewässerung sichergestellt werden. Andererseits hatte die mit dem herodianischen Königshaus verbundene Oberschicht ausreichend finanzielle Mittel, die sich neben denen des Königs gut in Land investieren ließen. Die Hand des Königs wird im Falle von Livias nicht nur durch die Umbenennung deutlich, sondern auch durch eine beiläufige Notiz bei Flavius Iosephus. Aus *Bellum Iudaicum* 2,59 wissen wir, dass jüdische Aufständische aus Peräa die königlichen Paläste in Jericho und Livias niederbrannten. Die Parallelisierung von Livias mit Jericho lässt aufhorchen. Nicht nur in Jericho, sondern auch in Livias existierten also königliche Paläste und eine starke priesterlich-aristokratische Präsenz. Obwohl im Falle von Livias angesichts mangelnder archäologischer Befunde keine weiteren Schlüsse aus den wenigen textlichen Angaben gezogen werden können, kann die Stadt seit Herodes mit Fug und Recht als königlicher Ort verstanden werden. Die Lage in der Ebene am Fuß der ostjordanischen Berge machte Livias zur idealen Brücke zwischen West- und Ostjordanland.

Dank seiner strategischen Lage auf der Jericho gegenüberliegenden Anhöhe des Ostjordanlands spielte Esbus (Tell Hesban) neben dem in der Ebene gelegenen Livias stets eine besondere Rolle.[9] Um 200 v. Chr. befand sich auf dem Gipfel des bereits in der Bronze- und Eisenzeit bewohnten Tells ein rechteckiges Fort mit Wohnbauten der Soldaten und ihrer Angehörigen, die den Aufgang ins Ostjordanland durch das Wadi Heschbon und damit die von Jericho kommende Straße kontrollierten. Da sich

diese Verbindung bei Esbus mit der von Nord nach Süd verlaufenden Straße über das Hochplateau verband, kam dem Ort eine besondere Bedeutung als Verkehrsknotenpunkt zu. Nur eine knappe Tagesreise weiter nördlich liegt Philadelphia/Amman, die im 2. Jh. v. Chr. rasant im Aufstieg begriffene Metropole. Während der hellenistischen Zeit (Stratum 15) lebten die Bewohner von Esbus – neben den militärischen Aufgaben – vor allem von Viehzucht und Wollverarbeitung und geben dadurch ein gutes Beispiel für die hauptsächliche wirtschaftliche Aktivität auf den Hochebenen des Berglands östlich wie westlich (Buqe'a) des Grabenbruchs. Die architektonischen Relikte sind spärlich und verraten noch keinen großen Reichtum, wohl aber den deutlich militärischen Charakter der Bevölkerung. Einfluss hellenistischer Kultur wird erst zögerlich spürbar und scheint eher von Osten (Philadelphia), statt aus dem Westen von jenseits des Jordan inspiriert zu sein. Gegen Ende des 2. Jhs. v. Chr.

Abb. 4: Das Gehöft von Ain-Feshkha auf der Uferterrasse zwischen Qumran und dem Toten Meer.

wurde Esbus von den Makkabäern erobert und blieb in der Folgezeit bis ca. 106 n. Chr. „westlich" beeinflusst. Herodes baute Esbus aus und stationierte dort eine Garnison aus Veteranen, die die Region kontrollieren und kolonisieren sollten (vgl. ähnlich Sebaste), sie aber auch gegen die benachbarten Nabatäer zu verteidigen hatten. Der Grenzcharakter bleibt. Esbus korrespondiert damit funktional direkt mit der Festung Machaerus weiter im Süden (siehe dazu den Beitrag von K. Galor in diesem Band), wobei für Esbus bereits während des 1. Jhs. v. Chr. (Stratum 14) die Bedeutung des Handels aufgrund der Verkehrslage spürbar wächst.

ARCHELAIS UND PHASAELIS

Die strategische Dimension der obrigkeitlichen Infrastrukturmaßnahmen am Toten Meer wird ferner dadurch deutlich, dass neben Livias und Esbus unweit nördlich des Toten Meeres Archelais und Phasaelis in der Zeit des Herodes oder kurz danach gegründet oder ausgebaut wurden.[10] Phasaelis wurde von Herodes zu Ehren seines durch Freitod in Gefangenschaft umgekommenen Bruders Phasael in der Ebene nur unweit nördlich von Jericho gegründet (Flavius Iosephus, *Antiquitates Iudaicae* 16,145). Wie sehr auch diese Maßnahme daneben auf die Verbesserung der Infrastruktur und die Optimierung der Nutzung natürlicher Ressourcen zielte, zeigt, dass Herodes Phasaelis in einer ehemals unfruchtbaren Region gründete, die erst urbar gemacht werden musste (Flavius Iosephus, *Bellum Iudaicum* 1,21; *Antiquitates Iudaicae* 14,5). Auch hier wird deutlich, dass Kultivierung der wüstenähnlichen Region um Jericho durchaus möglich ist, wenn man über adäquate technische Möglichkeiten und genügend Geld verfügt. Beides war zweifellos vorhanden, wie auch eine Quelle (Ain Fasayil), deren Wasser über einen Aquädukt Stadt und Plantagen versorgen konnte. Die Investition scheint sich schon bald ausgezahlt zu haben. Nur zwei Generationen später rühmt Plinius die hervorragende Qualität der Palmen und Datteln von Phasaelis und der ganzen Region um Jericho (Plinius, *Naturalis historia* 13,4,44). Die dürftigen Ausgrabungen, die in Phasaelis stattgefunden haben, sind nicht publiziert, doch zeigen Surveys, dass die Stadt zumindest zum Teil nach dem hippodamischen Plan ausgerichtet war und auch das Vorhandensein größerer öffentlicher Gebäude. Wie lukrativ der Ertrag der Plantagen war, zeigt sich dar-

Abb. 5: Drei Dattelpalmen, Grundlage des Reichtums der Region am Toten Meer, aufgenommen im Wadi Qelt, das Jerusalem mit Jericho verbindet.

an, dass Herodes die Stadt – neben Jamnia und Azotus – nach seinem Tod seiner Schwester Salome testamentarisch als Unterhalt vermachte (*Antiquitates Iudaicae* 17,189), diese aber die Stadt an die Kaiserin Livia übertrug – wohl kaum mit großer Freude (*Antiquitates Iudaicae* 18,31). Archelaos, Salomes Bruder und Herodes' Nachfolger als Fürst in Judäa, scheint von der Herauslösung Phasaelis' aus seinem Erbe nicht sehr angetan gewesen zu sein und gründete seinen eigenen Stützpunkt in der reichen Dattelregion, um an deren Ertrag teilzuhaben: Archelais, nur 12 km nördlich von Jericho entfernt (Khirbet al-Auja at-Tahta). Dabei ging er nicht zimperlich vor. Laut Flavius Iosephus leitete er die Hälfte des Wassers, mit dem das Dorf Neara versorgt wurde, einfach in die Ebene um, die er mit Dattelpalmen bepflanzt hatte. Dort baute er ein Dorf, das er Archelais nannte (*Antiquitates Iudaicae* 17,340; vgl. 16,145; 17,198; 18,31). Interessant ist, dass nun zwei Dörfer nebeneinander lagen, wobei das neu gegründete vermutlich mit eigens zur Pflege der fürstlichen Dattelplantage betrauten (unfreien?) Bauern besiedelt war. Archelais ist auf der Peutinger-Karte und der Madeba-Karte verzeichnet und existierte bis in die Spätantike fort. Direkt neben der heutigen Schnellstraße Nr. 90 wurden 1986 eine dreiphasige byzantinische Kirche ausgegraben (5. bis frühes 7. Jh.) sowie Reste des 1. und 2. Jh. n. Chr. Bisher wurde nur die Kirche publiziert, intensive Ausgrabungen sind ein dringendes Desiderat.

Die vier Städte Jericho, Livias, Phasaelis und Archelais bilden in frührömischer Zeit ein einziges, großes Anbaugebiet von Datteln und zeigen: Im heute so unwirtlichen Mergelgebiet am Südende des Jordangrabens existierten in der Antike intensiv genutzte grüne Zonen mit Siedlungen, Menschen und Plantagen. Natürliche Quellen und künstliche Bewässerung machten das möglich.

SIEDLUNGEN AM WESTUFER DES TOTEN MEERES

Das etwa 8 km südlich liegende Tote Meer berührte die Hauptstraße nicht, sein Nordwestufer ist jedoch durch eine Seitenstraße angeschlossen, die entweder bis ganz nach Qumran führte oder bereits dort am Ufer endete, wo sich die Ruinen von Rujm el-Bahr befinden.[11] Bei diesem nur leider wenig erforschten Bauwerk handelt es sich sehr wahrscheinlich um einen unter Alexander Jannäus zu Beginn des 1. Jhs. v. Chr. errichteten massiven Turm (die eisenzeitlichen Scherben gehörten zu einer früheren Siedlung undeutlichen Charakters). Der Turm schützte eine Anlegestelle, von der aus die gesamte Nordwestspitze des Toten Meeres kontrolliert werden konnte. Ungefähr 800 m nordöstlich der Ruine entspringt eine Quelle, die die Bewohner der Siedlung mit Wasser versorgte. Rujm el-Bahr ist der ideale Anlegeplatz für jeden, der von Jericho aus über das Wasser nach Osten und Süden reisen oder Waren transportieren wollte. Vermutlich hat Herodes der Große von dort aus seine letzte Reise nach Kallirrhoe angetreten (Flavius Iosephus, *Bellum Iudaicum* 1,657–659; *Antiquitates Iudaicae* 17,169–176; vgl. dazu den Beitrag von Ch. Clamer in diesem Band); jedenfalls wäre die Überfahrt mit dem Schiff für den todkranken König mit viel weniger Mühen verbunden gewesen als der Landweg. Noch bis in die Neuzeit sahen Reisende die imposanten Ruinen, heute liegt der Ort im militärischen Sperrgebiet.

Im Einzugsgebiet dieser landwirtschaftlichen Großregion, genauer am äußersten südlichen Punkt des durch den Gebirgsabfall markierten Jerichobeckens, lag auch Qumran mit der benachbarten Oase Ain-Feshkha (Abb. 4).[12] Während Qumran bereits zu Beginn des 1. Jhs. v. Chr. errichtet wurde und mehrere Bauphasen durchlief, stammt Ain-Feshkha vom Beginn des 1. Jhs. n. Chr. Die Form des Komplexes ist traditionell (an drei Seiten mit Gebäuden umbauter Hof), die Lage in der Oase ideal. Auffallend sind direkt neben dem Hauptgebäude liegende Becken, die laut E. Netzer und M. Broshi vermutlich zur Herstellung von Dattelwein, nach Y. Hirschfeld bei der Parfümherstellung oder laut M. Bélis zur Gewinnung von Indigo dienten. An der Zugehörigkeit zu Qumran kann kein Zweifel bestehen, da Ain-Feshkha von der großen Mauer eingeschlossen wird, die die gesamte Domäne von Qumran umgab. Die landwirtschaftliche Funktion dieser Domäne wird durch direkt an den Gutshof von Ain-Feshkha angebaute Stallungen und ein Kolumbarium innerhalb der Domäne unterstrichen.

Die Oase von Ain-Feshkha, die den südlichsten Punkt des Jerichobeckens bildet, wird durch den unmittelbar an den Ufersaum stoßenden Felsabbruch von Ras-Feshkha abgeschlossen. Bei hohem Wasserstand des Toten Meeres war der Landweg nach Süden hier abgeschnitten. Die weiter südlich gelegenen Siedlungen wie z. B. Ain el-Ghuweir, Qasr el-Yahud/Khirbet Mazin oder Ain et-Turabe sind darum geografisch eher nach En-Gedi orientiert, waren aber über das Wasser selbstverständlich

Abb. 6: Die Oase von En-Boqeq: Heute ist das Ufer von Hotels gesäumt. Im Vordergrund das spätantike Kleinkastell.

auch von Norden gut zu erreichen, sodass das Fehlen einer Straße nicht zur Beeinträchtigung der Mobilität von Waren und Menschen führte. Überall wo durch Quellen Wasser verfügbar war, entstanden in späthellenistisch-frührömischer Zeit am Westufer des Toten Meeres selbst kleinem Raum Siedlungen ganz unterschiedlichen Charakters.

Einen ganz eigenen Gebäudetyp repräsentiert die wuchtige Befestigung von Khirbet Mazin (Qasr el-Yahud). Entdeckt durch belgische Archäologen im Zuge der Untersuchungen des Umlandes von Qumran, angegraben von Pessach Bar-Adon und erstmals von Ehud Netzer als Hafenanlage und Trockendock für Schiffe beschrieben, wurde die Fundstelle von Yizhar Hirschfeld erneut untersucht. An der Entstehungszeit der Anlage zu Beginn des 1. Jhs. v. Chr. (damit zeitgleich mit Rujm el-Bahr) kann kein Zweifel bestehen. Rätselhaft ist der Fund von 2500 kleinen Bronzemünzen, die Yizhar Hirschfeld nur 200 m östlich von Mazin am Ufer gefunden hat. Stammen sie von einem Schiff, das dort unterging? Sowohl die Form des Gebäudes (massiver rechteckiger Turm mit Anbau und zum Meer hin vorspringenden Kaimauern) als auch die Lage am Ausgang des von Hyrcania kommenden Wadi Qelt (Abb. 5) bzw. gegenüber von Kallirrhoë und Machaerus zeigen, dass Mazin sicher nicht zu den landwirtschaftlich orientierten Anlagen der Region gehörte, sondern wie auch Rujm el-Bahr eher militärisch-infrastrukturelle Bedeutung besaß.

Unmittelbar südlich von Ras-Feshkha wurde bereits durch Pessach Bar-Adon bei Ain el-Ghuweir eine Siedlung mit landwirtschaftlicher Funktion entdeckt. Auch hier liefert eine kleine Quelle das nötige Wasser. Leider sind die Reste durch die Verbreiterung der Uferstraße heute weitgehend verschwunden, doch scheint es sich bei el-Ghuweir um ein kleines Gehöft gehandelt zu haben. Besondere Aufmerksamkeit erlangte der Ort vor allem dadurch, dass dort – wie auch an einem benachbarten Fundort namens Hiam es-Sagha – Gräber desselben Typs gefunden wurden, wie er in Qumran vorkommt. Vor der Entdeckung der riesigen Friedhöfe von Khirbet Qazone am Ostufer des Toten Meeres hielten viele Forscher el-Ghuweir und es-Sagha daher für Dependancen des essenisch besiedelten Qumran.

Bereits aus der Zeit Johannes Hyrkans gegen Ende des 2. Jhs. v. Chr. scheint die befestigte Straßenstation von Qasr et-Turabe zu stammen, die auf einem Hügel am Ufersaum zwischen den beiden Oasen Ain el-Ghuweir im Norden und Ain et-Turabe im Süden liegt. Vereinzelte eisenzeitliche Scherben deuten darauf hin, dass dort möglicherweise bereits im 7. Jh. v. Chr. eine Wegstation bestand, die heute sichtbaren Reste sind jedoch hellenistisch-frührömisch. Das Gebäude ist denkbar einfach gegliedert und besteht aus einem ummauerten, quadratischen Hof mit Spuren von Einbauten (flache Dächer als Ställe?) und einem südlich daran angefügten massiven quadratischen Turm mit Glacis. Diese Form erinnert stark an die Grundform des Kernbaus von Qumran.

Über die weiter südlich gelegene Oasensiedlung von En-Gedi und die Festung von Masada berichten die Beiträge von G. Hadas und J. Zangenberg sowie von K. Galor in diesem Band.

SIEDLUNGEN AM OSTUFER DES TOTEN MEERES

Springen wir jedoch zunächst für einen Moment ans östliche Ufer. Ungefähr 9 Meilen von Esbus entfernt, etwa 4 km landeinwärts von der Stelle, wo das Wadi Zerqa Ma'in an das Tote Meer stößt, liegt ein Ort, der sich wegen seiner Thermalquellen seit der Antike bis heute großer Beliebtheit erfreut: Ba'aras (Hammam ez-Zarqa oder Hammamat Mai'in).[13] Flavius Iosephus weiß zu berichten, dass dort eine wunderliche Pflanze wächst, die am Abend Strahlen wie einen Blitz aussendet und nicht gefahrlos gepflückt werden kann, es sei denn, man gießt Urin oder Menstruationsblut einer Frau darüber. Selbst dann sei es immer noch lebensgefährlich die Wurzel zu kappen; daher ziehe man besser einen Graben rings um die Pflanze, binde einen Hund daran und gehe dann weg. Wenn der Hund dem Menschen folgt, reißt er die Wurzel aus, stirbt aber sofort. Der Mensch jedoch bleibt an seiner Stelle am Leben und kann die Wurzel nun gefahrlos mitnehmen. Ihr Nutzen besteht darin, dass man sie verwenden kann, um Kranke von Dämonen zu heilen, die ja nichts anderes seien als die Geister gottloser Menschen, die in andere hineinführen, um diese zu töten – ein wahrlich schauerliches, aber keinesfalls außergewöhnliches Kabinettstück aus dem Reich antiker Magie und Volksmedizin (*Bellum Iudaicum* 7,180–185). Flavius Iosephus berichtet unmittelbar in Anschluss daran, nun aber weitaus vertrauenswürdiger, dass in Ba'aras zahlreiche heiße Quellen zutage treten, von denen die einen süß, die anderen aber bitter schmecken; auch kalte Quellen gebe es in atemberaubender Landschaft. Wo sich das heiße mit dem kalten Wasser mische, so Flavius Iosephus, könne man hervorragend baden. Das Wasser habe medizinische Wirkung und eigne sich besonders zur Stärkung der Nerven. Auch gebe es Schwefel und Alaungruben (*Bellum Iudaicum* 7,186–189). Vermutlich ist dieses Ba'aras mit einem Ort namens Kefar Baru bzw. Kfar Bari gleichzusetzen, der in einem Verkaufsvertrag eines Hauses auf einem Papyrus erwähnt wird.[14] Der Papyrus datiert ins dritte Jahr des Bar-Kochba-Aufstands und stammt sehr wahrscheinlich aus einer der Höhlen bei En-Gedi. Sollte dies zutreffen, dann hätten wir ein Zeugnis, diesmal aber vom Nordostufer des Toten Meeres. Noch Jahrhunderte später berichtet Eusebios von diesen Quellen und weiß, dass der Prophet Elisa von diesem Ort stammte (*Onomastikon* 44,21–46,2), im 6. Jh. begegnet Ba'aras auf der Madeba-Karte.

Nur 2 km südlich von Ba'aras, im einem durch Zurückweichen des Bergabbruchs eschaffenen natürlichen Halbrund am Ostufer des Toten Meeres befindet sich die berühmte Oase von Kallirrhoë (siehe dazu den Beitrag von Ch. Clamer in diesem Band).

DIE SÜDSPITZE

Am Südwestende des Salzmeeres spielten die Oase Zoara und die dort gelegenen Siedlungen eine besondere Rolle.[15] Der Ort bildete nicht nur das Verbindungsglied zwischen dem Toten Meer und der nach Süden anschließenden Araba-Senke mit ihrem Ende am Roten Meer, sondern wurde auch von einer Straße berührt, die ähnlich wie an der Südspitze die Senke von Ost nach West durchquerte. Bekannt wegen seiner Palmen (laut mYeb 16,6 trug Zoara den Namen „Palmenstadt") und des Balsamanbaus (Eusebios, *Onomastikon* 42, 31) war Zoara die wichtigste Stadt südlich des Toten Meeres. Nach Flavius Iosephus wurde Zoara von Johannes Hyrkanus erobert (*Antiquitates Iudaicae* 13,397), schon sein Sohn Hyrkanus II. gab den Ort wieder an die Nabatäer zurück. Bis 106 n. Chr. blieb Zoara dann sicher unter nabatäischer Kontrolle. Das Zeugnis zahlreicher Papyri legt freilich nahe, dass sowohl Juden als auch Nabatäer in der Stadt lebten (siehe dazu den Beitrag von G. Faßbeck in diesem Band). Großflächige Ausgrabungen haben in Zoara noch nicht stattgefunden, wohl aber – wie K. D. Politis in seinem Beitrag berichtet – Surveys und Sondagen. Dank Politis' intensiver Arbeit haben wir heute auch ein viel deutlicheres Bild von der antiken Besiedlung in der Umgegend von Zoara.

Die Nabatäer waren aber nicht nur auf der Ostseite des Toten Meeres präsent, sondern auch westlich davon. Gut 2 km südlich von En-Boqeq, direkt am Ufer des Toten Meeres, erheben sich die noch bis zu 5,50 m hoch erhaltenen Ruinen eines fast quadratischen Forts von Mezad Gozal. Das Fort kontrollierte die Uferstraße und bildete wohl den unmittelbar nördlichsten Punkt auf nabatäischem Gebiet. Wie auch in Rujm el-Bahr, Khirbet Mazin oder Qasr et-Turabe wurden auch im Umkreis von Mezad Gozal Scherben aus der Eisen-II-Zeit gefunden, sodass ein Vorgängerbau sehr wahrscheinlich ist. Die heute noch sichtbare Anlage stammt jedoch wohl aus dem 2. Jh. v. Chr. und folgt einem in hellenistisch-frührömischer Zeit weit verbreiteten Befestigungstyp: Ein quadratischer Turm von 16 x 16 m Größe mit inneren Räumen erhebt sich mehrere Stockwerke hoch über die Umgebung. So sind guter Schutz und hervorragende Sicht für die Besatzung gewährleistet.

Nur knapp 5 km nördlich von Zoara, und schon auf judäisch kontrolliertem Gebiet, liegt die kleine Oase En-Boqeq, heute durch große Kurhotels all denen bekannt, die die Mineralsalze des Toten Meeres für ihre Gesundheit nutzen wollen (Abb. 6).[16] In der Antike waren wie überall sonst am Toten Meer Datteln die Haupteinnahmequelle. An einigen Orten, so auch in und um En-Boqeq, kam die Balsamstaude hinzu. Im Zentrum der Oase lag ein landwirtschaftlicher Betrieb, der in der Zeit zwischen dem Ende des 1. Jhs. v. Chr. und dem Ersten Jüdischen Aufstand zur Herstellung von Parfüm genutzt wurde. Charakteristisch für die Grenzlage zwischen Judäa und Nabatäa ist der deutliche Mix von typisch judäischen (z. B. Steingefäße aus Jerusalem) und nabatäischen Objekten (charakteristische Feinkeramik). Wenn En-Boqeq auch politisch zu Judäa gehörte, so durchdrangen sich die beiden Kulturen durch Handel und wohl auch ineinandergreifende Besiedlung diesseits und jenseits des Toten Meeres so stark, dass man zumindest im Süden der Region durchaus von einer Mischzone sprechen kann. In der Spätantike verlagerte sich der Siedlungsschwerpunkt En-Boqeqs einige hundert Meter nach Westen an den Abhang des Gebirgsabfalls. Im 4. Jh. wurde dort ein noch heute hervorragend erhaltenes Kleinkastell zur Sicherung des Straßenanstiegs errichtet. Ein kleiner Friedhof und einige Häuser bezeugen, dass die dort stationierten Soldaten und ihre Angehörigen ein recht normales Leben führten. Nichts ist also verkehrter als anzunehmen, die Region am Toten Meer sei in der Antike abgeschnitten oder einsam gewesen. Die Siedlungsstruktur hatte sich an die Topografie angepasst, die Wirtschaft nutzte die einzigartigen Ressourcen systematisch aus. Jede Siedlung am Ufer des Gewässers und in den angrenzenden Regionen stand mit der Umgebung in Kontakt und war – im Einklang mit den geografischen Gegebenheiten – erreichbar. Das gilt auch für Qumran, dessen Grad an Integration im Zusammenhang der Diskussion um dessen angeblich sektarischen Charakter noch immer heftig umstritten ist.

WINTERPALÄSTE IN JERICHO

Steingewordener Machtanspruch
der Hasmonäer und Herodianer

von Katharina Galor

Die Winterpaläste der hasmonäischen und herodianischen Herrscher in Jericho erlauben uns besser als alle anderen königlichen Residenzen dieser Epoche, die baugeschichtliche Kontinuität, die technologischen und stilistischen Entwicklungen und – wahrscheinlich nicht weniger unwichtig – die Unterschiede in der Selbstdarstellung dieser zwei Dynastien anhand gut erhaltener Architektur zu studieren.

Politisch und kulturell gesehen hatten die hasmonäischen und herodianischen Königreiche einiges gemeinsam: Beide herrschten ungefähr über das gleiche Gebiet und für beide Dynastien dienten die Paläste – nicht nur die von Jericho, sondern die gesamten bisher bekannten und erforschten – gleichzeitig der symbolischen und konkreten Verkörperung ihrer Macht. Die Tatsache, dass Herodes in Jericho seine eigenen Palastanlagen über und neben denjenigen der Vorgänger gebaut hat, ist kein Zufall. Auf der einen Seite wollte Herodes damit demonstrieren, dass er der berechtigte Erbe seiner jüdischen Vorfahren war, strebte aber auch gleichzeitig mit allen Kräften danach, diese an Größe und Prachtentfaltung zu übertreffen.

Südlich der heutigen Stadt Jericho gelegen erstreckt sich die als Tulul Abu el-Alayiq bekannte Ruinenstätte. Der arabische Name geht auf zwei Hügel zurück, die sich nördlich und südlich des Austritts des Wadi Qelt über die Jericho-Ebene erheben. Schon früh wurde diese Stätte mit dem Jericho des Neuen Testaments identifiziert, im Gegensatz zum älteren Tell es-Sultan, einer der frühesten Städte der Welt. Sir Charles Warren war 1868 der erste, der auf Tulul Abu el-Alayiq Grabungen unternommen hat. In den 1950er Jahren untersuchten amerikanische Archäologen die Anlage. Die bedeutendsten Arbeiten an diesem Fundort wurden jedoch erst zwischen 1973 und 1987 von dem israelischen Archäologen Ehud Netzer durchgeführt, auf dessen grundlegende Berichte sich die Forschung stützt.[1] Die königlichen Paläste, die an dieser Stelle zuerst von den hasmonäischen Monarchen errichtet und dann von Herodes dem Großen ausgebaut worden sind und deutliche Spuren der verschiedenen Bauphasen bewahrt haben, dienten allein als Winterresidenz und waren den Jerusalemer Palästen als ständigem Wohn- und Regierungssitz untergeordnet.[2] Die Entscheidung der Hasmonäer, sich in der Ebene von Jericho genau dort niederzulassen, war durch mehrere Faktoren bedingt: Erstens luden die ausgezeichneten landwirtschaftlichen Möglichkeiten der vor allem nach Norden hin

Abb. 1: Reste stuckierter Ziegelsäulen im Bereich des östlichen Peristylhofs des dritten herodianischen Palastes, im Hintergrund die südlich des Wadi Qelt gelegene Teil mit dem künstlich aufgeschütteten südlichen Tell mit den Fundamenten einer pompösen Badeanlage.

breit ausladenden Ebene zur Nutzung ein. Zweitens ermöglichte das Wadi Qelt einen zwar beschwerlichen, aber vergleichsweise kurzen Aufstieg nach Jerusalem, das nur etwa 25 km entfernt lag und insofern gut innerhalb eines Tages erreicht werden konnte. Drittens ließen sich im Oberlauf des Wadi Qelt Quellen sowie saisonales Sturzwasser mit entsprechendem technischen Aufwand nutzen, um nicht nur die Palastanlagen mit Wasser für Zisternen und Bäder zu versorgen, sondern auch die umliegende Region zu bewässern und so die bezaubernde Landschaft vor allem während der Wintermonate in eine paradiesische Umgebung zu verwandeln.

Man darf nicht vergessen, dass die Paläste weder in hasmonäischer noch in herodianischer Zeit isoliert für sich standen, sondern Teil einer riesigen landwirtschaftlichen Anlage mit Plantagen, Bewässerungsanlagen und Installationen zur Versorgung des Betriebes und zur Verarbeitung der Produkte waren. Seit der hasmonäischen Präsenz wurden die Anlagen mithilfe von zwei Aquädukten bewässert: Der eine leitete Quellwasser aus dem Wadi Qelt, der andere von Na'aran zu den Palästen und zur Domäne.

Die gesamte bewässerte und bearbeitete Ebene war ursprünglich von einer Mauer umgeben. In dieser geschützten königlichen Farm wurden wahrscheinlich vor allem Dattelpalmen gezüchtet, daneben auch Balsamsträucher und allerlei Früchte, die in den literarischen Quellen häufig erwähnt werden (Strabon, *Geographica* 16,2,41; Plinius, *Naturalis historia* 12,111–123; Flavius Iosephus, *Bellum Iudaicum* 4,459–475). Hinzu kamen zwei vollständig erhaltene hasmonäische Weinpressen, die nahe des Wadi Qelt entdeckt wurden und wahrscheinlich zur Herstellung von Dattelwein oder „Dattelhonig" – eine Art Sirup aus gepressten Datteln – dienten. Zwei weitere Weinpressen aus herodianischer Zeit wurden neben den Palästen ausgegraben. Obwohl das Gesamtkonzept der landwirtschaftlichen Nutzung der Gegend von den Hasmonäern entworfen worden war, kann man davon ausgehen, dass die Anlagen in ähnlicher Weise auch während der herodianischen Phase in Benutzung geblieben sind. Zahlreiche Werkstätten, die ungefähr 150 m nördlich des dritten herodianischen Palastes entdeckt wurden (Areal F), gehen höchstwahrscheinlich auch auf die ursprünglich hasmonäischen Nutzungsphasen zurück, wurden aber ebenfalls durchgehend bis zum Ende der herodianischen Besiedlung genutzt. Neben zahlreichen Becken, Öfen, Stampfböden und Abwasserkanälen hat man auch ein quadratisches Gebäude von ca. 12 x 12 m Größe entdeckt, das wahrscheinlich zur Aufbewahrung von Flüssigkeiten diente. Dieser Komplex wurde dem Ausgräber zufolge für die Herstellung wertvoller Parfums und Medikamente benutzt. Auf die auffallende Ähnlichkeit des industriellen Komplexes in Jericho mit Installationen in Qumran wurde in der Forschung schon mehrmals hingewiesen.[3]

Netzer konnte durch seine Ausgrabungen insgesamt neun Bauphasen identifizieren, wobei die ersten sechs den Hasmonäern zugehören und die drei letzten der herodianischen Präsenz.[4]

VON DER LUXUSFESTUNG ZUR DOPPELRESIDENZ FEINDLICHER BRÜDER: DIE HASMONÄISCHEN PALÄSTE

a) Die Geschichte der Paläste von Jericho begann mit der Errichtung einer ersten, aus zwei Bauphasen bestehenden Anlage zu Beginn der Herrschaft des Johannes Hyrkanus I. (134–104 v. Chr.). Diese ältesten Reste wurden auf der Erhöhung nördlich des Wadi Qelt, ganz in der Nähe des Wadi-Austritts, nachgewiesen (Abb. 2). Einer der beeindruckendsten Bestandteile des frühesten Palastes (erste Bauphase) war ein befestigter Turm, der wahrscheinlich ursprünglich mehr als 12 m hoch war und als strategisches Sicherheitselement in der südwestlichen Ecke des bebauten Geländes emporragte. Eine ähnliche Grundstruktur – allerdings viel kleiner und mit zahlreichen Unterschieden im Detail – ist etwa auch aus Qumran oder von anderen Anlagen der Region bekannt und verbindet den ursprünglichen Entwurf mit hellenistischen „manor houses".[5] Da der erste Palast von jüngeren Anlagen überbaut worden ist (zweite Bauphase), bleiben die genaue Größe, Struktur und Bestandteile der ursprünglichen Errichtung etwas unklar. Es ist lediglich bekannt, dass die gesamten Wände des Gebäudes aus Lehmziegeln bestanden, die von einem Feldsteinsockel getragen wurden. Im Norden, Osten und Westen grenzten Wohn- und Wirtschaftsflügel an einen zentral gelegenen Hof (25 x 18 m). Westlich des Hauptgebäudes wurden zwei große rechteckige Becken angelegt, die den Beginn einer Reihe zahlreicher späterer Einheiten bildeten. Während sich die hasmonäischen Palastanlagen stilistisch allgemein an die Tradition der ptolemäischen und seleukidischen königlichen Herrscherpaläste anpassen, kann man laut E. Netzer bei den Schwimmbecken von einer genuin hasmonäischen Besonderheit sprechen.[6]

b) Die dritte Bauphase, die ihre Spuren im Palastkomplex von Jericho hinterlassen hat, kann den frühen Regierungsjahren des Alexander Jannäus (103–76 v. Chr.) zugeordnet werden. In ihrem Zentrum befinden sich zwei gleich große, nebeneinander stehende Schwimmbecken – jedes misst 18 x 13 m und ist ungefähr 3,5 m tief. Um diese Becken herum wurden entlang einer symmetrischen Nord-Süd-Achse die folgenden architektonischen Elemente angelegt: ein Pavillon mit einer von dorischen Säulen umgebenen Halle, südlich der Schwimmbecken gelegen; ein die Becken umgebender, weiträumiger und regelmäßig gepflasterter Platz und schließlich nördlich dieses Platzes eine enorme, ca. 70 x 60 m große, von Säulen umgebene Gartenanlage. Es sind diese zwei Schwimmbecken, die mit Flavius Iosephus' Schilderung der 65 Jahre später durch Herodes veranlassten Ermordung Aristobuls III. in Verbindung gebracht werden (63 v. Chr.; Flavius Iosephus, *Antiquitates Iudaicae* 15,51–56).

Abb. 2: Blick über den hasmonäischen Palastkomplex nördlich des Wadi Qelt

Abb. 3: Blick aus dem Badehaus in den westlichen Peristylhof des dritten herodianischen Palastes unmittelbar nördlich des Wadi Qelt.

c) Die vierte Bauphase des Palastkomplexes von Jericho wird den späteren Jahren Alexander Jannäus' zugewiesen (ab ca. 80 v. Chr.). Damals wurde ein neues, solider befestigtes Gebäude über dem Hügel des ersten Palastes errichtet. Da fast alle Überreste dieser Phase durch Erosion zerstört worden sind, verfügen wir nur über wenige Informationen, die es erlauben, jenes Gebäude zu rekonstruieren. Netzer vermutet, dass der Zentralbau aus einer Festung mit vier Türmen bestand, die sich auf ein 15 m hohes Glacis stützte. Der südwestliche Turm wäre der höchste und am stärksten befestigte gewesen und somit der einzige, der die Zerstörung des restlichen Gebäudes überlebt hätte. Der kurz zuvor vollendete Baukomplex mit den beiden Schwimmbecken blieb auch noch in dieser Phase in Benutzung.

d) Die fünfte und somit letzte Bauphase unter hasmonäischer Herrschaft brachte tief greifende Veränderungen in der Architektur mit sich. Nach dem Tod des Alexander Jannäus im Jahre 76 v. Chr. war nun seine Witwe Salome Alexandra für den Bau verantwortlich (76–67 v. Chr.) und setzte dabei ihre eigenen Interessen und Bedürfnisse durch (sechste Bauphase). Das Zentrum der Anlage befand sich nun nicht mehr auf der Hügelkuppe, auf der noch die Vorgängerbauten standen, sondern in der Ebene am Fuß der Erhebung. Der Komplex bestand aus einem Zwillingspalast, dessen völlig symmetrische Anlage die religiös (und folglich auch politisch) unterschiedlichen Stellungen der Söhne Aristobul II. (67–63 v. Chr.) und Johannes Hyrkanus II. (63–40 v. Chr.) widerspiegelte. Die nebeneinander gelegenen, im Grundriss mehr oder weniger rechteckigen Gebäude ähneln sich im Design fast bis aufs Detail und sind beide 22,5 m breit und 25,5 m tief bzw. lang.[7] Die Räume, inklusive eines *triclinium* (9 x 7,5 m), ordnen sich jeweils um einen zentralen Hof herum. Neben der Küche waren bei der Entdeckung auch noch die Bäder deutlich zu erkennen. Zur Ausstattung gehörten heizbare Badewannen und Ritualbäder (Abb. 4). Die neben den Zwillingspalästen angelegten Gärten mit je einem Schwimmbecken sind die einzigen Elemente, bei denen der Architekt sich erlaubt hat, von seinem sonst so streng verfolgten Ziel der genauen Duplikation abzuweichen. Erwähnenswert ist außerdem ein typisch griechisch-römisches Bad, verglichen mit allen anderen hasmonäischen Bädern wahrscheinlich das beeindruckendste. Das Bad ist mit einem der frühesten uns bekannten Mosaikfußböden Palästinas verziert, das geometrische Motive in hellenistischem Stil zeigt. Das Ende dieser Phase und auch der Benutzung der Zwillingspaläste durch die Hasmonäer wird dem Erdbeben von 31 v. Chr. zugeordnet.

Am äußersten westlichen Rand des Palastgrundstückes legte Ehud Netzer zudem die Überreste eines Gebäudes frei, die er als älteste erhaltene Synagoge Palästinas identifiziert. Das Gebäude misst in der Länge ungefähr 28 m und in der Breite ca. 20 m und besteht aus einem von Feldsteinfundamenten getragenen Lehmziegelbau mit angrenzendem Ritualbad und einer vermutlichen Geniza (Kammer u. a. zur Aufbewahrung nicht mehr gebrauchter Schriftrollen). Archäologische Befunde datieren den Bau in die Periode zwischen 75 und 50 v. Chr., die Interpretation als Synagoge ist jedoch weit weniger sicher.[8]

PRACHTBAU EINES KAISERFREUNDES: DIE HERODIANISCHEN PHASEN

a) Im Jahre 40 v. Chr. wurde Herodes vom römischen Senat zum König ernannt und Mattathias Antigonus, der letzte Hasmonäerregent, für abgesetzt erklärt (40–37 v. Chr.). Nur drei Jahre später hatte Herodes den letzten Widerstand gebrochen und konnte in Jerusalem einmarschieren. Mit der Machtübernahme fielen Herodes auch alle Prachtbauten zu, die zuvor den Hasmonäern gehört hatten, darunter auch die Doppelpaläste von Jericho. Doch brauchte es etwas Zeit, bis sich Herodes selbst dem Palastkomplex zuwenden konnte, denn noch herrschte Kleopatra VIII. über die lukrativen Plantagen von Jericho und damit auch über den Palastkomplex. Die einzige Bauinitiative, die noch vor dem Erdbeben 31 v. Chr. stattfand und mit Herodes verbunden werden kann, wurde während Kleopatras Regentschaft ausgeführt. Herodes fungierte damals lediglich als Pächter Kleopatras und baute daher zunächst auch nur in relativ bescheidenen Dimensionen. Sein erster Palast wurde ungefähr 35 v. Chr. auf der Mergelterrasse südlich des Wadi Qelt und westlich von Tulul Abu el-Alayiq errichtet (Flavius Iosephus, *Bellum Iudaicum* 1,407; Strabon, *Geographica* 16,2,40). Das rechteckige Gebäude (ca. 27 x 46 m) konnte von einem weiträumigen Vestibül aus betreten werden, das direkt zu einem zentralen Peristylhof führte. Abgesehen von einem unmittelbar vom Hof aus zugänglichen und mit drei Säulenreihen versehenen *triclinium* verdient das Bad besondere Aufmerksamkeit. Östlich des Vestibüls befindet sich das einzige Ritualbad der herodianischen Paläste, das mit einem Otzar (Vorlaufbecken, wie es später in manchen rabbinischen Quellen im Zusammenhang mit Ritualbädern erwähnt wird) ausgestattet ist. Westlich des Vestibüls liegt ein komplettes und aus sechs Räumen bestehendes römisches Bad. Es lassen sich deutlich *apodyterium* (Auskleideraum), *frigidarium* (Kaltwasserbad), *tepidarium* (Laubad), *caldarium* (Warmbad) und anschließendes *praefurnium* (Heizraum) erkennen. Einer der Räume könnte sogar als *laconicum* (Schwitzbad) gedient haben. Dieser Fund bestätigt die Vermutung, dass es Herodes war, der diese Art von typisch römischer Einrichtung in Palästina eingeführt hat.

Verglichen mit den zweiten und dritten Palästen, die Herodes in Jericho gebaut hat, ist dieser erste nicht nur kleiner, sondern auch von der umgebenden Landschaft sehr viel stärker abgeschlossen. Dieser Palast wurde auch noch nach dem Erdbeben von 31 v. Chr. weiter benutzt, hat jedoch – verglichen mit den anderen Palästen – wahrscheinlich nur eine sekundäre Rolle gespielt.

b) Der zweite herodianische Palast bringt den neuen Status des Herodes, insbesondere im Verhältnis zur hasmonäischen Königsfamilie, überdeutlich zum Ausdruck. Kurz nach dem Selbstmord von Kleopatra und Marcus Antonius nach dem Sieg des Octavianus bei Actium im Jahre 31 v. Chr., wurde mit dem neuen Bau begonnen, der sich auf den Überresten des hasmonäischen Palastes erhob. Das etwas abseits stehende Schwimmbassin besteht aus dem umgebauten, vormals von Alexander Jannäus errichteten doppelten Becken, aus dem die Trennwand entfernt wurde. Nach ihrer Entfernung maß die Anlage ca. 32 x 18 m. Der Palast selbst, südöstlich des von einer Gartenanlage umgebenen Freibeckens gelegen, besteht aus zwei Gebäudeteilen. Im Norden liegt ein symmetrisch angelegter Flügel (ca. 58 x 33 m), in dem sich nördlich, östlich und südlich an einen Peristylhof (ca. 34 x 28 m) Räume verschiedener Größe anschließen. Der südliche Flügel, der den Einschränkungen des ehemaligen Zwillingspalastes angepasst ist, besteht u. a. aus einem typisch römischen Bad und aus dem wiederverwendeten hasmonäischen Schwimmbecken. Verglichen mit dem eher abgeschlossenen ersten Palast des Herodes ist der zweite gegenüber der ihn umgebenden Landschaft großzügig geöffnet, eine Eigenschaft, die wir auch von anderen herodianischen Festungen und Palästen kennen. Besonders eindrucksvolle Parallelen für das Wechselspiel zwischen Architektur und Landschaft bieten etwa der Nordpalast von Masada oder das Untere Herodium (zu Masada siehe den Artikel von K. Galor in diesem Band).

c) Das ehrgeizigste Bauprojekt des Herodes in Jericho aber war ganz ohne Zweifel der dritte Palast, wahrscheinlich sogar der prächtigste aller uns bekannten herodianischen Königspaläste. Erbaut wurde die Anlage ab 15 v. Chr. vielleicht im Zusammenhang mit dem Besuch von Marcus Vipsanius Agrippa, Freund und Berater von Kaiser Augustus (in dem entsprechenden Bericht bei Flavius Iosephus, *Antiquitates Iudaicae* 16,12–15 fehlt Jericho freilich). Ob diese Steigerung nur ein Ausdruck des unersättlichen Dranges des Königs ist, vor dem Volk, aber auch vor den Römern sich immer wieder selbst zu übertreffen, sei dahingestellt. J. L. Kelso, D. C. Baramki und später E. Netzer bringen diese auffällige Erhöhung von Konstruktionsqualität und Design mit der Anstellung von italischen Architekten und Handwerkern in Verbindung.[9] In der Tat sind die Benutzung von *opus reticulatum* und *opus quadratum* (der „letzte Schrei" italischer Architektur, freilich neben den noch gleichzeitig benutzten traditionellen Lehmziegeln) verglichen mit den früher erbauten Palästen besonders auffallend. Andere architektonische und dekorative Besonderheiten sind weit ausgreifende Kuppeln, die nun zur Überdachung großer Räume eingeführt werden, der Wandstuck und die mit Fresken im typischen „dritten pompejanischen Stil" dekorierten Wände.

Während dieser dritten herodianischen Bauphase wurde ein einziger, aus vier zusammenhängenden Gebäudeteilen bestehender Palast errichtet. Dazu gehört der nördlich des Wadi Qelt gelegene sogenannte „nördliche Palastflügel". Dieser besteht u. a. aus zwei immensen Säulenhöfen, die in Größe und Pracht nur von den zwei Empfangssälen übertroffen werden. Der östliche Hof (20,5 x 14,4 m), an den rhodischen Typ Vitruvs erinnernd (vgl. Vitruvius, *De Architectura* 6,7,3), war mit korinthischen Säulen ausgestattet. Der Empfangssaal, östlich von diesem Hof gelegen, ähnelte im Plan einem „T" und schloss sich im rechten Winkel zum Hof an. Der westliche Hof (19,2 x 18,7 m), im Süden, Osten und Westen von je einer ionischen Säulenreihe umgeben, schloss im Norden mit einer Exedra von 7 m Durchmesser ab, die wahrscheinlich ursprünglich mit einer Halbkuppel überdacht war.

Von diesem Hof aus konnte man den beeindruckendsten Teil des gesamten „nördlichen Palastflügels" erreichen: das enorme *triclinium* bzw. den Empfangssaal (ca. 29 x 19 m). Ähnlich wie der angrenzende Hof war dieser Saal ebenfalls mit drei Säulenreihen ausgestattet. Abgesehen von einem luxuriösen, aus den üblichen Räumen und Installationen bestehenden römischen Bad ist auch die allgemeine dekorative Ausstattung der Höfe, Empfangssäle und anderen repräsentativen Räumlichkeiten mit Mosaiken, *opus sectile*-Kacheln, Fresken und Stuckarbeiten erwähnenswert (Abb. 1).

Fast unübertrefflich aber war die atemberaubende räumliche Inszenierung, die es dem Besucher des Palastes nicht nur erlaubte, die sich südlich des Wadis entfaltende Landschaft zu bewundern, sondern auch die drei weiteren architektonischen Bestandteile des gleichzeitig gebauten Palastkomplexes. Südlich und parallel zum Fluss sowie zum nördlichen Palastflügel gelegen, erstreckt sich die eigentliche Gartenanlage mit eingebauten Portiken und Nischenwänden von Ost nach West (ca. 145 x 40 m).

Südöstlich davon hebt sich ein kompakter, aber eindrucksvoller Repräsentationskomplex von der umgebenden Landschaft ab. Von einem künstlich aufgefüllten Hügel getragen, kann man noch heute die Überbleibsel eines zweistöckigen Gebäudes erkennen. Im unteren Teil befand sich ein Bad, während sich im oberen Teil eine gewagt konstruierte Empfangshalle befand. Diese Halle war im Grundriss fast quadratisch (20,5 x 19,5 m) und mit einer darüber gesetzten Deckenkuppel von 15 m Durchmesser gekrönt (Abb. 3). Sie war über eine Treppe erreichbar, die an die große Brücke anschloss, die den Südpalast mit dem jenseits des Wadis gelegenen Nordkomplex verband. Der einzige Teil des dritten herodianischen Palastes, der sich nicht an die vorherrschende Axialsymmetrie anpasste, war das große Schwimmbecken (90 x 42 m), das sich östlich der Gartenanlage befand.

Abb. 4: Grabungsareale im Bereich des hasmonäischen Palastes, im Hintergrund links eines der zahlreichen Stufenbecken.

Eine etwas ungewöhnliche Anlage wurde ca. 1,5 km nördlich des Winterpalastes und ca. 0,5 km südlich des Tell es-Sultan im Zentrum des heutigen Jericho freigelegt. Der Komplex Tell es-Samarat ist sicher als Hippodrom anzusprechen und besteht aus einer *cavea* (halbkreisförmiger Zuschauerraum) mit ungefähr 3000 Sitzplätzen und einer sich nach Süden hin erstreckenden, 320 m langen und 80 m breiten Bahn für Pferde- oder Wagenrennen. Ein Gebäude mit Peristylhof grenzt nördlich an der *cavea* an. E. Netzer erkannte in dieser Anlage einen Mehrzweckbau, den er mit mehreren von Flavius Iosephus erwähnten historischen Ereignissen in Verbindung bringt (*Antiquitates Iudaicae* 15,270; 16,136–138; 17,161; 18,174–175; *Bellum Iudaicum* 1,653–654.659). Obwohl über die Nutzung der verschiedenen hasmonäischen und herodianischen Bauphasen ausreichend Informationen vorliegen, ist es nur schwer zu bestimmen, wann die Paläste verlassen wurden. Mögliche Daten für ein Ende der Nutzung wären die Verbannung des Herodessohnes Archelaos im Jahre 6 n. Chr., die Zeit nach der Regentschaft König Agrippas I. (41–44 n. Chr.) oder gar Agrippas II. (ca. 92 n. Chr.). Die archäologischen Befunde erlauben nur die Aussage, dass spätestens nach der Zerstörung des Jerusalemer Tempels im Jahre 70 n. Chr. die meisten Gebäudeteile nicht mehr bewohnt und dem Verfall preisgegeben waren. Abgesehen von vereinzelten Behausungen vom Ende des 1. bzw. vom Beginn des 2. Jhs. n. Chr., die wahrscheinlich während des Bar-Kochba-Aufstands durch Feuer zerstört worden sind, gibt es kaum noch Anzeichen von späterer Nutzung. Lediglich aus byzantinischer Zeit sind einige wenige isolierte Strukturen bekannt sowie aus frühislamischer Zeit eine kleine Festung auf der Kuppe eines der beiden Hügel.

SCHLAGLICHT AUF EINE WIDERSPRÜCHLICHE ZEIT

Die in der Forschung uneinheitliche Einordnung der herodianischen Epoche, die manchmal der hellenistischen, manchmal der römischen Zeit zugerechnet wird, ist ein Resultat der komplexen kulturellen und architektonischen Entwicklung, die wir in diesem Teil der Levante beobachten können. Obwohl eine kontinuierliche architektonische Entwicklung zu beobachten ist, die mit den Hasmonäern begann hat und sich mit Herodes fortsetzte, sind unter Herodes auch deutliche Anzeichen einer stärkeren Hellenisierung festzustellen. Angesichts der verstärkten hellenistischen Stilmerkmale, die man hauptsächlich auf Herodes' Wetteifer mit östlichen hellenistischen Königen zurückführen kann, erscheinen die unter Herodes neu eingeführten Charakteristika genuin römischer Kunst und Architektur fast als Fremdkörper. Gerade als solche werfen sie aber ein vortreffliches Schlaglicht auf eine Epoche, die durch starke Hellenisierung indigener Traditionen, wie auch durch den wachsenden Einfluss Roms geprägt war. Der Gebäudekomplex von Jericho gehört somit nicht nur in eine Epoche großer sozial- und religionsgeschichtlicher Komplexität, sondern auch in eine stilgeschichtlich widersprüchliche Zeit.

von Jean-Baptiste Humbert

Nach den Angaben von Plinius d. Ä. und Flavius Iosephus hatten sich die Essener von Jerusalem abgesondert und weit von der Welt zurückgezogen. Zur Zeit der Ausgrabungen nahm man an, dass Qumran in einer Einöde lag. Im Jahre 1947 tauchten die antiken Schriftrollen auf dem Antiquitätenmarkt auf und 1949 wurde die Höhle entdeckt, aus der sie stammten. Die Ausgrabungen an der Ruinenstätte in der Nähe dieser Höhle hatten 1951 bereits begonnen. Die Archäologen Roland de Vaux und Józef T. Milik schlossen sich der Erkenntnis von Prof. Eliezer Sukenik an, der die Manuskripte als das Erbe der Essener betrachtete.

Abb. 1: Säulenkapitelle und –trommeln nahe des Besucherwegs durch den Westkomplex Qumrans.

Der Inhalt der Manuskripte, die offizielle Lehrmeinung der Historiker und die Archäologie schienen sich in Einklang zu befinden. Warum? Die Ausgrabung hat zu einer Zeit stattgefunden, in der die traditionelle biblische Archäologie die Oberhand hatte, das heißt: Archäologen und Bibelkundige arbeiteten mit Begeisterung daran, ein zusammenhängendes Bild der Vergangenheit zu erstellen, in der Überzeugung, dass der Theologie Vorrang vor der Geschichte und dieser wiederum Vorrang vor der Archäologie gebühre. Die Texte warfen ihr Licht auf die zu begutachtenden Monumente und Objekte, der Text gab der Stätte das Stoffgewand. Die Historiker der Antike hatten weitgehend Lebensweise, Sitten und Glaubensüberzeugungen der Essener besprochen. Qumran stand wie selbstverständlich da, unberührt und mit der Überzeugungskraft einer Urstätte. Die Verbindung von Text, Geschichte und Archäologie lief zu dieser Zeit auf eine einzige, einleuchtende Wahrheit hinaus, und die Interpretation schien unwiderlegbar zu sein: die „essenische" Theorie ist die richtige. Bei näherer Betrachtung ergibt sich, dass sich diese durchsetzen konnte, weil sie den Handschriften den Kontext und den dazu perfekt passenden Dekor lieferte.

Heute ist das schöne Bild verblasst. Die Synthese ist von verschiedenen Seiten kritisiert worden. Dazu muss man verstehen, warum das Bild so zerbrechlich war. Zuerst wurde die Verbindung zwischen den Manuskripten und der Ausgrabungsstätte angezweifelt, weil niemand diese beweisen konnte. Weiterhin wurde die Verbindung zwischen den Essenern der antiken Autoren und der Örtlichkeit angezweifelt, weil man wohl akzeptieren musste, dass sich die Ausgrabungsstätte hinsichtlich der Essener in Schweigen hüllte. Das mit Eifer gezimmerte Bild war zu zerbrechlich. R. de Vaux hatte die Ruinen und Höhlen in der Annahme ausgegraben, dass es sich um ein Zentrum handelte, das zutiefst religiös geprägt war. Er stellte die Behauptung auf, dass diese Manuskriptsammlung die Bibliothek der Asketen von Qumran sei, welche dem Ort durch tragische Ereignisse abhanden gekommen war.

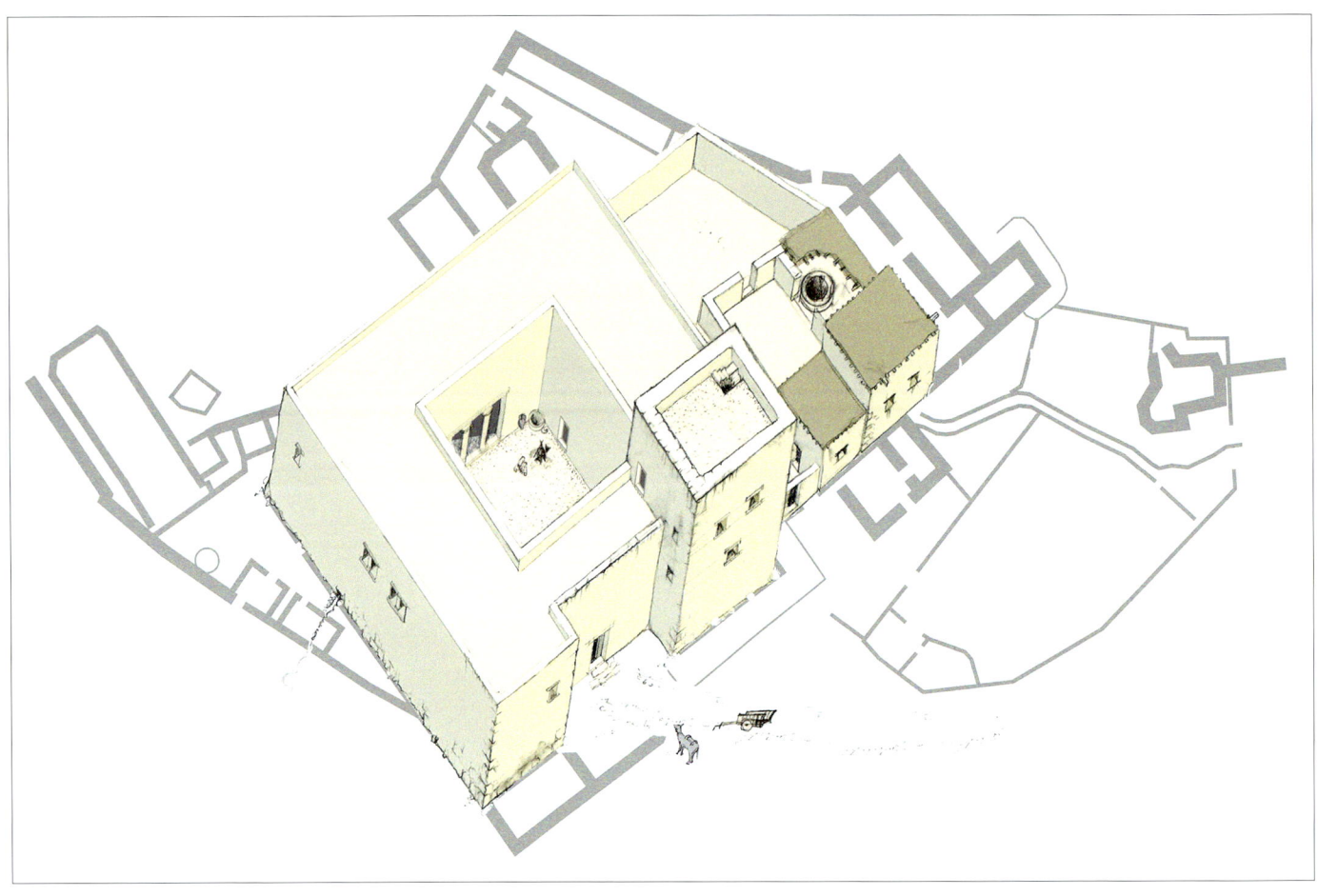

Abb. 2: Isometrische Rekonstruktion des zentralen Wohngebäudes in Qumran.

Eine solch einheitliche Bibliothek konnte nur einer Glaubensgemeinschaft gehört haben (zur Theorie einer „Bibliothek" in Qumran vgl. den Beitrag von M. Popović in diesem Band). R. de Vaux führte die Ausgrabungen auf beispielhafte Weise durch, wobei ihm fortwährend das Modell einer mittelalterlichen Klostergemeinschaft vorschwebte. In den Gemäuern von Qumran fand er beinahe instinktiv fast alle Aspekte einer orientalischen Klostergemeinschaft in ihrer prächtigen Abgeschiedenheit.

Ohne die weiße Tunika der Essener war Qumran nun plötzlich nackt und bloß und verlangte nach einem neuen Kleid. Jene, die von der schönen Geschichte nicht lassen wollten, reagierten mit Spott und die anderen ließen ihrer Fantasie freien Lauf. Man muss unbedingt festhalten, dass die neuen, fast ausschließlich säkularen Interpretationen Qumrans das religiöse Übergewand ohne Skrupel zerrissen und somit den Ort zu einer gewöhnlichen Stätte gemacht haben. Für sie ist Qumran nichts als Qumran, eine Stätte unter vielen anderen. Sie haben auf jeden Fall Recht, wenn

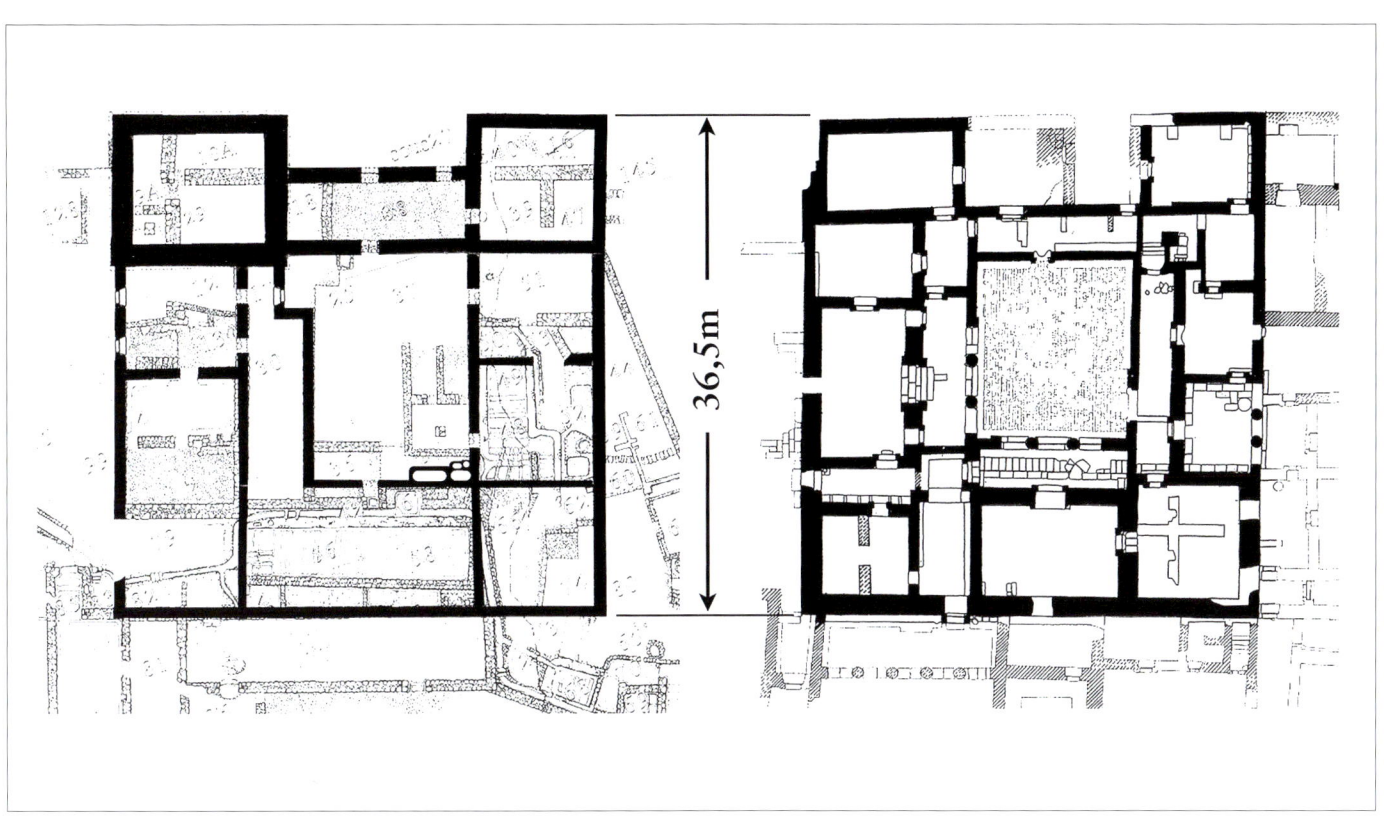

Abb. 3: Vergleich der Grundrisse des zentralen Wohngebäudes in Qumran (links) und des Strategenpalastes in Dura-Europos (rechts).

sie die Idee zurückweisen, es handle sich um eine einzigartige, abgeschiedene und völlig autarke Anlage. Eine solche isolierte Betrachtungsweise kam durch die Tatsache zustande, dass R. de Vaux, als er Qumran entdeckte, die erste Ausgrabung leitete, die jemals am Toten Meer durchgeführt wurde (mit Ausnahme von Tuleilat Ghassul für die chalkolithische Periode, in der Zeit von 1929–1938). Für ihn handelte es sich um Neuland und er hatte noch keine Vergleichsmöglichkeiten für seine Funde.

QUMRAN SCHREIBT SICH IN REGION UND GESCHICHTE EIN

Es handelt sich um die Gegend der Senke des Toten Meeres. 1950 gab es hier nur einige wenige Nomaden, die politischen Veränderungen hatten zur Beendigung des Schiffsverkehrs geführt. Das Meer war leer, aber in der Vergangenheit waren Schiffe von Ufer zu Ufer gefahren. Die Häfen waren mit gediegenen Bauwerken, die vielleicht sogar königlichen Ursprungs waren, ausgestattet: Rujm el-Bahr im Norden hätte gut der Hafen von Jericho gewesen sein können, Khirbet Mazin lag am Ende der Straße nach Jerusalem. Doch die spektakulärsten Bauten befanden sich in Kallirrhoë, welches das einst berühmte Thermalbad versorgte (vgl. dazu den Beitrag von C. Clamer in diesem Band). Intensive Forschungen auf dem Ufergelände bei Khirbet Mazin brachten Bruchstücke von bron-

Abb. 4: Der Westkomplex Qumrans mit quer hindurch laufender Hauptzuleitung.

zenen Schiffsvorderteilen sowie Tausende Münzen von Alexander Jannäus ans Licht, die auf Zollgebühren für den damaligen Schiffsverkehr verwiesen. In En-Gedi wurden Schiffsanker noch mit ihrer Vertauung aus dem Schlamm gezogen. Im Becken des Toten Meeres gab es eine blühende Wirtschaft um Asphalt, Salz, Datteln, Parfüm und Balsam sowie therapeutische Bäder (dazu s. den Beitrag von J. Zangenberg in diesem Band).

Holprige, aber häufig genutzte Straßen verbanden das Tote Meer mit den Städten und Dörfern Judäas und Transjordaniens. Das Tote Meer war nicht tot, sondern nur ein besonderer Teil des Landes, eine entlegene Region, die aber von Händlern aller Art aufgesucht wurde und die Verfolgten und Geächteten Unterschlupf bot, wie auch Sektierern Aufnahme und Räubern Verstecke.

Qumran schreibt sich auch in die Geschichte ein. Herrscht am Toten Meer im Sommer auch glühende Hitze, so ist doch das

Klima während der sieben übrigen Monate des Jahres sehr angenehm. Die kleinen, entlegenen Buchten mit ihrer wuchernden Vegetation zogen die wohlhabende Bevölkerungsschicht an. Neben der Tatsache, dass man von milden Wintern profitierte, konnte man Vögel und wilde Ziegen jagen. An der West- und Ostküste sowie am Fuße der Felswände – wo während des ganzen Jahres Quellen sprudelten – überlagerten sich an den Hängen Gärten und Oasen. Das Ufergelände unterhalb von Qumran war im Altertum eine große, mit Palmen bepflanzte und von Quellwasser gespeiste Oase. Die durch steile Abhänge voneinander getrennten Landgüter waren in hellenistischem Stil gestaltete Ferienorte der Aristokratie und die Hasmonäer hatten dort einen Saisontourismus entwickelt. Oberhalb der Oase gelegen war Qumran zunächst also der Wohnsitz des Eigentümers. Allein die Idee, dass es zu Beginn ein Ferienort gewesen sein soll, hatte zunächst einen Skandal ausgelöst.

Und trotzdem muss man die Lehrmeinung der Archäologen akzeptieren, Qumran ist keine abgesonderte Stätte mehr: Es ist nun, zusammen mit Ain-Feshkha, Ain el-Ghuweir, En-Gedi, Masada, En-Boqeq, Zoar und ez-Zara ein Glied in der Kette der Ufersiedlungen. Darüber hinaus bildet Qumran mit Hyrkania, Herodium, Machaerus, natürlich auch Jerusalem und den Oasen von Shuneh und Jericho ein größeres Netz. Alle diese Orte waren in einer begrenzten Region den gleichen Einflüssen ausgesetzt und den gleichen politischen und ökonomischen Bedingungen unterworfen. Qumran kann insofern keine Ausnahme gewesen sein.

DIE ARCHITEKTUR

Die architektonische Entwicklung der Siedlung ist in der Tat neu zu überdenken. Es fällt selbst einem Anfänger in der Archäologie auf, dass die Siedlung von Qumran keine homogene Architektur aufweist. Der Grundriss zeigt überhaupt keine Einheit.

Es gibt einen alten Kern, um den herum fortlaufend zusätzliche Räumlichkeiten angegliedert wurden. R. de Vaux hatte fälschlicherweise angenommen, dass die Siedlung, so wie sie sich dem Besucher präsentiert, von einheitlichem Charakter ist. Er hatte beharrlich versucht, die Entwicklungsgeschichte des Ortes anhand des Querschnittes der nach und nach abgelagerten Bodenschichten zu entschlüsseln. Wir wissen heute aber, dass dies nur in dem zentralen Kern der Ruinenstätte möglich ist. Die Entwicklung ist dagegen aufgrund der räumlichen Ausdehnung nachvollziehbar: Die verschiedenen Gebäude haben sich nach und nach um den quadratischen Kern gruppiert.

Das zentrale quadratische Gebäude (Abb. 2.3) ist ein aristokratisches Wohnhaus mit einer Seitenlänge von 36,50 m und einer für diese Bauten typischen, regelmäßigen Raumaufteilung um einen zentralen, ebenfalls quadratischen Hof herum. Zwar ist die Größe ungewöhnlich, aber man muss akzeptieren, dass der Besitzer einer gehobenen sozialen Klasse angehörte, vielleicht sogar der hasmonäischen Familie. In diesem Fall könnte es eine Winterresidenz oder eine zur königlichen Festung Hyrkania gehörige Dependance gewesen sein, nur drei Stunden Fußweg entfernt in den Bergen gelegen. Sie war mit einem nicht zu Verteidigungszwecken ausgerichteten Turm ausgestattet, mächtig genug, um darin im Falle einer Bedrohung wertvolle Güter in Sicherheit bringen zu können. Aus den Münzfunden kann man schließen, dass dieser Bau kaum vor 100 v. Chr. errichtet werden konnte. Weil der Turm zerstört und später von Grund auf neu errichtet wurde, ist dessen innere Aufteilung nicht mehr erkennbar. Doch findet man in den unteren Schichten und dem Mauerwerk des nachfolgenden Wiederaufbaus architektonische Elemente, die aus dem ursprünglichen Gebäude stammen. Über einer Tür war einst ein Fries mit Eierstab und Palmettenmuster angebracht, Säulentrommeln mit kannelierten Basen und wenigstens ein Kapitell haben vielleicht die Türöffnung eines sich zum Hof hin öffnenden *tricliniums* dekoriert. Einige verstreut liegende, drei- oder viereckige weiße und schwarze Steinplatten verraten das Vorhandensein eines luxuriösen Fußbodens in *opus sectile*-Technik (Abb. 5), der in jener Zeit nur die schönsten Gebäude schmückte.

Am südlichen Ende der Oase, etwa 2 km entfernt, befand sich das Gebäude von Ain-Feshkha, welches an einer schönen, niemals versiegenden Quelle errichtet worden war. Ohne Zweifel handelte es sich hier um einen Vergnügungspavillon, der von Gärten umgeben war. Obwohl doppelt so klein, weist das quadratische und mit einem Innenhof ausgestattete Gebäude den gleichen Grundriss wie in Qumran auf. Auch hier wurden eine Säulentrommel und Unmengen drei- und viereckiger Steinplatten eines *opus sectile*-Fußbodens gefunden. Qumran und Ain-Feshkha waren Teil derselben hasmonäischen Ländereien. Auch Ain-Feshkha wurde nur vorübergehend genutzt, was wohl der Grund dafür ist, dass man nur sehr wenig Keramik aus der ersten Hälfte des 1. Jhs. v. Chr. gefunden hat. Allein die Münzen bezeugen die Benutzung in dieser Zeit.

Die Archäologie zeigt, dass die beiden Anlagen zerstört und dann radikal restauriert wurden, ohne Rücksicht auf ihre ureigentliche Funktion. Die schöne Raumeinteilung der hasmonäischen Residenz ist verschwunden und die Räumlichkeiten sind in offensichtlicher Unordnung umgestaltet worden. An den vier Seiten des ursprünglichen Quadrats wurden Gebäudetrakte hinzugefügt. Neue Bewohner waren gekommen, um die Ruine wieder aufzubauen und sie gaben ihr eine neue Funktion. Obwohl die seltsame Neuaufteilung des Gebäudes spezielle Gewohnheiten verrät, verweist nichts auf das Klostermodell, das von R. de Vaux und J. T. Milik ursprünglich vorgeschlagen worden war.

Es wurde dabei ein komplexes Wasserleitungssystem hinzugefügt, allerdings erst nachträglich, denn der Verteilerkanal läuft im Zickzack-Kurs zwischen den schon errichteten Räumen hin und her. Die meisten der zahlreichen kleinen Becken dienten verschiedenen handwerklichen Tätigkeiten, nur zwei von ihnen repräsentieren die Merkmale jüdischer Ritualbäder. Die großen Bassins, zu unterschiedlichen Zeiten angelegt, wurden installiert, um dem wachsenden Bedarf an Wasser zu genügen. Deren gesamtes Fassungsvermögen macht bis heute Eindruck, ist aber keinesfalls bedeutender als in anderen Siedlungen der Region, wo es wenig regnet. Die Anlage wurde durch eine Talsperre gespeist, die 500 m westlich der Siedlung eine Schlucht absperrt. In den Felsen ist noch die Anlage von zwei Schleusen erkennbar. Ein langer Kanal versorgte die Siedlung über das Plateau hinweg.

Das Resultat ist überraschend, denn das Ganze folgt keinem gängigen Muster: Es ist keine Residenz mehr, es ist weder eine Festung noch ein Dorf. Auf einem weitläufigen Plateau errichtet, zeugt die Siedlung von dem Willen, sich von der Welt abzusondern und sich auf einen beschränkten Raum zurückzuziehen. Mauern verbinden die verschiedenen Gebäudetrakte und erlauben nur durch zwei überraschend schmale Türöffnungen einen Zugang zum Inneren. Durch die Abgeschlossenheit ergab sich eine Aufteilung des engen Raumes in kleinere Abteile. All das vermittelt den Eindruck, dass sich die Bewohner des Ortes, obwohl sie keine unmittelbaren Nachbarn in der Umgebung hatten, vor Kontakten mit der Außenwelt schützen wollten.

R. de Vaux hatte durchaus recht: Am wahrscheinlichsten ist, dass es sich um die Einrichtung einer Sekte handelt. Es gibt keine Zweifel, dass es sich um eine jüdische Sekte handelt. Die Ausgrabung der Ruine hat eine nicht unbedeutende Menge an fragmentarischen Inschriften erbracht, die entweder auf Töp-

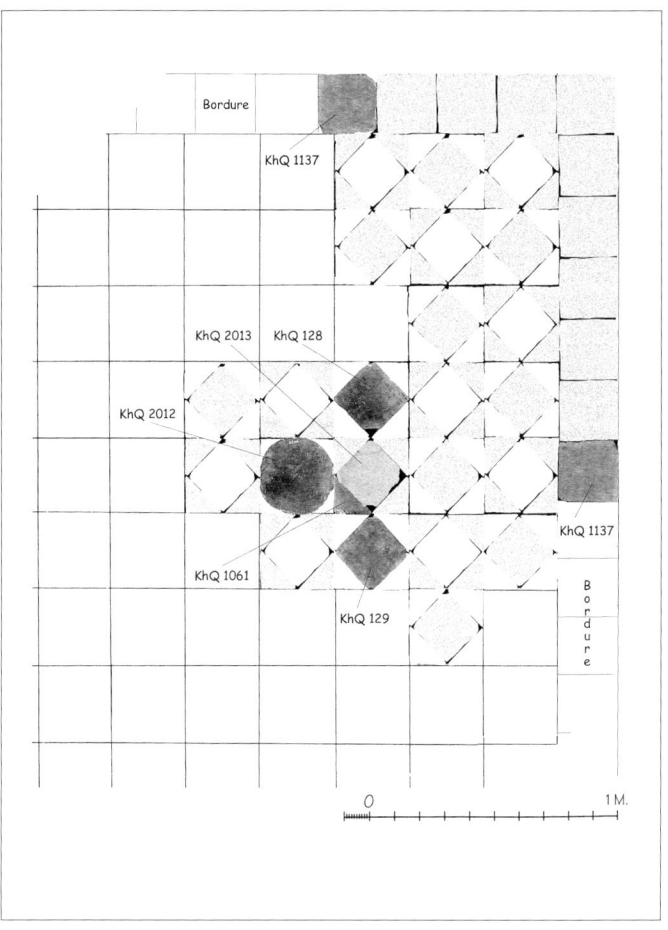

Abb. 5: Struktur des Fußbodens in opus sectile.

Abb. 6: Aquädukt im Kalksteinmassiv westlich der Siedlung.

ferwaren eingeritzt oder mit Tinte geschrieben waren, wie auch das Fragment eines Steins mit fünf mit Tinte gezeichneten Linien. Einige Inschriften sind in griechischer, die Mehrzahl ist jedoch in aramäischer und manchmal sogar in paläo-hebräischer Schrift geschrieben. Die Bewohner von Qumran waren schriftkundig. Die Paläografie ist die gleiche wie bei den Manuskripten, die in den Höhlen in großen Vorratskrügen aufbewahrt worden waren – in Krügen, deren einmalige Form man auch in zahlreichen Exemplaren in Qumran selbst wiederfand. Die Mehrzahl der Manuskripte war in von Menschen in die Felswände gegrabenen Höhlen verborgen worden, welche nur von der Siedlung aus zugänglich waren. Die Bewohner dieses Ortes müssen also direkt mit den Verstecken der Handschriften zu tun gehabt haben, wodurch sie in unseren Augen ihren so speziellen Charakter erhalten.

Insofern muss man die Stätte in der Tat im Rahmen eines strikt jüdischen Kontextes um die Zeitenwende deuten. Bei der ersten Interpretation wurde fälschlicherweise von dem widersprüchlichen Begriff der Gemeinschaft ausgegangen. Das architektonische Modell des Mittelalters, das R. de Vaux im Sinne hatte, wurde mit einer – ebenfalls mittelalterlichen – Klostergemeinschaft verwechselt, besonders auch aufgrund der Tatsache, dass Flavius Iosephus eine Beschreibung der Sitten und Gebräuche der Essener gegeben hatte und die Handschriften auch eine „Gemeinschaftsregel" überlieferten. Die Idee, dass „die" Gemeinschaft nur in Qumran existiert hatte, verhärtet sich mehr und mehr. Nun bezeichnet *yahad* (die Gemeinschaft der Gottesfürchtigen) aber die Gesamtheit der Sektenanhänger, die, durch ihre Überzeugungen verbunden, in ganz Judäa verstreut und vermutlich auch außerhalb Qumrans lebten. „Gemeinschaft" bezeichnet hier Menschen, ohne die Angabe von irgendwelchen Örtlichkeiten. Die Regel war für die zahlreichen Gemeinschaften bestimmt, die in Städten und auf dem Lande wohnten, einige von ihnen sicher auch um das Tote Meer herum, aber vermutlich auch weiter entfernt auf jordanischem Ufer und außerhalb der Grenzen des Heiligen Landes. Das Damaskusdokument (CD) weist sie bis Damaskus nach.

Wenn man wie R. de Vaux behauptet, in Qumran hätten schätzungsweise 200 bis 250 Personen gelebt, so basiert das auf einer optischen Täuschung. In den Räumen, so wie man sie vorfindet, kann diese Anzahl weder gelebt noch geschlafen haben. Die Vorstellung, dass sie in Höhlen oder Zelten unter freiem Himmel gehaust hätten, überzeugt auch nicht. Die Höhlen bieten nur enge Felsspalten und welche Gruppe von Menschen wäre verrückt genug gewesen, während eines ganzen Jahrhunderts in einer Landschaft in Zelten zu kampieren, in der es Steine in Hülle und Fülle gibt? Selbst für einen nicht besonders gewieften Archäologen muss es eindeutig klar sein, dass die Bauten von Qumran so eng zusammengedrängt waren, weil die Fläche der Anlage begrenzt war. Die zwei Eingänge sind eng, die Verbindungen zwischen den Räumen sind verschlungen. Eine alltägliche Benutzung der Räumlichkeiten – was Bäder und Mahlzeiten betrifft – erscheint für eine größere Gruppe von Menschen nicht in Frage zu kommen. Die Anlage ist nicht für das Leben in einer größeren Gemeinschaft geeignet. Im Gegensatz dazu haben die Ausgrabungen Überreste zutage gefördert, die ganz und gar ungewöhnlich sind und deren Funktion kaum zu bestimmen ist. Wenn man diese jedoch aus einem jüdischen, genauer Sekten-Kontext interpretiert, könnten diese letzten Endes auf gewisse Sitten und Bräuche verweisen, aus denen sich wiederum ein schlüssiges Gesamtbild der Anlage ergibt.

Im Norden schließt sich an die Anlage ein weiter Bezirk ungeklärter Funktion an. Man hat hier einen Schafstall oder Gemüsegarten vermutet, was jedoch beides unwahrscheinlich ist. Nur durch niedrige Mauern begrenzt liegt er außerhalb der Gebäude, die von höheren Mauern eingeschlossen sind. Dieser Bezirk hat eine eigene Geschichte. Vor dessen Errichtung war hier, also vor dem Portal der Residenz, ein offener Platz; die Ausgräber hatten vor der Mauer eine Anzahl von Kochtöpfen und großen Krügen gefunden, die absichtlich mit Abfällen – hauptsächlich Knochen von Schafen und Ziegen – gefüllt waren. Es sind dies sicher Reste von Mahlzeiten, wobei die Anordnung der Krüge und Kochtöpfe auf dem Boden nahe legt, dass die Abfälle in Etappen vergraben wurden. Offensichtlich sind von Zeit zu Zeit Menschen an diesen Ort gekommen, um hier ein Mahl einzunehmen. Sie haben hier vermutlich auch gezeltet. Die Keramik ist in die zweite Hälfte des 1. Jhs. v. Chr. zu datieren, also in die Zeit nach der Zerstörung der Residenz, aber vor Beginn der baulichen Restaurierung der Stätte. Danach war der Bereich mit Mauern abgegrenzt worden und fungierte seitdem als eingegrenzter Bezirk unter freiem Himmel. Die vergrabenen Knochen von Tieren könnten die Reste eines jüdischen Pessachmahls sein, welches die Gottesfürchtigen hier am Ufer des Toten Meeres feierten. Dieser Punkt lag ziemlich nahe bei Jerusalem, dessen Zugang ihnen untersagt war. Vielleicht war dies auch der Ort, an dem Pilger ihre Gebete gen Jerusalem sprachen.

Die langen Mauern, die in der Umgebung von Qumran entdeckt wurden, scheinen den jüdischen Vorschriften zu entsprechen. Eine der langen Mauern ist mit einer Ecke der Ruine – im Süden vor dem Abbruch des Plateaus – verbunden. Ihre geringe Höhe legt nahe, dass sie lediglich das Territorium begrenzen sollte. Eine weitere Mauer von ca. 2500 m Länge scheint die erstere bis in die Uferebene hinein zu verlängern, um sie mit dem Pavillon von Ain-Feshkha zu verbinden. Diese Mauern, deren Funktion man bisher nicht erklären konnte, finden ihresgleichen in Ain el-Ghuweir (600 m Länge) und in ez-Zara (2000 m Länge). Sie könnten die symbolische Schutzmauer von fiktiven jüdischen Städten darstellen, zwischen denen man am Sabbat reisen durfte (sog. *eruvim*), ohne dabei die Schritte zählen zu müssen. Durch den *eruv* von Qumran hätte demnach am Sabbat jeder in der Oase frei kommen und gehen, wie auch nach Ain-Feshkha laufen können, um dort die rituellen Waschungen vorzunehmen.

Spuren ritueller Wallfahrten anlässlich des Passahfestes finden sich auch im Zusammenhang mit einer ungewöhnlichen Anlage in den zwei Räumen, in denen R. de Vaux gemeinschaftliche Esssäle gesehen hatte. Vermutlich aber besaßen diese Räume eine völlig andere Funktion. Bei den Ausgrabungen in diesem Bereich wurden im hinteren Teil der Räume sechs niedrige, quadratische Pfeiler freigelegt, die nicht dazu bestimmt gewesen sein konnten, ein oberes Stockwerk zu tragen. Es passt besser, sie als Tischstützen anzusehen. Die Keramik, die hier im überreichlichen Maße gefunden wurde – mehr als 1000 Gefäße – konnte nicht als Essgeschirr dienen. Man kann diese Anlage sehr gut als eine Einrichtung deuten, in der die „Erstlingsfrüchte der Erde" (*bikkurim*), wie etwa die ersten Feldfrüchte, Weintrauben, Öl, Mehl sowie die erste Scherung der Schafe etc. auf dem wahren Boden Israels dargebracht wurden. Die Opferung der ersten Feldfrüchte war eine Danksagung an Gott für die Gaben der Erde. Dieser Brauch kann von frommen Juden in Qumran eingeführt worden sein, die aus den angrenzenden heidnischen Gebieten kamen, und die zusammen mit dem Passahfest die Darbringung der ersten Früchte im Lande Israel zu feiern wünschten. Das Tote Meer zu überqueren entsprach – nach Aussprüchen der Rabbiner – der Überquerung des Jordan, um in das gelobte Land zu kommen.

Qumran wäre demnach ein Ort, den sich eine bestimmte religiöse Sekte, die um das Tote Meer herum ansässig war, erwählte, um dort ihren rituellen Verpflichtungen nachzukommen. Aus tiefer Verehrung für diese heilige Stätte heraus wären in der Folge die Gräber angelegt worden. Der Friedhof (Abb. 7) mit ca. 1200 Gräbern kann nicht ausschließlich der Friedhof der Qum-

Abb. 7: Der Friedhof von Qumran mit ca. 1200 Gräbern.

ran-Gemeinde, die es ohnehin nicht gegeben hat, gewesen sein. Eine Grabstele aus Zoar südlich des Toten Meeres, dort, wo das „Heilige Land" begann, überliefert die hebräische Inschrift eines Juden, der „aus Jemen gekommen war, um die Gebeine seines Vaters im Lande Israel zu bestatten". Diese Tradition ist auch aus der Nekropole von Bet-Schearim in Galiläa im Bezug auf die Juden aus Syrien bekannt. Der Friedhof von Qumran, der sehr wahrscheinlich von Qumran aus verwaltet wurde – was die erstaunlich regelmäßige Ordnung der Gräber erklären könnte – nahm auch die Gebeine der Toten aus anderen Siedlungen an den Ufern des Toten Meeres auf. Vielleicht kamen manche Verstorbene auch von weiter her, einige Gebeine wurden immerhin in Särgen aus Zypressenholz nach Qumran transportiert. Ein Grab enthielt die Gebeine von zwei Menschen, sorgsam gereinigt und aufeinander gestapelt.

Qumran erhält letztendlich eine neue Bedeutung als ein Zentrum, welches durch eine in der gesamten Region zerstreut lebende jüdische Sekte nach und nach konsekriert wurde. Der ziemlich weit abgelegene Ort wurde von den verschiedenen Gemeinschaften als ideale Stelle ausgewählt, um deren wertvollste Güter in der Zeit der römischen Bedrohung in Sicherheit zu bringen: die Manuskripte.

Aber welche Sekte könnte einen solche Dynamik entwickelt haben? Am besten gibt uns hier Plinius Auskunft, der die Essener als die Gemeinschaft beschrieben hat, die „in der Nähe von Palmen" an den Ufern des Toten Meeres lebte (*Naturalis historia* 5,73). Mit größter Wahrscheinlichkeit waren die Essener die Bewohner von Qumran in seiner zweiten Phase.

(aus dem Französischen von C. Clamer und F. Dartmann)

DIE SCHRIFTFUNDE VOM TOTEN MEER

Schätze aus Höhlen zwischen Jericho und Masada

Abb. 1: Blick auf die Mergelterrasse mit einem der Eingänge zu Höhle 4 vom Wadi Qumran aus.

von Mladen Popović

Das Tote Meer ist eine Schatzgrube für Handschriften. In den vergangenen gut 60 Jahren hat sich die Region westlich des Toten Meeres zu einer der wichtigsten Fundstätten von antiken Handschriften außerhalb Ägyptens entwickelt. Bereits einige antike und mittelalterliche Autoren berichteten von Textfunden in Höhlen unweit von Jericho.

Der Kirchenvater Eusebius überliefert zum Beispiel (ca. 260–340), dass der berühmte Theologe Origenes (ca. 185–254) bei der Erarbeitung seiner *Hexapla* (Darbietung von sechs verschiedenen Textformen der Bibel) auch ein Manuskript der Psalmen aufgenommen habe, das zur Zeit des Caracalla (Regierungszeit 211–217) in einem Gefäß bei Jericho aufgefunden worden sei (*Kirchengeschichte* 6,16,3). Dies könnte durchaus der früheste „Qumranfund" gewesen sein. Von weiteren Textfunden können wir in einem Brief des nestorianischen Patriarchen Timotheos I. von Bagdad (780–823) lesen, der mitteilt, dass in der Umgebung von Jericho ein arabischer Jäger mit seinem Hund eine Höhle gefunden hätte, in der eine große Menge Schriftrollen des Alten Testaments und anderer hebräischer Texte verborgen war, worunter sich angeblich mehr als 200 Psalmen Davids befanden. Erst im Winter 1946/47 kamen wieder Texte in großer Anzahl in Höhlen westlich des Toten Meeres zum Vorschein, die seither Wissenschaft wie Öffentlichkeit in ihrem Bann halten. Diese Texte haben unsere Kenntnisse vom antiken Judentum tief greifend verändert und sollen hier vorgestellt werden.[1]

ORTE DER ZUFLUCHT

Die Region westlich des Toten Meeres mit ihrem schroffen Felsabbruch gen Osten und der westlich davon liegenden Wüste Juda war in der Antike ein oft aufgesuchter Zufluchtsort.[2] Vor allem die natürlichen und künstlichen Höhlen im Kalkstein und im Tonmergel wurden in den unterschiedlichsten Epochen als Zuflucht und Versteck in Notzeiten genutzt. Der berühmteste Flüchtling war David, der sich in einer Höhle bei En-Gedi einige Zeit vor König Saul versteckt hielt, der ihm nach dem Leben trachtete. Außer der Erzählung in 1Sam 24 sind freilich keine konkreten Spuren von diesem Ereignis mehr erhalten.

Abb. 2: Das Innere von Höhle 4. Hier wurden die meisten Textfragmente gefunden, leider zuvor durchwühlt von Beduinen.

Anders verhält es sich mit Simon Bar-Kochba, dem Anführer des Zweiten Jüdischen Aufstands gegen Rom (132–135). Einige seiner Briefe, geschrieben in Hebräisch, Aramäisch und Griechisch, wurden 1960/61 in der sogenannten „Briefhöhle" (*Cave of Letters*) in Nahal Hever, ungefähr 5 km südwestlich von En-Gedi, gefunden. In einer anderen Höhle in der Nähe stieß man auf einen Brief, der an Bar-Kochba adressiert war (XHev/Se 30). Ein anderes zeitgenössisches Beispiel bietet das Babatha-Archiv. Es stammt aus derselben Höhle wie die Bar-Kochba Briefe und umfasst mehrere juridische Dokumente in nabatäischer, aramäischer und griechischer Sprache, die von einer Jüdin namens Babatha von der Ostseite des Toten Meeres auf die vermeintlich sichere Westseite gebracht wurden (siehe dazu den Beitrag von G. Faßbeck in diesem Band). Diese Funde machen exemplarisch deutlich, dass die Höhlen am Ostrand der Wüste Juda nicht nur von Flüchtlingen zum Schutz aufgesucht wurden, sondern auch zum Versteck für deren Wertsachen wie auch für offizielle und private Dokumente oder, wie vor allem im Fall von Qumran, für religiöse Texte.

SCHREIBMATERIAL UND ERHALTUNG

So vielfältig die Manuskripte vom Toten Meer inhaltlich sind, so sehr unterscheiden sie sich auch materiell. Viele Texte (Bibelmanuskripte, religiöse Schriften) wurden auf Leder (vor allem von Schafen, Gazellen und Ziegen, aber auch von Rindern) geschrieben, andere literarische Werke sowie auch Briefe und rechtliche Dokumente auf Papyrus. Papyrus war wahrscheinlich billiger als Leder. Daneben sind auch kurze Texte auf Gefäßen oder Gefäßscherben (*ostraca*) bekannt. So war ein intakter Tonkrug aus der Qumran-Siedlung mit einem Namen beschriftet (Yehochanan Hattila), einige *ostraca* bieten Entwürfe von Verträgen oder Schreibübungen (u. a. zwei „Abecedaria"). Natürlich sind diese Schreibmaterialien nicht ungewöhnlich und auch von anderen Fundorten etwa aus Ägypten gut bekannt. Einen wirklich außergewöhnlichen Fall stellt allein die Kupferrolle aus Qumran-Höhle 3 (3Q 15) dar, auf der listenartig rätselhafte Angaben über versteckte Reichtümer gepunzt sind (Abb. 3).

Das trockene Klima der Wüste Juda und der Umstand, dass viele Höhlen gut verborgen waren, haben dazu beigetragen, dass die Texte über so lange Zeit hinweg bewahrt geblieben sind. Gleichzeitig muss aber betont werden, dass sehr viel Textmaterial verloren gegangen ist. Während zum Beispiel aus Höhle 1 von Qumran (1Q) immerhin sieben lederne Handschriftrollen mehr oder weniger vollständig geborgen werden konnten, haben wir von dem viel umfassenderen Bestand aus Höhle 4 (4Q) keine einzige Schriftrolle mehr intakt erhalten. Stattdessen müssen wir uns bei 4Q mit Zehntausenden oft winzig kleinen Fragmenten begnügen – der kärgliche Rest von ungefähr 700 Rollen. Wurmfraß und Feuchtigkeit haben den weitaus größten Teil der Rollen vernichtet (Abb. 1 und 2).

BRIEFE UND DOKUMENTE AUS DER WÜSTE: WADI DALIYEH, KETEF JERICHO, KHIRBET MIRD, WADI MURABBA'AT, NAHAL HEVER, NAHAL HEVER/ SEIYAL, MASADA

Keinesfalls alle Textfunde aus der judäischen Wüste stammen aus den Höhlen bei Qumran, wie die schon genannte Bar-Kochba-Korrespondenz und das Babatha-Archiv zeigen. Die intensive Suche nach weiteren „Schriftrollenhöhlen" in den gut 15 Jahren nach der Entdeckung der Qumrantexte im Winter 1946/47 sowie die Erforschungen zahlreicher Höhlen in den 1990er Jahren resultierte in einer erstaunlichen Fülle an Textfunden, die die Erforschung der Geschichte, Gesellschaft, Kultur und Religion des antiken Palästina auf eine neue Basis gestellt haben. Die Fundorte umspannen das Gebiet zwischen Wadi Daliyeh ungefähr 15 km nördlich von Jericho bis hin nach Masada am südlichen Drittel des Westufers des Toten Meeres. Viele der mehrere hundert untersuchten Höhlen waren zwar fundleer, in anderen stieß man aber auf Spuren menschlicher Anwesenheit wie Keramik, Metallgeräte, Münzen, Textilien, Bast- und Holzobjekte. In einigen Höhlen wurden auch Handschriften meist dokumentarischen Inhalts gefunden. Die Handschriften reichen chronologisch von der Eisenzeit II (8. Jh. v. Chr.: ein Text aus Wadi Murabba'at) über die persische Periode (Mitte des 4. Jhs. v. Chr.: Wadi Daliyeh, Ketef Jericho) über die Zeit vor und während des Ersten Aufstands gegen Rom (66–70/73 n. Chr.: Schwerpunkt in Qumran, Murabba'at, Masada, z. T. Umgebung von En-Gedi) und des Zweiten Aufstands (132–135 n. Chr.: geografischer Schwerpunkt bei En-Gedi und Murabba'at) bis zur arabischen Periode (8.–11. Jh. n. Chr.: Khirbet Mird). Angesichts der weiten chronologischen Streuung verwundert es nicht, dass die Texte in vielen verschiedenen Sprachen verfasst sind: Aramäisch, Hebräisch, Griechisch (alle drei an praktisch allen Fundorten), Nabatäisch (Nahal Hever), Lateinisch (ein Teil der Masada-Texte) und Arabisch (letztere vornehmlich in Khirbet Mird).

Die Mehrheit der außerhalb der Qumranhöhlen gefundenen Texte ist vor allem dokumentarischer Natur wie z. B. Urkunden über Sklavenverkauf oder Landbesitz, Quittungen über Darlehen oder Steuern, Ehe- oder Scheidungspapiere, Kontrakte oder

Abb. 3: Teile der Kupferrolle (3Q15), die zur Entzifferung in den 1950er Jahren in Streifen geschnitten wurde (Archaeological Museum Amman).

Rechnungen (besonders aus Wadi Daliyeh, Ketef Jericho, Wadi Murabba'at oder Nahal Hever). Hinzu kommen persönliche Briefe (so aus Khirbet Mird, Wadi Murabba'at oder Nahal Hever). Darüber hinaus wurden auch einige literarische Texte gefunden, wie etwa Fragmente von zwei Leviticus-, einer Deuteronomium- und zwei oder drei Psalmenrollen, ein hebräisches Fragment des Buches Jesus Sirach (Masada), das älteste bisher gefundene Fragment der Äneis Vergils (ebenfalls Masada) sowie Fragmente einer hebräischen Rolle des Zwölfprophetenbuches aus Wadi Murabba'at und einer griechischen Übersetzung desselben Buches aus Nahal Hever.

Die Textfunde vom Toten Meer zwischen Jericho und En-Gedi bilden kein zusammenhängendes Korpus, sondern stehen ganz überwiegend mit unterschiedlichen Menschengruppen in Verbindung, die zu verschiedenen Zeiten ihre schriftlichen Wertsachen vor dem Zugriff anderer schützen wollten.

QUMRAN

Die bekanntesten Funde und sicher auch die größte Anzahl von Handschriften stammt aus elf Höhlen (1Q–11Q) in der Nähe der antiken Siedlung von Khirbet Qumran. Die elf Höhlen wurden zwischen 1947 und 1956 größtenteils zuerst durch Beduinen entdeckt und oft genug zerwühlt, bevor Wissenschaftler Fundort und Inhalt untersuchen konnten. Besonders tragisch ist dies im Falle von Höhle 4Q, wo die größte Menge an Texten lagerte (Abb. 2).

Einige der Schriftrollenhöhlen befinden sich auf derselben Mergelterrasse, auf der auch die Qumran-Siedlung liegt. Die Mergelterrasse liegt etwa 40 m über dem eigentlichen, flachen Ufersaum des Toten Meeres und stellt den letzten Rest vorzeitlicher Meeressedimente dar, die sich an manchen Stellen noch entlang der Kalksteinkante des Hochplateaus erstrecken. Höhlen 4, 5, 7, 8, 9 und 10 sind künstliche, durch Menschen in den weichen Mergel gehackte Kavernen, die anderen Schriftrollenhöhlen (1Q, 2Q, 3Q, 6Q und 11Q) befinden sich als natürliche Höhlen im harten Kalkgestein des Gebirgsabfalls etwas westlich der Siedlung.

Wirkliche Rollen sind nur in Höhle 1 (sieben) und 11 (sechs Exemplare) erhalten geblieben, die einzigartige Kupferrolle aus 3Q nicht mitgerechnet. Alle übrigen Qumrantexte sind allein in Form Zehntausender größerer und kleinerer Fragmente verfügbar, wobei der Löwenanteil aus 4Q stammt und in 2Q, 3Q, 5Q–10Q nur vergleichsweise wenige Textbruchstücke gefunden wurden. Oft besteht ein „Qumrantext" nur aus einigen wenigen Fragmenten, die mühevoll von Forschern zusammengesetzt wurden, was die Klassifikation und Interpretation des dahinter stehenden Werkes oft zu einem recht unsicheren Unterfangen macht. So ist nicht immer klar, ob ein Fragment eine eigene Schriftrolle repräsentiert oder zu einer bereits identifizierten Handschrift gehört. Aufgrund der Bruchstückhaftigkeit des Materials kann letztlich auch nicht genau angegeben werden, wie viele Rollen und Werke insgesamt durch die Funde repräsentiert sind. Im Allgemeinen kann man davon ausgehen, dass in den elf Höhlen von Qumran Reste von mehr als 900 Handschriften entdeckt wurden, ungefähr 700 davon allein aus Höhle 4.

Im Unterschied zu den meisten anderen Textfunden derselben Region haben die Qumranfunde weit überwiegend einen literarisch-religiösen Charakter. Sie datieren in die Periode zwischen dem 3. Jh. v. Chr. und dem 1. Jh. n. Chr., die durch große politische und kulturelle Umwälzungen in Palästina gekennzeichnet war. Das inhaltliche Spektrum ist in der Tat breit. Die Qumranfunde bieten nicht nur Fragmente der ältesten biblischen Handschriften, sondern zudem auch Bruchstücke zahlreicher religiöser Werke, die uns bisher unbekannt waren. Dokumentarische Texte (Listen mit Namen oder Rechnungen) und Schreibübungen, wie sie von anderen Fundorten der Region gut bekannt sind (etwa aus En-Gedi), sind in Qumran nur in geringer Anzahl gefunden worden. Die große Mehrzahl der Texte ist in hebräischer Sprache geschrieben, ungefähr hundert Handschriften in aramäischer Sprache und nur etwa zehn in Griechisch (abgesehen von einigen *ostraca* stammen alle aus 7Q). In der Siedlung selbst kamen außer einigen *ostraca* keinerlei Texte zutage. Die *ostraca* aus der Siedlung sind in Hebräisch-Aramäisch und Griechisch, sehr wenige aber auch auf Lateinisch verfasst worden.

DIE BEWOHNER DER QUMRAN-SIEDLUNG UND DIE SCHRIFTROLLEN

Die meisten Forscher sind heute der Meinung, dass eine religiöse Gemeinschaft („Sekte") von Juden die Siedlung von Qumran bewohnte und die Rollen in den Höhlen hinterlassen hat. Nach dem traditionellen Modell lebte diese „Qumrangemeinschaft" dort ungefähr ab der Mitte des 2. Jhs. v. Chr., andere datieren den Beginn der Nutzung durch die Sekte in die erste Hälfte des 1. Jhs. v. Chr. Das Ende der Qumran-Sekte setzt man generell ins Jahr 68, als Vespasian während des Ersten Aufstands gegen Rom die Zehnte Legion von Osten über Jericho nach Jerusalem führte und die fast am Weg gelegene Siedlung von Qumran niederbrennen ließ. Zuvor hatte die Gemeinschaft ihre Handschriften vor den Römern in verschiedenen Höhlen nahe ihrer Siedlung in Sicherheit bringen können. Vor allem Höhle 1 scheint dies zu dokumentieren: Dort waren die Rollen mit Leinentüchern umwickelt und in speziellen Tonkrügen verpackt. In jüngster Zeit aber ist der genuine Zusammenhang zwischen den Textfunden der Qumran-Höhlen und der Siedlung von Qumran intensiv in die Diskussion geraten.[3] Einige Forscher behaupten, dass die Textfunde mit den Bewohnern der Siedlung ursprünglich nichts zu tun hätten. Die Bewohner von Qumran hätten lediglich bei der Verbergung der Rollen Hilfe geleistet, die Rollen stammten von außerhalb der Siedlung (Jerusalem?), die ihrerseits keinen genuin religiösen Charakter besaß, sondern im Zusammenhang der landwirtschaftlichen Ausbeutung der Region um das Tote Meer interpretiert werden muss.

Nach Ansicht des Verfassers können die Schriftfunde jedoch nicht isoliert von der Siedlung betrachtet werden. Der Zusammenhang zwischen Siedlung und Höhlen gründet sich nicht mehr allein auf einer typologischen Übereinstimmung einer besonderen Form von Keramik, die in Siedlung wie auch einigen Höhlen gefunden wurde (die sogenannten „scroll jars"). Zudem hat die chemische Analyse von Tonkrügen aus der Siedlung und von den Schriftrollen-Höhlen nachgewiesen, dass beide aus Qumran stammten. Das bedeutet freilich nicht, dass der Inhalt der Texte die archäologische Interpretation der Siedlung bestimmt, wohl aber, dass die Textfunde selbst archäologische Artefakte sind, die im Zusammenhang mit der Siedlung gesehen werden müssen. Es ist wahrscheinlicher, dass die Texte im Besitz der Bewohner von Qumran waren, die sie in ihren eigenen Krügen verborgen haben, als dass sie aus verschiedenen (sadduzäischen?) Bibliotheken aus Jerusalem stammten und auf Basis eines undeutlichen Bezugs von Priestern zu Qumran dort mithilfe der Bewohner in Sicherheit gebracht worden sind. Diese These unterschätzt nicht allein den zusammengestellten Charakter der Qumrantexte (siehe unten), sie geht auch an der Tatsache vorbei, dass eine regionale und landwirtschaftliche Interpretation der Siedlung von Qumran nicht ausschließt, dass die Texte sehr wohl den Bewohnern gehört haben können. Sowohl in archäologischer als auch in textlicher Hinsicht macht die neuere Forschung jedoch deutlich, dass sich unser Bild von der Siedlung von Qumran und ihrer Bewohner verändert: nicht isoliert und abgeschlossen von ihrer Umwelt, sondern auf verschiedene Weise im Austausch mit ihr.

DIE „BIBLIOTHEK" VON QUMRAN

Die Textfunde aus den elf Qumran-Höhlen bilden ein zusammenhängendes Korpus. Für den Zusammenhang spricht zunächst die Beobachtung, dass verschiedene Höhlen mehrere Kopien derselben Schrift oder Komposition bewahrt haben. Interessanterweise gilt das besonders für die gruppenspezifischen („sektarischen") Texte. So verteilen sich beispielsweise die zwölf Abschriften der Gemeinschaftsregel auf Höhlen 1, 4 und 5, möglicherweise enthielt 11Q noch eine dreizehnte Abschrift. Zudem ist deutlich, dass manchmal derselbe Abschreiber für verschiedene Texte aus mehreren Höhlen verantwortlich ist, wie etwa der Schreiber der Gemeinschaftsordnung aus Höhle 1 (1QS), der mindestens vier andere Texte aus Höhle 4 kopiert hat. Ferner ist das Fehlen einiger nicht-sektarischer Texte wie etwa der Bücher Esther und Judith sowie des ersten Makkabäerbuches auffallend. Die quantitative Verteilung von sektarischen Texten über die elf Höhlen und das Fehlen von anderen Texten spricht gegen die These, dass die Qumran-Handschriften aus Jerusalem stammen und einen Querschnitt aus der damaligen jüdischen Literatur darstellen. Der Befund spricht vielmehr für die These, dass wir eine gruppenspezifische Sammlung vor uns haben, was aber nicht notwendig impliziert, dass alle Texte auch in Qumran kopiert wurden oder nahtlos die Ansichten der Sekte widerspiegeln.

Ob wir freilich von einer „Bibliothek" sprechen können, ist nicht gleichermaßen deutlich. Zum einen war der Zustand, in dem die Schriftrollen in den Höhlen lagen, unterschiedlich. In Höhle 1 waren die Rollen sorgfältig in Leinen gewickelt und in Tonkrügen deponiert, während 4Q mit seiner großen Zahl an durcheinander geworfenen Texten ohne Tücher und Behälter einen viel chaotischeren Eindruck machte. Ferner wurden auch einige Texte gefunden, die auf den ersten Blick nicht in eine Bibliothek zu gehören scheinen, wie *tefillin* und *mezuzot*, Schreibübungen und die wenigen dokumentarischen Texte aus Höhle 4. Bei *tefillin* und *mezuzot* handelt es sich um sehr kleine Schriftrollen mit Passagen aus dem Pentateuch (Ex 12:43–13:16; Dtn 5:1–6:9; 10:12–11:21), die fromme Juden beim täglichen Gebet in jeweils kleinen ledernen Kapseln am Kopf und linken Arm anlegten (*tefillin*) bzw. an den Türpfosten befestigten (*mezuzah* mit Ex 13:9; Dtn 6:8–9; 11:18–20). Auch wenn der genaue Charakter der gruppenspezifischen Textsammlung von Qumran noch nicht völlig geklärt ist, ist doch immerhin deutlich, dass es sich dabei nicht um eine zufällige Zusammenstellung von Texten handeln kann.

Die ca. 900 Texte, die durch die Qumranfragmente repräsentiert werden, können auf verschiedene Weise klassifiziert werden. Zunächst kann zwischen biblischen und nicht-biblischen Handschriften unterschieden werden.

Biblische und nicht-biblische Texte

Etwas weniger als ein Drittel des Korpus besteht aus biblischen Schriftrollen der hebräischen Bibel. Nur das Buch Esther fehlt, möglicherweise weil in diesem Buch das Purimfest vorkommt,

Abb. 4: Zwei Kolumnen aus der Psalmenrolle (11Q5 iv und v) aus Qumran. Der Text ist sorgfältig in hebräischer „Quadratschrift" auf vorbereiteten Zeilen geschrieben, nur der Gottesname erscheint in althebräischer Schrift.

Abb. 5: Die Kuppel des „Schreins des Buches" im Israel Museum in Jerusalem. Hier werden die wichtigsten Funde aus Qumran und von anderen Orten der Judäischen Wüste aufbewahrt.

das von der Qumrangemeinschaft nicht anerkannt wurde. Dass vom Buch Nehemiah kein Fragment gefunden worden ist, ist dadurch zu erklären, dass dieses Buch wahrscheinlich zusammen mit Esra auf einer gemeinsamen Schriftrolle stand. Eine solche ist durch drei Fragmente von Esra belegt. Entgegen mancher Vermutungen sind in Qumran keine neutestamentlichen Handschriften identifiziert worden.

Die große Bedeutung der biblischen Manuskripte liegt darin, dass sie uns in bisher nicht da gewesener Genauigkeit Einblick in die Komplexität der Textgeschichte der meisten alttestamentlichen Bücher gewähren. Immerhin sind manche Qumranfragmente gut 1300 Jahre älter als die älteste bisher bekannte vollständige Handschrift des hebräischen AT (*Codex Leningradensis*). Einerseits bestätigen die Qumranfunde das hohe Alter der Textform dieser mittelalterlichen Bibelhandschriften, anderseits zeigen sie aber auch deutlich, dass diese sogenannte „masoretische" Textform im 1. Jh. n. Chr. keinesfalls die einzige im Gebrauch befindliche war, und dass z. T. beträchtliche Differenzen im Textbestand und der Überlieferung einzelner biblischer Bücher bestanden. Überhaupt impliziert der Begriff „biblisch" in dieser Periode weder die Existenz eines abgerundeten und für alle Juden gleich verpflichtenden Kanons, noch ein normatives Verständnis von „Schrift" wie wir es kennen. So war es z. B. in Qumran möglich, anderen Texten als den uns bekannten quasi-„biblische" Normativität zuzuerkennen (z. B. Paraphrasen biblischen Stoffes oder para-biblische Erzählungen). Zum anderem genossen bestimmte Texte für die Qumran-Gemeinschaft große, mit den fünf Büchern Mose vergleichbare Autorität, sind aber nicht in die Sammlung aufgenommen worden, die wir – vermittelt über die jüdisch-rabbinische (Protestanten) oder frühchristliche (griechische und lateinische Übersetzung bei Orthodoxen und Katholiken) Tradition – in den westlichen Kirchen als maßgeblich ansehen. So genießt z. B. das 1. Henochbuch in der äthiopischen Kirche kanonisches Ansehen und war bis zur Auffindung mehrerer aramäischer Fragmente in 4Q nur durch diese Tradition überliefert.

Para-biblische Erzählungen: Das Genesis-Apokryphon

Unter „biblischen Paraphrasen" oder „para-biblischen Erzählungen" versteht man Literatur, die eng auf Texte oder Themen der hebräischen Bibel bezogen ist. Ein interessantes Beispiel sind die Abraham-Erzählungen, die durch einige Kolumnen einer Schrift mit dem wissenschaftlichen Namen „Genesis-Apokryphon" erhalten sind (1QapkrGen). Das Genesis-Apokryphon erzählt in aramäischer Sprache Passagen des biblischen Buches Genesis interpretierend nach und erweitert sie, wobei die Hauptfiguren Lamech, Noah und Abraham in der ersten Person reden. Bekannt ist die Erzählung von Abrahams Flucht nach Ägypten wegen einer Hungersnot in Kanaan. Im Unterschied zur biblischen Überlieferung ist Abraham im Genesis-Apokryphon mittels eines Traums bereits offenbart worden, was später in Ägypten geschehen wird. Als Pharao durch einen von Gott geschickten Plagegeist bedrängt wurde, weil er Abram seine Frau Sarai weggenommen hatte, wendet er sich nach zwei Jahren an Abram und bittet um Hilfe. Die Beschwörer und Medizinmänner des Königs waren nämlich nicht imstande, ihn von der Plage zu heilen. Abram tritt nun in ganz besonderer Weise auf – wie ein Exorzist: Er betet für den König und sein Haus, legt dem König seine Hände auf und kann so die Plage vertreiben und den bösen Geist bannen. So bietet uns die Nacherzählung wichtige Informationen über die Rezeption und die Aktualisierung des Genesis-Stoffes im antiken Judentum. Zugleich liefert sie auch interessantes Vergleichsmaterial für die Exorzismen Jesu, von denen im Neuen Testament erzählt wird. In den allermeisten Fällen lassen diese para-biblischen Texte keine sektarischen Tendenzen erkennen, sondern sind Zeugnisse der literarischen Kreativität des palästinischen Judentums insgesamt.

Sektarische und nicht-sektarische Texte

Die nicht-biblischen Schriftrollen können ihrerseits in verschiedene Gruppen eingeteilt werden. Ein für die Forschung wichtiger Unterschied ist die Frage, welche der nicht-biblischen Texte Merkmale und Aussagen aufweisen, die exklusiv mit einer bestimmten Gruppe des damaligen Judentums in Verbindung gebracht werden können („gruppenspezifische" oder „sektarische" Texte), im Unterschied zu Werken, die nicht von einer bestimmten Gruppe verfasst sein müssen und daher auch von anderen Juden gelesen wurden (d. h. „nicht-sektarische" Texte). In letztere Kategorie gehören nicht nur alle biblischen Rollen, sondern auch apokryphe und pseudepigraphe Literatur wie Tobit, Jesus Sirach, das 1. Buch Henoch oder das Jubiläenbuch. Diese Texte benutzte die Qumran-Sekte gemeinsam mit anderen Juden. In diese Kategorie gehören auch viele bisher völlig unbekannte Werke wie etwa die erwähnte para-biblische Erzählung des Genesis-Apokryphons, aber auch Weisheitstexte, apokalyptische, poetische, liturgische, kalendarische, religionsgesetzliche, magische, astrologische und physiognomische Schriften. In die Kategorie gruppenspezifischer Texte gehören Schriften, die mit eigenem Vokabular eine spezifische Gedankenwelt, ein besonderes Weltbild oder spezifische ethische Anweisungen ausdrücken und sich deutlich von dem unterscheiden, was wir von anderen Gruppen des damaligen Judentums kennen. Oft zeichnen sich diese Texte zudem durch ein Selbstverständnis aus, das die eigene Gruppe mit Verweis auf historische Ereignisse (Verfolgung etc.) oder endzeitliche Szenarien (z. B. Gericht) von allen anderen Menschen dezidiert absetzt. Doch um welche Gruppe handelt es sich bei den Nutzern der Qumrantexte? Bei der Beantwortung dieser Frage spielten bereits zu Beginn der

Qumranforschung auffällige Affinitäten eine Rolle, die man zwischen Texten aus Qumran, die Regeln für die eigene Gruppe aufstellten (1/4QS und CD/4QD), und Beschreibungen des Lebens der jüdischen Gruppe der Essener bei Philo, Plinius d. Ä. und Flavius Iosephus feststellte[4], sodass die Forschung heute mehrheitlich davon ausgeht, dass zumindest die gruppenspezifischen Texte des Qumrankorpus einigermaßen gut mit den Essenern in Verbindung zu bringen sind. Eine große Zahl von Forschern nimmt dies ferner als Basis dafür, das gesamte Korpus von Qumran als von Essenern genutzt zu sehen und die Bewohner der Siedlung insgesamt als Essener zu bezeichnen. Doch lassen die antiken Berichte nicht allein Übereinstimmungen mit Aussagen aus den Qumranschriften erkennen, sondern auch Unterschiede. Daher neigen viele Wissenschaftler dazu, die Identifikation der Qumranbewohner mit den Essenern zu nuancieren. Manche nehmen etwa an, dass die Qumranbewohner eine Splittergruppe der Essener darstellen, doch es könnte sich bei den Qumranbewohnern durchaus auch um eine Gruppe handeln, von denen unsere historischen Quellen nicht direkt berichten. Es ist in der Tat nicht notwendig vorauszusetzen, dass Flavius Iosephus mit seinem Schema der drei „jüdischen Parteiungen" (Pharisäer, Sadduzäer und Essener) sowie der „vierten Philosophie" (der Zeloten) tatsächlich alle jüdischen Richtungen umfassend habe beschreiben wollen.

Die Kriegsrolle

Besonders deutlich wird das Selbstverständnis der Gruppe in der sogenannten „Kriegsregel", von der ein fast vollständiges Exemplar in Höhle 1 (1QM) sowie Fragmente von sechs weiteren zum Teil variierenden Abschriften in Höhle 4 gefunden wurden (4QM[a–f]). Das Werk beschreibt den endzeitlichen Krieg zwischen den „Söhnen des Lichts" und den „Söhnen der Finsternis". Das in diesem Text greifbare dualistische Weltbild dokumentiert nach Meinung vieler Forscher das Selbstverständnis der Qumran-Gemeinschaft: Sie selbst sind die „Söhne des Lichts", die Guten, die gegen die bösartigen Mächte der Finsternis streiten und mit Gottes Hilfe am Ende den Sieg davontragen. Die Kriegsrolle ist auch ein gutes Beispiel für eschatologisch-apokalyptische Literatur. Ein Heer von Engeln unter Führung des Erzengels Michael helfen den „Söhnen des Lichts" im Kampf gegen die „Söhne der Finsternis", die zusammen mit den Dämonen unter Führung Belials streiten. Der endzeitliche Kampf besitzt somit kosmische Dimensionen. In Kolumne 10–14 von 1QM finden sich verschiedene liturgisch geprägte Abschnitte, die vielleicht bestimmte Praktiken widerspiegeln. Andererseits verweisen viele Forscher auch auf Übereinstimmungen mit hellenistischen und römischen Militärhandbüchern, freilich mit dem Unterschied, dass in der Kriegsrolle himmlische Wesen mitkämpfen und die ganze Beschreibung stark ideologisch geprägt ist.

Religionsgesetzliche Literatur: „Einige der Werke des Gesetzes" (4QMMT)

Juden legen seit jeher großen Wert auf die Befolgung ethischer und ritueller Vorschriften im Alltag. Da die betreffenden biblischen Anweisungen nicht immer deutlich genug sind und weil immer wieder neue Fragen eine Lösung erforderten, entspannen sich intensive Diskussionen um die rechte Interpretation und Anwendung der biblischen Vorschriften. Die Qumranschriften geben mannigfache Einblicke in diese oft recht kontroversen religionsgesetzlichen („halachischen") Debatten. Ein interessantes Beispiel dafür ist der Text MMT, von dem Fragmente von sechs Kopien in Höhle 4 gefunden wurden. MMT ist die Abkürzung für den hebräischen Ausdruck *miqtsat ma'ase ha-torah* – „einige der Werke des Gesetzes." Dieser Text hat die Form einer Epistel, in der die Absender (vermutlich die Anführer der Qumran-Gemeinschaft) mehr als zwanzig religionsgesetzliche Probleme auflisten und besprechen, in denen sie mit den Adressaten (vermutlich die Tempelautoritäten in Jerusalem) nicht übereinstimmten. Der Text beginnt mit den programmatischen Worten: „Und auch haben wir an dich geschrieben einige der Werke des Gesetzes, die wir als gut für dich und dein Volk halten". Umstritten waren u. a. Tempelopfer, priesterliche Abgaben, Fragen der kultischen Reinheit und verbotene Formen von Ehe. Im Licht späterer rabbinischer Literatur ist es bemerkenswert, dass viele Standpunkte der Absender von MMT mit der strengeren sadduzäischen Position übereinstimmen und im Gegensatz zur milderen pharisäischen Linie stehen. Sollte man MMT für die Essener oder eine damit verwandte Gruppe reklamieren können, dann würde dies die Verwandtschaft essenischer Lehren mit sadduzäisch-priesterlichen Kreisen unterstreichen.

Abb. 6: Ein zeitgenössisches Tintenfass im Israel Museum.

Abb. 7: Blick übers Tote Meer nach Osten.

Weisheitsliteratur: „4Q-Instruktion"

Einen wichtigen Teil biblischer Literatur bilden „weisheitliche" Texte, die mittels der Beobachtung der von Gott grundgelegten Ordnung in Natur und Gesellschaft Regeln für ein erfülltes, gottgefälliges Leben geben. Neben Fragmenten biblischer Weisheitsbücher (Hiob, Sprüche, Prediger und Jesus Sirach) sind auch andere, vorher unbekannte jüdische Weisheitstexte in Qumran gefunden worden. Das auffallendste Werk ist der sogenannte „Instruktionen-Text", der durch ein Fragment aus Höhle 1 und durch Fragmente von fünf Kopien aus Höhle 4 belegt ist. In dieser Komposition instruiert ein anonymer Lehrer seinen Adressaten (bezeichnet mit dem Titel „der Verständige" oder „Sohn eines Verständigen") über traditionelle Weisheitsthemen wie den geschickten Umgang mit Geld und Besitz oder das rechte

Verhalten in Gesellschaft und Familie. Ungewöhnlich ist, dass auch eine Frau direkt angesprochen wird und Weisungen hinsichtlich ihrer Haltung gegenüber ihrem Mann und ihrem Schwiegervater erhält. Dieser mehr oder weniger traditionelle Umgang mit weisheitlichen Themen wird im Instruktionen-Text interessanterweise mit deutlich eschatologischen Passagen kombiniert. Diese reden vom Endgericht und seinen Strafen als Motivation für weises und rechtschaffenes Handeln in der Gegenwart. In diesem Kontext wird der Leser (der „Verständige") ermahnt, intensiv über „das Mysterium das sein/kommen wird" (*raz nihyeh*) nachzudenken. Moderne Forscher sind sich nicht einig darüber, was mit diesem Ausdruck gemeint ist, und auch nicht darüber, wie die zwei Wörter *raz nihyeh* letztendlich übersetzt werden müssen. Wahrscheinlich spielt der Text auf offenbarte Weisheit an, doch ob diese „offenbarten Geheimnisse" wirklich in Buchform existierten oder vielmehr eine bestimmte Haltung gegenüber esoterischem Wissen repräsentierten, ist nicht klar.

Astrologische und physiognomische Schriften

Neben im engeren Sinne religiösen Schriften wurden in Qumran auch die ältesten Beispiele jüdischer „Wissenschaftsliteratur" gefunden: astrologische und physiognomische Werke aus 4Q. Unabhängig davon, wie man heute darüber denken mag, gehörten Astrologie und Physiognomik („Kunde vom menschlichen Aussehen") sowohl in der antiken babylonischen wie auch in der griechisch-römischen Kultur zu den anerkannten Wissenschaften. Unter Physiognomik verstand man die Fertigkeit, durch das Äußerliche eines Menschen sein Inneres zu erkennen und Voraussagen über sein Schicksal zu machen. Auch galt es als möglich, das Horoskop einer Person durch deren äußerliche Merkmale zu erfahren. Die astrologischen und physiognomischen Texte von Qumran sind einerseits vergleichbar mit Texten benachbarter Kulturen, andererseits besitzen sie aber durchaus auch ihr eigenes Profil.

Der astronomische Text 4Q318 erhält im ersten Teil ein Schema des Mondlaufs durch die Tierkreiszeichen für die Dauer von einem Jahr (*selenodromion*). Im zweiten Teil folgen Zukunftsvoraussagen anhand des Donners in einem bestimmten Tierkreiszeichen (*brontologion*). Ein anderes Beispiel für einen wissenschaftlichen Text ist die Liste 4Q186, in der astrologische Kenntnisse mit physiognomischen kombiniert werden. In mehreren Lemmata präsentiert der Text zunächst Beschreibungen von menschlichen Körpern. Danach folgen astrologische Einsichten über die jeweilgen Menschentypen auf Basis ihrer Horoskope und der Position ihrer Tierkreiszeichen beim Moment der Geburt.

Die große Bedeutung dieser Texte liegt einerseits darin, dass sie uns direkten Zugang zu einer Facette des antiken Judentums verschaffen, deren Existenz wir zwar vermuten konnten, für die es aber bisher keine direkten Belege gab. Zudem wird durch diese Texte deutlich, dass das antike Judentum von den wissenschaftlichen Entwicklungen in den Nachbarkulturen nicht isoliert war.

Sektarische Kommentare – Pesharim

Das Selbstverständnis der Qumrangruppe tritt uns besonders in Bibelkommentaren aus den Höhlen 1 und 4 entgegen. Diese Schriften erläutern biblische Bücher, insbesondere die Propheten (Habakuk, Nahum, Jesaja) Satz für Satz, wobei die biblischen Aussagen im Licht der historischen Situation der eigenen Gruppe verstanden und aktualisierend auf ihr Geschick hin ausgelegt werden. In Anlehnung an die Einleitungsformel *pischro* („seine Auslegung") werden diese Texte als „Pescharim" bezeichnet. In einigen dieser Kommentare wird eine Figur mit dem kryptischen Namen „Lehrer der Gerechtigkeit" (offensichtlich der Anführer der Gruppe) erwähnt, der von seinen Gegnern unter dem ebenso rätselhaften Anführer namens „Frevelpriester" bzw. „Lügenmann" bedrängt wurde. Berühmt ist die aktualisierende Auslegung von Hab 2:15 im Habakuk-Kommentar aus Höhle 1: „Seine Deutung betrifft den Frevelpriester, der den Lehrer der Gerechtigkeit verfolgt hat, um ihn zu vernichten im Zorn seiner Erregung im Haus seines Exils. Zur Zeit des Festtermins der Ruhe des Versöhnungstags erschien er ihnen, um sie zu vernichten und um sie zu Fall zu bringen am Tag des Fastens ihrer Sabbatruhe" (1QpHab XI 4–8).

Die Gemeinschaftsregel (1/4QS)

Ein letztes Beispiel gruppenspezifischer Literatur ist die bereits mehrfach erwähnte „Gemeinschaftsregel" (eine Kopie aus 1Q, zehn unterschiedliche Abschriften aus 4Q und eine Kopie aus 5Q). Aufgrund des Titels *serekh ha-yachad* wird das Werk mit dem Siglum „S" bezeichnet. Die Schrift vereinigt verschiedene literarische Formen (liturgisch, apokalyptisch, halachisch und poetisch) und steht neben der sogenannten Damaskusschrift (CD samt weiteren Abschriften aus 4Q) von allen Qumranschriften der Beschreibung der Essener bei Flavius Iosephus inhaltlich am nächsten. Die Variante aus Höhle 1 (1QS) ist nahezu komplett erhalten und beginnt nach einer Einleitung mit der Beschreibung einer Zulassungszeremonie zur Gemeinschaft (*yachad*), wobei die „Söhne des Lichts" gesegnet und die „Söhne der Finsternis" verflucht werden. Danach folgt eine Passage, in der erklärt wird, wie der Geist des Lichts und Wahrheit und der Geist der Finsternis und Ungerechtigkeit von Gott geschaffen und über die Menschen gesetzt wurden. Die beiden Geister dominieren die Geschicke auf Erden und kämpfen um die Herrschaft über die Menschen bis zum Eschaton, wenn Gott letztendlich auf Seiten des Lichts den Kampf entscheidet (sogenannte „Zwei-Geister-Lehre"). Daran schließt sich die eigentliche Gemeindeordnung an, die u. a. darlegt, zu welchem Ziel die Gemeinschaft existiert, nämlich um sich durch freiwillige Bekehrung von denen abzuwenden, die Böses tun, und sich der wahren Gemeinschaft derer anzuschließen, die das Gesetz befolgen und ihren Besitz miteinander teilen. Dieser Abschnitt enthält auch einen Strafkodex mit Anweisungen für bestimmte Verstöße. Die Sanktionen besitzen vor allem eine soziale Funktion, drohen mit dem Ausschluss von bestimmten Gruppenaktivitäten wie etwa Gemeinschaftsmählern oder im schlimmsten Fall gar der Exkommunikation von der Gruppe insgesamt. Nach diesen für die gegenwärtige Gruppe bestimmten Regeln folgt ein visionärer Entwurf einer zukünftigen Gemeinschaft, die einst wie ein geistiger Tempel in der Wüste in unmittelbarer Gottesnähe existieren wird. Das Ganze wird abgeschlossen mit einem Dankhymnus.

Obwohl man einige der gerade aufgeführten Schriften in der Tat als gruppenspezifisch bezeichnen könnte, ist in vielen anderen Fällen nicht so deutlich, ob man es mit einem sektarischen Text zu tun hat oder nicht. Viele Texte weisen nicht das charakteristische Vokabular auf oder zeigen nicht die typische Ablehnung gegenüber „den anderen". Dennoch ist es möglich, dass auch einige dieser Schriften von Mitgliedern der Sekte verfasst wurden. Daraus ergibt sich dann freilich die methodische Schwierigkeit, dass die Kriterien für sektarische Texte fließend werden. Viele Forscher vermuten zudem, dass ursprünglich nicht-sektarische Texte Vorläufer eigener Werke der Qumran-Sekte darstellen und trotz fremder Autorschaft vor allem in der Frühzeit der Gruppe großen Einfluss auf deren Theologie ausgeübt haben (sog. „proto-sektarische" Texte).

Natürlich liegt die Bedeutung der Qumran-Rollen keinesfalls allein darin, uns Zugang zur Gedankenwelt einer einzelnen Sekte zu eröffnen. Das gesamte Korpus hat uns bisher unbekannte Einblicke in die geistige Welt des antiken palästinischen Judentums ermöglicht, in seine theologischen Debatten, die Vielseitigkeit seines literarischen Schaffens, seinen Willen zur kulturellen Selbstbehauptung und seine Verflechtung mit benachbarten Kulturen. Nicht zuletzt für die Erforschung des Neuen Testament stellen die Funde vom Toten Meer daher eine unerschöpfliche Quelle dar, deren Erschließung noch keinesfalls abgeschlossen ist.

EN-GEDI

Palmengarten und königliche Oase

Abb. 1: Das Zentrum der Oase En-Gedi mit Tel Goren (Tell el-Jurn).

von Gideon Hadas und
Jürgen Zangenberg

Die Oase von En-Gedi liegt ungefähr in der Mitte des Westufers des Toten Meeres an der Stelle, wo das beste Süßwasser der Region in zahlreichen Quellen zutage tritt. Obwohl das Klima während der Sommermonate für Menschen kaum erträglich und die Oase etwas abgelegen ist, bestand dort für lange Zeit ein jüdisches Dorf.

DIE NATÜRLICHEN GRUNDLAGEN

Die Grenzen der Region am Toten Meer reichen von Jericho im Norden nach Zoara im Süden, mit den steil abfallenden Klippen des Großen Grabenbruchs im Westen und Osten. Antike jüdische und nichtjüdische Quellen nannten diese Region „das Tal" (Jos 13,19). Die Bezeichnung „Totes Meer" gibt es im Hebräischen nicht, dort heißt es gemäß dem auffälligsten Charakteristikum schlicht „Salzmeer". In diesem Beitrag soll jedoch der gebräuchliche Begriff „Totes Meer" gebraucht werden.

Mit heute 420 m unter dem Niveau des Mittelmeeres markiert die Oberfläche des Toten Meeres den tiefsten Punkt der Erde. Die Wasserfläche misst 80 km in der Länge und 17 km in der Breite und gleicht einer nach Norden ausgestreckten Gurke. Am Westrand des Toten Meeres erheben sich Berge und Klippen ungefähr 200 m über den Spiegel des Mittelmeeres, im Osten sind sie noch höher. Das Meer selbst ist ein Wasserendpunkt, der früher das meiste Wasser aus dem Jordan bezog. Die gesamte Fläche, deren Wasser dem Toten Meer zufließt, ist heute aufgeteilt zwischen Israel, Jordanien, Ägypten, Syrien, Libanon und den Palästinensischen Gebieten und beträgt 40.000 km².

An der Nordhälfte ist die Uferlinie des Toten Meeres unpassierbar, da das Wasser an der Ostseite die Klippen erreicht und der Wasserstand an der Westseite durch Überflutungen und ständige Fluktuation des Spiegels beeinflusst wird. Lediglich die Südhälfte des Toten Meeres eignete sich für Warenverkehr über Land, da hier die Klippen bei En-Gedi im Westen und der Lisan-Halbinsel („Die Zunge") im Osten jeweils recht weit vom Ufersaum entfernt sind.

Das Tote Meer liegt in einer Wüstenregion. Ausreichend Frischwasser und gutes Land zu dichter Besiedlung gibt es nur an seinen Enden, in Jericho im Norden, einigen kleineren Stellen entlang des Ufers (zu denen En-Gedi gehört) und in Zoara im Süden. Das regionale Klima ist arid, im Sommer heiß und trocken; hohe Sonnenstrahlung und Sandstürme machen das Leben für Menschen unerquicklich. Der Winter ist angenehm und gemäßigt, weshalb die Hasmonäerkönige und Herodes sich in Jericho – nur eine Tagesreise von Jerusalem entfernt – prachtvolle Winterpaläste errichten ließen. Die durchschnittliche jährliche Regenmenge beträgt am Nordende des Toten Meeres etwa 100 mm und im Süden bei Sodom weniger 50 mm. Im Winter kann es jedoch manchmal zu ausgiebigen Regenfällen kommen, die in den Trockentälern zu blitzartigen Überschwemmungen führen. Dies kann in einem einzigen Winter durchaus mehrmals geschehen, wobei selbst die künstlichen Wassersammler in den Wadis immer wieder zerstört werden (zu den Einzelheiten vergleiche den Beitrag von F. H. Neumann, E. J. Kagan und M. Stein in diesem Band).

Die Oase von En-Gedi hat die Form eines Trapezes: Das schmale Ende liegt im Osten am Ufersaum des Toten Meeres und die Basis wird durch den Fuß der hohen Klippen im Westen gebildet (Abb. 1). Die bebaute Fläche der Oase neigt sich nach Osten und umfasst die obere Zone, den Abhang und eine untere Ebene. Nahal David und Nahal Arugot begrenzen die Oase jeweils im Norden und Süden. Pro Jahr erreichen nur ungefähr 50 mm Regen die Oase, meistens verteilt über wenige Tage und gelegentlich als Starkregen, was immer wieder zu schweren Schäden führt.

Die Quellen von En-Gedi geben das beste Süßwasser entlang des Westufers des Toten Meeres. Sie werden im Judäischen Gebirge vom natürlichen Reservoir (Aquifer) gespeist und enthalten nur 77 mg Chlor pro Liter, während die Konzentration in En-Boqeq 550 mg und bei Ain-Feshkha (Enot Zuqim) sogar 1,7–40 g pro Liter beträgt. An der Quelle von Jericho, die ca. 10 km nördlich des Toten Meeres liegt, sind nur 28 mg pro Liter zu messen. Vier Quellen schütten heute in der Oase En-Gedi: David, Shulamit, En-Gedi und Arugot. Alle entspringen ca. 200 m unterhalb des Mittelmeerspiegels und liefern stündlich zusammen ca. 400 m³ Wasser. In der Antike existierten zusätzlich sieben weitere kleine Quellen, die seither entweder durch Vernachlässigung, als die Oase nicht permanent besiedelt war, durch Änderungen im Wasserfluss oder durch andauernde seismische Aktivitäten blockiert sind.

Während der Arbeit an der archäologischen Karte von En-Gedi wurden zwei Hauptbesiedlungsphasen festgestellt: die frührömische und die byzantinische Periode. Den augenscheinlichen Gegensatz zwischen der Größe der in der Antike in der Oase bearbeiteten Fläche und der geringen Schüttung der Quellen heute erklären viele Forscher seit dem Beginn des 20. Jhs. damit, dass die geringe Wassermenge durch Klimaveränderungen verursacht wurde. Es scheint in der Tat, als ließen sich die prosperierenden Siedlungsperioden auf höhere Niederschlagsmengen zurückführen, die die Schüttung der Quellen erhöhten und so auch die Größe der bebaubaren Fläche beeinflusst haben. Dasselbe Phänomen konnte man auch im Negev beobachten, wo Klimaveränderungen – neben der Aktivität des Menschen – der Hauptgrund für die Blüte der Negevstädte während derselben Perioden war – wie auch für deren Aufgabe jeweils am Ende dieser Phasen.

Die Verkehrsverbindungen stellen einen weiteren Faktor für die Entwicklung der Hauptsiedlungen der Region dar. Jericho und Zoara lagen an wichtigen Knotenpunkten des innerpalästinischen Landverkehrs, im Unterschied zu En-Gedi. Aber in der Region des Toten Meeres gab es selbstverständlich Schiffsverkehr, der die für die Region typischen geografischen und sicherheitsbezogenen Probleme löste. Das Segelboot war das hauptsächliche Transportmittel über Wasser, der Esel über Land. Der Vorteil eines Bootes war seine größere Transportkapazität und die kürzere Reisedauer, die es dem Passagier ersparte, durch feindliche Gebiete reisen zu müssen. Die beiden über das Tote Meer fahrenden und mit zwei Arten von Salz beladenen Segelboote auf der Madeba-Karte sind berühmt, zudem sind Zeichnungen von anderen Schiffen aus Masada bekannt. Bedeutsam sind auch zwei hölzerne Anker samt Seilen, die kürzlich von den Verfassern am Strand von En-Gedi gefunden wurden.[1]

WIRTSCHAFT

Stets haben Menschen die natürlichen Schätze der Region um En-Gedi ausgebeutet. Sesshafte Bauern lebten von künstlicher Bewässerung. Die Kombination aus aridem Klima und systematischer Bewässerung ermöglichte es den Menschen, die Schwierigkeiten eines harten, trockenen und heißen Klimas zu ihrem wirtschaftlichen Nutzen zu überwinden. Damals wie heute gewann man Salz und Bitumen (Asphalt) aus dem Toten Meer, Steinsalz aus den Bergen bei Sodom und Sulfidkristalle, die an Land gefunden wurden, zudem bedeutsame Mineralvorkommen.

Im Gegensatz zur guten Wasserqualität ist der Boden der Oase karg und steinig. Die Krume ist ein Produkt der nahen Kalkstein- und Dolomitfelsen, die gut 80–100 Millionen Jahre alt sind. Um die Oase in ihrer ganzen Fläche von ca. 1100 Dunams am Hang und in der Ebene kultivieren zu können, mussten durch das Wegschaffen von Steinen mühsam Terrassen angelegt und guter Boden hergestellt werden. Die Bauern brachten dazu fruchtbare Erde aus dem Bett der Wadis und reicherten diesen mit vor Ort gewonnenem Kompost aus tierischen und menschlichen Fäkalien und Abfall an. Die zahllosen von Terrassen, die man heute sehen kann, sind das Resultat harter Arbeit von Generationen fleißiger Oasenbewohner – Routinetätigkeit eines jeden Bauern in bergigen Regionen bis in die ersten Jahre des modernen Kibbutz En-Gedi (Abb. 3).²

Die ganzjährig schüttenden Quellen ermöglichten den Bewohnern der Region ein auskömmliches Leben auf der Basis von Be-

Abb. 2: Straße im byzantinischen Dorf von En-Gedi, zu beiden Seiten Wohnhäuser mit Läden.

Abb. 3: Blick nach Süden über das weite Halbrund der Oase En-Gedi zwischen Gebirgsabfall, Terrassierungen und Totem Meer.

wässerungswirtschaft. Hilfreich war, dass die Quellen oberhalb der Felder und der gleichmäßig getreppten Anbauterrassen entsprangen. Die hauptsächliche Methode der Feldbewässerung war daher die gesteuerte Überflutung der landwirtschaftlichen Fläche En-Gedis durch Ausnutzung des überall recht steilen Hanggefälles. Das Wasser wurde durch ein ausgeklügeltes System aus Quelle, Wasserleitung, Bassin, Graben und Feldterrassen verteilt. Ein Aquädukt leitete das Wasser in ein Reservoir, ein gut gemauertes und verputztes Sammelbecken, dann brachte ein Graben das Wasser zur obersten Terrasse eines bestimmten Grundstücks. Nachdem es diese getränkt hatte, ließ man das Wasser Schritt für Schritt auf die jeweils darunter liegende Terrasse fließen. An jedem Grundstück hingen Wasserrechte, die die Zeiten für die Bewässerung nach Stunde und Wochentag festlegten, wie es aus einem Papyrus aus Nahal Hever bekannt ist (XHev/Se 64; vgl. P. Yadin 7; zu den Einzelheiten vgl. den Beitrag von G. Faßbeck in diesem Band).

Die Bauern erzeugten im Wesentlichen Getreide, Gemüse und Obst. Natürlich führten die klimatischen Bedingungen des Toten Meeres dazu, dass nur Pflanzen angebaut wurden, die hier gut gediehen und größtmögliche Erträge versprachen, so z. B. Gerste, Dattelpalmen und Duftsträucher. Gerste ist die einzige Getreideart, die in der Region am Toten Meer gut wächst; sie wurde als Futter für Last- und Pflugtiere genauso genutzt wie auch zum Backen von Brot und zum Brauen von Bier für die Menschen. Bier war ein weit verbreitetes Getränk in Ägypten und Babylon. Gerstenkörner wurden in vielen Fluchthöhlen in der Judäischen Wüste gefunden. Weizen jedoch gedieh nicht gut und man kaufte ihn daher besser von den Bauern, die auf der Hochebene östlich des Toten Meeres wohnten.

Die seltsamste und berühmteste Pflanze unter den Würzsträuchern war der Balsam (*bosem* oder *afarsemon* in hebräischen und *opobalsamon* in griechischen Quellen). Diese exotische Pflanze war in römischer Zeit gut bekannt als ertragreichstes Gewächs, das am Toten Meer gezogen wurde. Der griechische Universalgelehrte Theophrastos (372–288 v. Chr.) erwähnte als erster zwei *paradeisoi* (vermutlich Domänen) in Jericho und En-Gedi, wo Balsam wuchs (*Historia plantarum* 9,6,14). Plinius und Flavius Iosephus ergänzen diese Nachricht (Plinius, *Naturalis historia* 12,111–123; Flavius Iosephus, *Bellum Iudaicum* 4,468–469; *Antiquitates Iudaicae* 8,147; 9,7; vgl. schon im AT Ex 30,23 u.ö.).[3]

Die vorherrschende Nutzpflanze war jedoch die Dattelpalme. Die Region zwischen Irak und Iran gilt als natürlicher Lebensraum der Dattelpalme, ebenso wie das Gebiet am Toten Meer, wo sie heute noch wild wächst. Die Dattelpalme war eine der ersten Pflanzen, die vom Menschen domestiziert wurde. Sie liebt heiße Klimazonen mit einer Durchschnittstemperatur von über 18° C, sonst reift die Frucht nicht. Darum gibt es viele Dattelplantagen in den heißen Binnentälern Israels, im Großen Grabenbruch, dem Jordantal, am Toten Meer und in der Arava. Viele historische Quellen erwähnen sie bei der Beschreibung der regionalen Landwirtschaft am Toten Meer an allererster Stelle. Dokumente aus den Fluchthöhlen bei En-Gedi zählen sogar die verschiedenen Dattelsorten auf, die in Mahoza nahe Zoar am Südostende des Toten Meeres angebaut wurden: „die von Na'aran" (ein Ort bei Jericho), „die Syrische" und „die Pralle". Palmen werden zudem nahe jeder Siedlung der Region auf der Madeba-Karte abgebildet. Datteln stellen ein einzigartiges Nahrungsmittel dar, sind reich an Energie und enthalten 85 % Zucker. Sie können ohne besonderen Aufwand lange gelagert werden, sind einfach zu packen und zu transportieren. Die Frucht konnte roh gegessen werden und war dank ihrer leichten Transportierbarkeit sehr beliebt bei Reisenden wie auch bei Sesshaften. Die besten Datteln wurden damals wie heute auch exportiert. Der römische Gourmet Apicius führte besonders große Datteln (*palmulae*) im 1. Jh. n. Chr. als Delikatesse in seinem Kochbuch an (7,13,1). Aufgrund der geringen Größe konnten Datteln leicht gezählt und verarbeitet werden. Ein oder zwei Datteln entsprächen heute etwa ein bis zwei Teelöffel (20–30 g) Zucker.

Das Leben der Oasenbewohner ist in vielfältiger Weise mit der Kultivierung der Dattelpalme verbunden. Der Mensch muss sich um die Bäume sorgen, die umgekehrt viele Bedürfnisse der Menschen decken können, wie zu lesen ist: „Kein Teil der Palme verdirbt: die Datteln sind zum Essen, die *Lulavzweige* zum Schwenken in Jubel an Sukkot, die trockenen Zweige zum Dachdecken, die Fasern für Seile, die Blätter für Siebe und der Stamm zum Hausbau" (*Midrasch Bamidbar Rabba* 3,1). Die archäologischen Begehungen und Ausgrabungen in den landwirtschaftlichen Terrassen von En-Gedi bestätigten, dass auch noch der letzte Rest der Dattelpalmen als Brennstoff zum Kochen und Backen in den Dorföfen verwendet wurde. Die Asche wurde dann mit Haushaltsabfall vermischt und auf den Terrassenfeldern verstreut. Noch heute ist dies überall in der antiken Landwirtschaftszone der Oase sichtbar.

GESCHICHTE

Seit Beginn der modernen Erforschung des Landes Israel und Palästina im 19. Jh. zog auch das Gebiet am Toten Meer das Interesse der Forscher auf sich. Ernst Sellin und Kurt Watzinger führten zu Beginn des 20. Jhs. Grabungen auf Tell es-Sultan in Jericho durch, John Garstang setzte diese in den 30er Jahren, Dame Kathleen Kenyon in den 50er Jahren des 20. Jhs. fort. Die Entdeckung der Qumranrollen führte zur Plünderung zahlreicher Höhlen in der Judäischen Wüste und zum Wettlauf der Beduinen mit den Archäologen. Die israelischen Behörden führten daraufhin selbst die systematische Erforschung der Höhlen im Rahmen der *Judean Desert Caves Archaeological Exploration* durch, in deren Verlauf zahlreiche bedeutsame Funde gemacht wurden (Bar-Kochba-Briefe, Archiv der Babatha, chalkolithischer Hort in der „Schatzhöhle").

Im Zuge dieser Aktivitäten der 1950er Jahre begann auch En-Gedi seine Geheimnisse preiszugeben. Zunächst führten Yohanan Aharoni und Yosef Naveh einen archäologischen Survey durch, dann grub Benjamin Mazar in den 1960er Jahren auf Tell Goren (Tell el-Jurn), untersuchte dort das römische Bad und entdeckte das chalkolithische Heiligtum. In den 1970ern deckten Dan Barag, Yosef Porat und Ehud Netzer die Synagoge auf, Yizhar Hirschfeld erforschte das byzantinische Dorf im Umkreis der Synagoge (Abb. 2).[4] Seit Anfang des 21. Jhs. hat Gideon Hadas begonnen, das Dorf aus hellenistisch-römischer Zeit (Zeit des Zweiten Tempels) auszugraben. Das Bild, das die Grabungen erbrachten, ist sehr komplex und dokumentiert die wechselvolle Geschichte dieses einzigartigen Ortes.

Die erste dauerhafte menschliche Ansiedlung in En-Gedi geht bis in die letzte Phase des Chalkolithikums zurück, als man nahe der Quelle ein Heiligtum errichtete (ca. 3150 v. Chr., siehe dazu auch den Beitrag von W. Zwickel in diesem Band). Der Metallhort aus Hunderten kupferner Keulen und Kronen, den Pessach Bar-Adon in der „Schatzhöhle" im Nahal Mishmar entdeckte, stammte offensichtlich aus diesem Heiligtum. Auffälligerweise wurde bis heute noch kein einziges zeitgenössisches Wohngebäude in der Oase gefunden. Dies steht im starken Kontrast zur Tatsache, dass in fast jeder Höhle der Judäischen Wüste Spuren dieser Kulturepoche angetroffen wurden. Dasselbe Phänomen setzte sich fort, als die großen bronzezeitlichen Städte der Region wie etwa Arad, Jericho oder weitere am Ostufer des Toten Meeres gelegene Siedlungen existierten. Offensichtlich wurde die Gegend um En-Gedi nur von hindurchziehenden Gruppen genutzt, die dort während einer zeitlich begrenzten Phase ein Heiligtum errichteten.

Obwohl biblische Texte En-Gedi bereits in der Zeit Sauls und Davids erwähnen (1Sam 24) und der Ort in Listen aus Landnahmezeit auftaucht (Jos 15,61–62, entstanden jedoch erst um 640 v. Chr.), datieren die frühesten archäologischen Befunde derzeit nicht vor die zweite Hälfte des 7. Jhs. v. Chr. (Eisenzeit II, Epoche des Ersten Tempels). Damals entstand auf dem nur etwa 3500 m² großen Tell Goren die erste Phase einer Festung, die zusammen mit Resten eines außerhalb liegenden Dorfes der Sicherung der Oase und der Gewinnung und Lagerung von Naturprodukten (Getreide, Datteln, Balsam) diente (Abb. 1). Vermutlich baute König Josia (640–609 v. Chr.) En-Gedi und eine Reihe weiterer Befestigungen systematisch aus. Seither haben judäische Könige bis hin zu Herodes immer wieder enge Verbindungen zu En-Gedi unterhalten. Nach dem Ende der judäischen Königszeit durch die Babylonier im Jahre 586 v. Chr. existierte die Festung als Parfümwerkstatt fort, nun aber unter fremder Herrschaft (edomitische und phönizische Präsenz ist nachgewiesen). Erst gegen Ende des 4. Jhs. v. Chr. wurde Tell Goren aufgegeben und der Siedlungsschwerpunkt wanderte an einen anderen Ort der Oase. Über die spätpersisch-frühhellenistische Zeit ist wenig bekannt, doch macht sich jüdische Präsenz um 400 v. Chr. durch Henkel mit charakteristischem Stempel YHWD (Yehud) ebenso bemerkbar, wie in literarischen Erwähnungen (Hld 1,13f; Ez 47,10). Nur wenige Quellen aus frühhellenistischer Zeit nehmen auf die Region am Toten Meer Bezug. So berichtet etwa Hieronymus von Kardia, dass der syrische König Antigonos Monophthalmos („der Einäugige") die arabischen Nabatäer überfallen hat, um ihnen Myrrhe, Weihrauch und Bitumen aus dem Toten Meer zu rauben. Antigonos sandte sogar eine spezielle Delegation in die Region, um das Bitumen zu bergen. Zu diesem Zweck bauten die Männer Schiffe, um das Tote Meer zu befahren, wurden aber von den Nabatäern auf dem Wasser im Kampf geschlagen.[5]

Erst im Zuge der Eroberung Idumäas durch Johannes Hyrkanus (134–104 v. Chr.) wurde die jüdische Kontrolle auch über En-Gedi wiederhergestellt. Seither fungierte die Oase als königliche Domäne und man ging vor allem unter Hyrkans Nachfolger Alexander Jannäus (103–76 v. Chr.) sofort daran, Kolonisten anzusiedeln und die Reichtümer der Region konsequent auszubeuten. Der Aufschwung der Oase verdankte sich neben direktem königlichen Interesse auch der Tatsache, dass nun das gegenüberliegende nördliche und zentrale Ostjordanland ebenfalls von den Hasmonäern kontrolliert und der Enfluss der Nabatäer zurückgedrängt wurde. Alexander Jannäus (103–76 v. Chr.) besiegte die Nabatäer in einer Reihe von Auseinandersetzungen über die Kontrolle der Handelsrouten, die den Süden und Osten des Landes durchzogen und die Endpunkte des lukrativen Handels zwischen Südarabien und dem Mittelmeer bildeten. Durch all diese Maßnahmen wurde das Tote Meer faktisch zu einem Binnengewässer. En-Gedi stieg zum Hauptort eines gleichnamigen Verwaltungsbezirks auf (toparchia; Flavius Iosephus, *Bellum iudaicum* 3,55–56), was auch verständlich macht, warum die Bautätigkeit an vielen unterschiedlichen Orten in der gesamten Region (nicht zuletzt auch in Qumran) in mehr oder minder ähnlichen Bahnen ablief.

Die Siedlung auf Tell Goren wurde im Laufe des 1. Jhs. v. Chr. aufgegeben, der Siedlungsschwerpunkt verlagerte sich nach Nordosten auf eine weit ausgreifende Ebene südlich des Nahal David, wo bis weit ins 7. Jh. n. Chr. ein wohlhabendes jüdisches Dorf bestand (Abb. 2). In dieser Zeit entstanden punktuell auch an anderen Orten der Oase Niederlassungen (etwa die sogenannte „Essener-Siedlung" am Abhang oberhalb der Oase)[6], Anlagen zur Gewinnung und Lagerung landwirtschaftlicher Produkte, kleinere Befestigungen zur Kontrolle der Region (Metzad Arugot), Gräber sowie Installationen zum Wassermanagement, die keinesfalls alle kontinuierlich nebeneinander existierten, sondern ihre ganz eigene Geschichte haben. Hinzu kommt sicher eine Anlegestelle am Ufer des Toten Meeres, die durch Anker nachgewiesen wurde.[7] All dies zeigt, dass eine Oase

Abb. 4a.b: Mosaiken in der Synagoge von En-Gedi.

אדם שת אנוש קינן ומהללאל ירד
חנוך מתושלח למך שם חם ויפת

עלו שוים חושבים קרבן שהן בתוך
שרונים עקרב קשת גדי ודלים
נטו אויר עשו חטאו אב איוב

השא אברהם פסח של
אדם לדורות עולם

wie En-Gedi (oder etwa auch Jericho) ein siedlungsgeografisch komplexes Gesamtgefüge ist, das auf die optimale Ausnutzung der natürlichen Ressourcen ausgerichtet ist.

Ein Resultat des Niedergangs hasmonäischer Macht am Ende des 1. Jhs. v. Chr. und der zunehmenden Eingriffe der Römer seit Pompeius im Jahre 64 v. Chr. war, dass die Dattel- und Balsamplantagen von Jericho vorübergehend an Kleopatra VII. von Ägypten übergingen. Herodes pachtete diese Rechte von Kleopatra zurück, um von den Plantagen und den benachbarten Nabatäern Steuern einzutreiben. Als Octavianus seinen Rivalen Marcus Antonius und seine Geliebte Kleopatra in der Schlacht von Actium besiegt hatte (31 v. Chr.), erhielt Herodes die Oase von Jericho zurück. Undeutlich ist bisher, in welchem Maße En-Gedi durch diese Umwälzungen betroffen war. Vermutlich aber war der bisher oft vermutete Niedergang nicht so dramatisch, da mit der Aufgabe der Anlagen auf Tell Goren die Oase nicht völlig verlassen wurde, sondern sich allein lokaler Schwerpunkt und Struktur der Besiedlung änderten. Bis zum Ausbruch des Ersten Aufstands 66 n. Chr. blieb die Oase in den Händen der herodianischen Familie, die Bewohner litten aber entsetzlich unter den Folgen des Krieges. Die Römer konfiszierten die Oase und damit die Domäne, faktisch wurde der Ort aber lange Zeit von einer besonders radikalen Gruppe Aufständischer (Sikarier) kontrolliert, die von ihrem Stützpunkt Masada aus nicht zuletzt auch die Bewohner von En-Gedi mit Überfällen und Plünderungen heimsuchten (Flavius Iosephus, *Bellum Iudaicum* 4,398–409).

Die Grabungen im hellenistisch-römischen Dorf von En-Gedi (Abb. 2.3), das die Nachfolge von Tell Goren antrat und derzeit durch Mitarbeiter der *En-Gedi Oasis Excavations* ausgegraben wird, geben einen guten Einblick in das Leben vor dem Ersten Aufstand. Bisher wurde eine Reihe nebeneinanderliegender Wohngebäude gefunden (Abb. 2). Keramik, Gefäße aus weichem Kalkstein und viele jüdische Münzen wie auch einige nabatäische Münzen dokumentieren Alltag, Handel und Gewerbe. Aus einigen jüngeren Häusern und zuweilen unter den Mauersteinen kamen einige im Stil des 1. Jhs. v. Chr. behauene nubische Sandsteinblöcke zum Vorschein, die zeigen, dass ein gewisser Wohlstand herrschte. Die jüngsten Münzen aus dem „zweiten Jahr" des Aufstands gegen Rom belegen eindeutig, dass das Dorf nicht vor 67/68 n. Chr. zerstört wurde.

Nach dem Krieg lag En-Gedi in Schutt und Asche (Plinius, *Naturalis historia* 5,73). Die Balsam- und Dattelplantagen sorgten jedoch dafür, dass der Ort bald wieder aufgebaut und – nun eine kaiserliche Domäne – dem Distrikt von Jericho zugeordnet wurde. Ein Papyrus aus dem Jahr 124 bezeichnet En-Gedi explizit als „Dorf unseres Herrn des Kaisers" (P. Yadin 11 1–2; vgl. auch P. Hev 67 1–3).[8] Eine ältere Badeanlage wurde nach dem Ersten Aufstand unter Verwendung zahlreicher herbeigeschaffter Architekturteile wieder hergerichtet und als Militärbad genutzt. Menschen siedelten sich wieder an und das Leben schien zur Normalität zurückzukehren, als ein zweiter Aufstand ausbrach (132–135) und En-Gedi wiederum schwer in Mitleidenschaft zog. Durch Papyri von Flüchtlingen, die sich in die Höhlen bei En-Gedi zurückgezogen hatten, wissen wir, dass En-Gedi zentrale Bedeutung als Rebellenhochburg besaß und erhalten auch einige schlaglichtartige Einblicke in die schwierige Zeit des Widerstands gegen Rom. In mehreren Höhlen im Umkreis von En-Gedi wurden Spuren aus der Zeit des Zweiten Aufstands gefunden. Münzhorde und versteckte Wertgegenstände, aber auch Spuren von ganz alltäglicher vorübergehender Bewohnung (Geschirr, Textilien, Wollreste, Matten) zeugen von den Wirren des Krieges.[9]

Auch nach diesem Krieg wurde En-Gedi wieder aufgebaut und konnte – wie die Grabungen Yizhar Hirschfelds zeigen – an den vormaligen Wohlstand anknüpfen. Im 4. Jh. n. Chr. beschreibt der Kirchenvater Eusebios von Caesarea En-Gedi als „großes Dorf der Juden" (*Onomastikon* 86,18). Der Großteil der von Hirschfeld ausgegrabenen Gebäude stammt aus der Zeit nach dem Zweiten Aufstand. Berühmt ist vor allem die bereits in den 1970er Jahren entdeckte Synagoge des 6. Jhs., die große Mosaikflächen mit Inschriften beherbergt (Abb. 4). Viel diskutiert ist vor allem die lange Inschrift, die den Einwohnern verbietet, das „Geheimnis des Dorfes" preiszugeben. Was sich dahinter verbirgt, ist bis heute letztlich unbekannt.[10] Einge vermuten, dass das „Geheimnis" mit der Balsamherstellung verbunden ist, andere spekulieren, es handele sich um Teile antiker Gebete. Sicher ist, dass ein Feuer die Synagoge mitsamt dem Dorf im 7. Jh. zerstörte. So kam eine kontinuierliche jüdische Besiedlung zu ihrem Ende, die erst im 20. Jh. nach der Gründung des Staates Israel wieder aufgenommen wurde.

MASADA
und die Palastfestungen des Herodes

Abb. 1: Imposant im Abendhimmel: Das Plateau von Machaerus, von Südost aus gesehen.

von Katharina Galor

Nur wenige antike Monumente sind so stark von einer Persönlichkeit geprägt wie die Paläste und Palastfestungen des Königs Herodes. Ob wirklich er als Herrscherpersönlichkeit hinter der Errichtung dieser faszinierenden Anlagen stand oder ob diese eher das Resultat bestimmter sozialer, wirtschaftlicher, politischer und kultureller Bedingungen sind, ist umstritten.[1] Doch wahrscheinlich spielen alle diese Faktoren eine Rolle und prägen den außergewöhnlichen Charakter dieser architektonischen Meisterwerke.[2] Zu den besterhaltenen Bauprojekten des Herodes gehören die königlichen Prachtbauten, die die Wüstenlandschaft westlich und östlich des Toten Meeres zieren. Zugleich Fremdkörper und von exquisiter Exzellenz fügen sich diese abgelegenen Luxusdomizile fast harmonisch in die vermeintliche Monotonie der Landschaft ein.

Unsere Fähigkeit, diese herodianischen Bauten fast bis ins kleinste Detail wieder vor Augen treten zu lassen wie sie vor 2000 Jahren ausgesehen haben, basiert hauptsächlich auf zwei Faktoren. Erstens verfügen wir über die oft äußerst detaillierten Schilderungen des Flavius Iosephus, der uns als Zeitgenosse nicht nur mit der politischen, religiösen und kulturellen Realität der hasmonäischen und herodianischen Welt vertraut macht. Er ermöglicht uns auch einen relativ genauen Einblick in die architektonischen Meisterwerke der damaligen Elite. Auch wenn er nicht persönlich jedes der hier aufgezählten Monumente besucht hat – Masada, Herodium, Machaerus und Kypros – so standen ihm wenigstens für die erstere Festung höchst verlässliche Schilderungen zur Verfügung. Der zweite Faktor, der dazu beiträgt, dass unsere Kenntnis der Herodes-Paläste in dieser Region außergewöhnlich gut ist – insbesondere im Vergleich mit seinen Palästen in Jerusalem und Caesarea – hängt mit den klimatischen und siedlungsgeschichtlichen Gegebenheiten zusammen, die einerseits nur vergleichsweise geringe Bautätigkeit ermöglicht, andererseits aber dazu beitragen haben, dass archäologische Reste gut erhalten geblieben sind.

MASADA

Masada (abgeleitet von hebräisch *metzuda* = Festung) ist ohne Zweifel die beeindruckendste in der Serie der Palastfestungen (Abb. 2), nicht nur vom baugeschichtlichen, sondern auch vom historischen Standpunkt aus.[3] Der wie ein Diamant natürlich geformte Fels befindet sich in unmittelbarer Entfernung vom südwestlichen Ufer des Toten Meeres. Die befestigte Gipfelfläche misst von Norden nach Süden 600 m und von Osten nach Westen 300 m und hebt sich deutlich vom umgebenden Gelände ab.

103

Abb. 2: Masada aus der Luft, von Nordwest aus gesehen. Im Vordergrund links der dreistufige Nordpalast, dahinter auf dem Plateau das Bad und die Vorratsmagazine, rechts die von den Römern aufgeschüttete Angriffsrampe.

Erstmals von Edward Robinson im 19. Jh. entdeckt und mit der von Flavius Iosephus erwähnten Festung identifiziert (siehe Flavius Iosephus, *Bellum Iudaicum* 1,236-238.264–267.286–287; 2,433–434.446–447; 7,252–407; Strabon, *Geographica* 16,2,49; Plinius, *Naturalis historia* 5,74), wurden der Fels mit seinen natürlichen und von Menschen geschaffenen Gegebenheiten zunächst 1842 vom amerikanischen Missionar S. W. Wolcott und dem englischen Maler W. Tipping gezeichnet. Genauere Vermessungen und Aufzeichnungen, die allen späteren Studien als Grundlage dienten, wurden 1932 von dem deutschen Gelehrten A. Schulten angefertigt. Der größte Teil unserer baugeschichtlichen Kenntnisse stammt jedoch von den Ausgrabungen, die zwischen 1963–1965 unter der Leitung von Yiga'el Yadin durchgeführt und in den 90er Jahren in einer umfassenden fünfbändigen Edition durch ein interdisziplinäres Team veröffentlicht worden sind.[4]

Flavius Iosephus zufolge wurde der Fels zum ersten Mal vom Hohepriester Jonathan um etwa 153 v. Chr. befestigt (*Bellum Iudaicum* 7,285). Es ist nicht ganz klar, ob es sich um Jonathan den Makkabäer oder um Alexander Jannäus handelt, doch können – abgesehen von ein paar Tonscherben – keine Überreste der späthellenistischen Epoche zugewiesen werden. Die Bauten, die Masada bis heute am deutlichsten prägen, wurden unter Herodes dem Großen errichtet. Beträchtliche Änderungen lassen sich der Zeit der Besetzung durch die Zeloten während des Ersten Aufstandes gegen Rom zuordnen (66–73/74 n. Chr.). Obwohl die jüdischen Aufständischen kaum neue Gebäude errichteten, bevor sie sich durch ihren legendären Selbstmord der Gefangennahme durch den römischen Feldherrn Flavius Silva entzogen, kann man sie für den größten Teil der Umbauten und Zerstörungen innerhalb der herodianischen Anlage verantwortlich machen. Nach der Eroberung stationierten die Römer eine

römische Garnison auf Masada, um die Ostflanke Judäas zu sichern. Die Soldaten zogen aber nicht lange nach der Umwandlung des Königreichs der Nabatäer in die römische *Provincia Arabia* um das Jahr 116 n. Chr. wieder ab. Aus dieser Epoche stammen einige interessante Textfunde sowie wohl auch die berühmten Skelette in der großen Zisterne, die in der populären Literatur oft als Überreste der letzten Zeloten angesehen werden. Erst im 6./7. Jh. n. Chr. war das Felsplateau dann wieder besiedelt. Die kleine Kirche der byzantinischen Mönchsgemeinde von Marda ist noch heute inmitten der gewaltigen herodianischen Baureste zu sehen.

Der gründlichen architektonischen und stratigrafischen Analyse Ehud Netzers ist es zu verdanken, dass wir heute die herodianischen Bauphasen auf Masada in drei Gruppen aufteilen können. Zur ersten Phase der Jahre um 35 v. Chr. gehören der innere Kern des westlichen Palastes, die drei kleineren Paläste Nr. 11, 12 und 13,

Abb. 3: Die Vorratsmagazine nahe des Nordpalastes. Hier wurden zahlreiche Amphoren mit Luxusgütern (z. B. Wein oder Äpfel aus Süditalien) gefunden, adressiert an „Herodes, König in Judäa".

Abb. 4: Marmorimitat aus Stuck an den Wänden des offenen Speisesaals im Westpalast.

die Gebäude Nr. 7 und 9, die drei Kolumbarien, das Schwimmbecken am südlichen Ende des Plateaus und das kleine Badehaus östlich der Vorratshallen des nördlichen Palastes.[5] Als Hauptargument für die Frühdatierung dieser Paläste wird immer wieder auf das wiederkehrende Planungskonzept verwiesen, in dem stets ein Hof den zentralen Platz einnimmt. Wie in den wahrscheinlich zeitgenössischen Zwillingspalästen in Jericho verteilen sich die Schlaf-, Wirtschafts-, Empfangs- und Wohnräume auch auf Masada um einen offenen Innenhof herum. Eine ähnliche Einteilung – freilich in viel kleineren Dimensionen – veranlasst daher manche Forscher, den Kernbau von Qumran ebenfalls als hasmonäische Villa anzusehen.[6]

Zur zweiten Phase aus der Zeit um 25 v. Chr. kann man den nördlichen Palast mit den südlich anschließenden Lagerhallen und das große Badehaus zählen (Abb. 5), wie auch die gewaltige Zisterne am nordwestlichen Hang des Felsens und nicht zuletzt die Bauerweiterungen des westlichen Palastes.[7]

Zur letzten Phase gehören lediglich die doppelte Umfassungsmauer und das Gebäude Nr. 8. Obwohl Netzers Resultate und Interpretationen in manchen Details von denen Y. Yadins abweichen, so zeigen sie trotzdem ziemlich klar, dass die archäologischen Befunde im Großen und Ganzen den Beschreibungen des Flavius Iosephus entsprechen.

Im Hinblick auf ihre Funktion teilt Netzer die zwei Hauptpaläste Masadas folgendermaßen ein. Der Nordpalast gehört zweifellos zu den spektakulärsten Monumentalbauten der Antike (Abb. 2). Er verteilt sich auf drei in den Fels geschlagene oder an ihn angebaute Ebenen: Die oberste besteht aus einer halbkreisförmigen Terrasse und südlich davon aus Wohnquartieren; die mittlere aus einem kreisförmigen Bau mit einem südlich davon gelege-

nen Gebäude; die unterste wird von einer künstlich aufgemauerten rechteckigen Plattform gebildet, die einen mit einer Porticus umgebenen Innenhof trägt. Auf der Mittelterrasse des nördlichen Palastes befindet sich eine architektonische Besonderheit, die bisher in keiner anderen Herodes-Festung zutage getreten ist: eine private Bibliothek. Zwar kennen wir das Aussehen von Bibliotheken von zahlreichen zeitgenössischen Beispielen in Kleinasien, Griechenland und Rom, doch handelt es sich hier doch um eine der wenigen erhaltenen Bibliotheken, die um die Zeitenwende in Palästina erbaut wurde.[8]

Der westliche Palast befand sich frei zugänglich auf dem Plateau und enthielt vier verschiedene Teile: die eigentlichen königlichen Gemächer im Südosten, die Arbeits- und Dienstwerkstätten im Nordosten, die Lagerräume und Vorratskammern im Südwesten sowie die Verwaltungs- und Wohnbereiche der kö-

Abb. 5: Im „zweiten pompeianischen Stil" farbig dekorierte Wand im *tepidarium* des großen Bades, im Vordergrund ein Einbau der Zeloten.

Abb. 6: Hypokausten im *caldarium* des großen Bades.

niglichen Beamten im Nordwesten (Abb. 3, 4). Dieser Palast hat nach E. Netzer hauptsächlich als Wohnbereich gedient.⁹ Vermutlich ist aber doch Y. Yadin zuzustimmen, der den Nordpalast aufgrund seiner durch eine massive Mauer vom Rest des Plateaus abgeschiedenen Lage als private Wohngemächer des Königs angesehen hat, während der Westpalast auf dem Plateau repräsentativen und zeremoniellen Aufgaben diente.

Abgesehen von den zwei Hauptpalästen existierten auf dem Felsplateau noch weitere kleinere Paläste, die wahrscheinlich Mitgliedern des Hofstaates oder besonders illustren Gästen vorbehalten waren.

Ein besonders eindrucksvolles Beispiel für den exorbitanten Luxus auf Masada ist die vergleichsweise große Anzahl von Badeanlagen (Abb. 5). Immerhin gab es keine Quelle auf dem Plateau, jeder Tropfen Wasser, der verbraucht wurde, musste aufgefangen und mühsam aus Zisternen herauftransportiert werden. Außer einigen kleineren, integrierten Badeanlagen wurde südlich des Nordpalastes ein größeres, allein stehendes Badehaus errichtet. Raumaufteilung und Dekor des Badekomplexes ähneln zeitgenössischen römischen Thermen und machen ihn zu einem der frühesten Exemplare dieses Typs in Palästina (vgl. aber auch Jericho). Ganz augenscheinlich war es in der Tat Herodes, der diese Ausstattung in der Region eingeführt hat. Neben den gewöhnlichen Bestandteilen *apodyterium* (Auskleideraum), *tepidarium* (Laubaderaum) (Abb. 5), *caldarium* (Warmbaderaum) und Eingangshof, der wahrscheinlich als *palaestra* (Innenhof für Ruhe und Gymnastik) diente, befand sich im herodianischen Bad auf Masada anstelle des *frigidarium*s (Kaltbad) ein Ritualbad (*miqweh*), eine Besonderheit, die sich durch den jüdischen Kontext erklären lässt.¹⁰

Ein anderer, charakteristischer Anhaltspunkt für die Tatsache, dass Herodes in überwiegend von Juden besiedelten Gebieten seines Reiches weitgehend Rücksicht auf deren religiöse Gefühle nahm, ist die komplette Abwesenheit von figürlichen Darstellungen in Masada. Wie auch in den anderen königlichen Palästen (etwa Jericho) oder in den zeitgenössischen Domizilen der Jerusalemer Aristokratie und Priesterschaft beschränkte sich der Motivschatz von Fresken oder Mosaikböden ausschließlich auf geometrische und florale Formen. Trotz allem offen zur Schau getragenen Luxus erweist sich Herodes auch in Masada – wie auch in Jericho – als „sparsamer" und praktisch denkender Bauherr: Auf dem gesamten Berg findet man abgesehen von leicht transportablen Fußbodenkacheln kein Stück Marmor. Stattdessen wurden Säulen aus Ziegeln errichtet, mit dickem Putz bestrichen und dann farbig mit marmoriertem Muster bemalt. Selbst im Nordpalast bestehen „Marmorpaneele" durchweg nur aus bemaltem Putzimitat (Abb. 4).

Trotz seines einzigartigen Charakters fügt sich das Meisterwerk Masada in eine Reihe von anderen herodianischen Festungen ein, die in der Nähe des Toten Meeres erbaut worden sind. Nach Masada ist das Herodeion, 30 km südlich von Jerusalem, die archäologisch am besten erforschte Festung (Flavius Iosephus, *Bellum Iudaicum* 1,265.419–421; 7,163; *Antiquitates Iudaicae* 15,323–325; Plinius, *Naturalis historia* 5,70). Vor kurzem hat der Ort wegen der Auffindung der vermutlichen Grabstätte des Herodes besondere Aufmerksamkeit erhalten.¹¹ Andere Zufluchtsorte des Königs und seiner Familie, wie etwa Machaerus östlich des Toten Meeres und Kypros unweit westlich von Jericho, sind zwar weniger gut bekannt, gehören aber dennoch zum Netz der in der Wüste angelegten herodianischen Luxusbauten. Auch hier finden wir die üblichen Kennzeichen des späthellenistischen und frühkaiserzeitlichen Palastes: private Wohnflügel auf der einen Seite und eher repräsentative, der Öffentlichkeit zugewandte Zonen auf der anderen, Badehäuser, Gärten sowie typisch hellenistisch-römischen Dekor (Fresken, Mosaikböden, Peristyle und ein Gemisch von orientalischen und klassischen Motiven).

MACHAERUS

Als einzige größere Festung an der Ostseite des regionalen Siedlungsgefüges hebt sich der natürliche Bergkegel von Machaerus deutlich von der ihn umgebenden kargen Landschaft ab (Abb. 1; vgl. auch z. B. Flavius Iosephus, *Bellum Iudaicum* 1,164–177; 2,485-486; 7,163–210; *Antiquitates Iudaicae* 13,89–97; Strabon, *Geographica* 16,2,40). Die Festung wurde ursprünglich vom hasmonäischen König Alexander Jannäus (104 v. Chr.–78 v. Chr.) im Jahre 90 v. Chr. gegründet und dann von Pompeius' Feldherrn Gabinius im Jahre 57 v. Chr. zerstört (Flavius Iosephus, *Bellum Iudaicum* 7,171). Einige Jahre später wurde sie dann von Herodes in Besitz genommen und ausgebaut. Flavius Iosephus' Beschreibungen sind auch hier äußerst wertvoll (*Bellum Iudaicum* 7,163–210). Von ihm erfahren wir, dass Herodes wegen der unmittelbaren Nähe zu den nabatäischen Rivalen im Süden und Osten eine besonders solide Bauart als nötig empfand. Später erlangte Machaerus

traurige Berühmtheit als Ort, wo Johannes der Täufer nach dem legendären Tanz der Salome hingerichtet wurde (Flavius Iosephus, *Antiquitates Iudaicae* 18,111; vgl. Mk 6,17–29).

Im Arabischen ist die Burg als Qalat el-Mishnaqa bekannt und das Dorf in der Ebene, östlich des Gipfels gelegen, heißt noch heute Meqawer oder Mukawir. Ausgrabungen wurden erstmals 1968 von John Vardaman begonnen und zwischen 1978–1981 von Virgilio Corbo im Namen des *Studium Biblicum Franciscanum* von Jerusalem fortgesetzt.[12] Die Publikation der Befunde auf dem Hügelplateau liegt mittlerweile nahezu vollständig vor.

Auf der flachen Kuppel einer natürlichen Erhöhung erstreckt sich eine 100 m lange und 60 m breite bebaubare Ebene. Sie wird von einer polygonalen Mauer mit drei großen, rechteckigen Türmen eingefasst. Die Türme und zumindest ein Teil der Mauer wurden bereits unter den Hasmonäern gebaut, fast alles wurde

Abb. 7: Machaerus: Peristyl-Hof des herodianischen Palastes.

aber von Herodes übernommen und blieb bis zum Ersten Aufstand gegen Rom in Benutzung. Ein breites, mit Treppen versehenes Bassin wird trotz seiner Lage innerhalb des herodianischen Gebäudes der hasmonäischen Phase zugeordnet. Der herodianische Palast besteht aus einem Peristyl-Hof (Abb. 7) mit zwei flankierend dazu angelegten Empfangshallen, einigen weiteren Räumen, die wahrscheinlich als Vorratskammern gedient haben, und einem typischen, großzügig angelegten Bad nach römischem Vorbild. An manchen Stellen des Palastes kann man ein zweites Stockwerk vermuten. Auf dem östlichen Hang der Hügelkuppe sind weitere Mauerreste und Türme zu erkennen, die eventuell Überbleibsel der von Flavius Iosephus erwähnten „unteren Stadt" darstellen (*Bellum Iudaicum* 7,191). Insbesondere im Vergleich zu Masada werden die bescheidenen Dimensionen der Wohnbauten auf Machaerus deutlich, die Bezeichnung „königlicher Palast" wird der Anlage kaum gerecht. Der Charakter des Baues, vor allem aber das Dekor, erinnert jedoch sehr wohl an den von anderen herodianischen Bauten bekannten palastähnlichen Wohnstil.

Ähnlich wie im Umkreis von Masada wurden auch bei Machaerus sehr gut erhaltene Reste der römischen Belagerungswerke (*circumvallatio*) entdeckt. August Strobel hat sie im Jahre 1973 vermessen. Neben einigen Lagern und einer Umfassungsmauer aus Bruchsteinen als Annäherungshindernis konnte auch der Stumpf einer Belagerungsrampe festgestellt werden. Im Unterschied zu Masada wurde diejenige von Machaerus aber nie fertig gebaut, da die Zeloten von Machaerus vor der Erstürmung der Festung kapitulierten (Flavius Iosephus, *Bellum Iudaicum* 2,485–486). Reste späterer Bebauung wurden nicht festgestellt.

Obwohl sich Masada und Machaerus wie auch andere Paläste, Festungen und architektonische Komplexe des Herodes, *in puncto* Genialität sowie hinsichtlich ihres materiellen und künstlerischen Wertes klar von allen Bauten im restlichen Palästina abheben, kann man nicht von einer vollkommen unabhängigen Neuschöpfung sprechen. Die königlichen Bauten sind das Ergebnis des hasmonäischen Baukonzeptes auf der einen und der technischen Errungenschaften der frühkaiserzeitlichen Bautraditionen auf der anderen Seite. Der Fähigkeit der Hasmonäerherrscher, sich mit den besonderen Bedingungen der Wüste architektonisch auseinanderzusetzen und sie für ihr eigenes Repräsentationsbedürfnis zunutze zu machen, verdankt der herodianische Bau seine Überlebensfähigkeit, insbesondere was die Wasserversorgung anbelangt. Die dramatische architektonische Inszenierung der herodianischen Bauten, die sich dank der Benutzung von Bögen und Tonnengewölben in die unregelmäßig verlaufende Landschaft einzugliedern weiß, geht jedoch hauptsächlich auf zeitgenössische Erfindungen auf italischem Boden zurück. In kultureller Hinsicht kann man von einer Mischung aus östlich-hellenistischem und westlich-römischem Erbe sprechen.[13]

Natürlich sind die Palastfestungen innerhalb der Region am Toten Meer kein isoliertes Phänomen. Architektonisch wären mit ihnen die Anlagen von Jericho und Kallirrhoë zu vergleichen. Siedlungsgeografisch gehören die Festungen in jedem Fall zur regionalen Infrastruktur, ebenso auch Siedlungen wie En-Gedi, die Unterstadt von Machaerus oder das Untere Herodium sowie zahlreiche kleinere Anlagen, zu denen nicht zuletzt auch Qumran gehört.

PARADIES AM MEERESRAND

Die Palastanlage von Ain ez-Zara/Kallirrhoë

Abb. 1: Die Oase von Ain ez-Zara.

von Christa Clamer

Am Ostufer des Toten Meeres, etwa 2 km südlich der Mündung des Wadi Zerqa Ma'in, liegt die Oase Ain ez-Zara, im Altertum die größte Oase im östlichen Randgebiet des Toten Meeres. Die Oase beginnt im Norden an der Mündung des Wadi ez-Zara, wo die Steilfelsen vom Ufer zurücktreten, um Platz für ein weites, fruchtbares Halbrund freizugeben. Dieses Halbrund erstreckt sich etwa 2 km entlang der Küste nach Süden, wo es durch die Mündung des Wadi el-Skara und die südlich anschließenden Steilklippen begrenzt wird, und endet im Osten etwa 600 m landeinwärts vor dem zerklüfteten Gebirgsabfall des über 1000 m ansteigenden moabitischen Hochplateaus.

Jeden, der sich vom Meer her der Oase nähert oder heute auf der neuen Autostraße von Norden anreist, schlägt das beeindruckende Landschaftsbild mit dem weiten, grünen Halbrund mit zahlreichen größeren und kleineren Wasserläufen und der üppigen Vegetation sofort in seinen Bann (Abb. 1). All dies hebt sich vor dem pittoresken Hintergrund der vollständig kahlen und zerklüfteten Berge aus weißem Kalkstein und rötlichen nubischen Sandsteinformationen ab, die ihrerseits von Einschlüssen schwarzen Basaltgesteins durchzogen sind. Diese Formationen sind dramatische Zeugen vulkanischer Tätigkeit aus dem Mio- und Pliozän, als sich basisches Eruptivgestein (Basalt) immer wieder über Sand- und Kalksteinformationen abgelagert hat. Vom Strand aus, der flach und steinig ist, steigt das Terrain nach Osten hin in Form übereinanderliegender Terrassen wie Stufen in einem Amphitheaters relativ steil an. Je weiter man jedoch ins Inland kommt, desto stärker ist das Gelände durch Verwerfungen und Felsschichtungen zerklüftet und durch Wasserläufe modelliert.

Die Gegend ist mit sehr heißen Sommern und geringen Niederschlägen, die im Winter 50 mm kaum überschreiten, als trocken einzustufen. Zahlreiche heiße, an Mineralsalzen reiche Quellen, die post-vulkanischen oder sedimentären Ursprungs sind, sprudeln sowohl aus Verwerfungszonen in den Tiefen des Toten Meeres, wie auch an dessen Ostufer. Die Oase, die heute mehr als 400 m unter dem Meeresspiegel liegt, hat sich um diese zahlreichen heißen Quellen gebildet. Etwa 40 dieser Quellen sprudeln noch ganzjährig aus Erdrissen und an Verwerfungslinien meist am Fuße der Felsabhänge hervor. Das Wasser der einzelnen Quellen enthält verschiedene chemische Komponenten und weist Temperaturen zwischen 31 und 53 °C auf.[1] In tief eingegrabenen Wadi-Betten oder flacheren Wasserrinnen durchziehen die Quellbäche das weite Halbrund in ost-westlicher Richtung und sammeln sich zum Teil am Ufer in einer Folge kleinerer oder größerer ausgewaschener Felsenbecken, von denen aus sie sich ins Tote Meer ergießen. Andere Quellen treten am Ufer unter den Kieselsteinen aus und sind umgeben von einer Ansammlung von Schilfrohr, Binsen und Tamarisken. Die meisten Wasserläufe sind auch an ihren Quellorten und entlang ihres Verlaufes durch eine reiche, fast subtropische Vegetation zu erkennen, die häufig aus undurchdringlichen Büschen aus Tamarisken und *Acacia mimosa*, Oleander oder Gestrüpp aus Binsen und hohem Schilfrohr mit unangenehmen Stacheln, aber auch aus wilden Palmen und wildem Lorbeer bestehen.[2] Da Quellen und Bäche immer wieder ihre Lage verändern, häufig versickern und an tiefer gelegenen Orten wieder an die Oberfläche treten, ist das Gelände teils stark zerklüftet und teils auch versumpft. Vor allem dort, wo die Quellen nicht so stark sprudeln oder in geringer Tiefe unter der Oberfläche bleiben, haben sich größere Sumpfgebiete mit mooriger, fast schwarzer Erde gebildet, die mit einer dichten Art von Pampagras, einer scharfen Pflanzenfaser bewachsen sind.

Im Altertum war der Landweg zur fruchtbaren Enklave ez-Zara äußerst beschwerlich. Die steilen Felsabhänge, die bis ins Meer reichen, verhinderten einen Zugang über das Ufer. Man erreichte die Oase von Osten über einen steilen Abstieg von der etwa 1000 m höher gelegenen Palastfeste Machaerus oder vom Norden und Süden über eine, von tiefen Wadis und steilen Felsabhängen durchzogene mittlere Plateauebene. Die einfachste Verbindung mit Jericho und Jerusalem wie auch von anderen Orten der Region verlief über das Tote Meer.

HISTORISCHE QUELLEN

Das antike Thermalbad Kallirrhoë (deutsch etwa „Schönfließ" oder „Schönbrunn") wird in mehreren historischen Texten erwähnt und wegen seiner heißen, heilkräftigen und wohlschmeckenden Quellen gerühmt, die „so süß sind, dass man von ihnen auch trinken kann" (Flavius Iosephus, *Bellum Iudaicum* 1,657). Neben den literarischen Zeugnissen römischer Historiker (Plinius, *Naturalis historia* 5,16; Claudius Ptolemaios, *Geographica* 5,16) wird Kallirrhoë auch in der rabbinischen Überlieferung erwähnt, allerdings immer in Verbindung mit dem biblischen Namen Lasha aus Gen 10,19 (Talmud Yerushalmi, *Megilla* 1,9; *Midrasch Bereshit Rabba* 37,6). Dieser Tradition folgt auch Hieronymus: *Lasha, das heute Kallirrhoë ist* (*Quaestiones in Genesin* 10,19).[3] Unvergessen ist Kallirrhoë aber vor allem dank der ausführlichen Schilderung von Flavius Iosephus über den Besuch Herodes des Großen, der noch kurz vor seinem Tode in den heißen Wassern der Oase Linderung seiner tödlichen Krankheit erhoffte (Flavius Iosephus, *Bellum Iudaicum* 1,657–659; *Antiquitates Iudaicae* 17,169–176). Nach Flavius Iosephus brach der alte und kranke König vermutlich im Spätherbst des Jahres 4 oder im Frühjahr 3 v. Chr.[4] mit erheblichem Aufwand und großem Gefolge von Jericho auf und ließ sich über den Jordan bringen, um zu den etwa 35 km entfernten heißen Quellen von Kallirrhoë zu gelangen. Auf der Ostseite des Jordan angekommen, konnte der König einerseits den Landweg über die mittlere Terrasse der moabitischen Bergkette oder andererseits die Bootsfahrt über das Tote Meer wählen. Da der antike Landweg über die mittlere Bergterrasse sehr lang und beschwerlich war und durch tiefe Wadis und über steile Anstiege führte, ist anzunehmen, dass Herodes in Rujm el-Bahr am Nordende des Toten Meeres, wo es einen kleinen Hafen oder Anlegeplatz gab, das Boot bestieg (siehe dazu auch den Beitrag von J. Zangenberg in diesem Band). Zu den medizinischen Kuren, die in Kallirrhoë angewendet wurden, gehörten nach Flavius Iosephus Ganzbäder in Öl, Sitzbäder in einem Becken mit heißwarmen Öl sowie Trinkkuren. Bei einem dieser Ölbäder fiel der König in Ohnmacht. Durch das Geschrei seiner Diener kam er wieder zur Besinnung, gab aber danach die Hoffnung auf Genesung auf und beschloss seine Rückreise. Blieb der Name des Thermalbades durch diese Erzählung auch bis heute bekannt, so geriet doch dessen genaue Lage nach dem Ende der Nutzung des Thermalbades schließlich in Vergessenheit.

DIE WIEDERENTDECKUNG

Dass der Ort in der byzantinischen Zeit noch bekannt war, bezeugt die aus der zweiten Hälfte des 6. Jhs. stammende und im Jahre 1896/97 wiederentdeckte Mosaikkarte in Madeba. In Form einer beschrifteten Vignette ΘΕΡΜΑ ΚΑΛΛΙΡΟΗΣ und der schematischen Abbildung der Oase durch drei Badebecken und zwei Palmen zwischen zwei großen Wasserläufen (offensichtlich dem Wadi el-Mojib und dem Wadi Zerqa Ma'in) stellte die Karte einen wichtigen Anhaltspunkt für die Lokalisierung des antiken Thermalbades dar. Eine Identifizierung von Kallirrhoë mit den heißen Quellen im Wadi Zerqa Ma'in, bis dahin von vielen Forschern akzeptiert, wurde damit hinfällig. Die Suche nach der exakten Lage des Thermalbades

wurde im Gebiet östlich des Toten Meeres erstmals am Anfang des 19. Jhs. wieder aufgenommen, einer Gegend, die damals nicht gefahrlos bereist werden konnte. 1807 gelang es dem deutschen Entdecker Ulrich Jasper Seetzen, auf äußerst beschwerlichem Wege von Süden kommend, nach der Überquerung des Wadi el-Mojib die Oase von Ain ez-Zara zu erreichen. Er identifizierte die dortige Bucht mit den heißen Thermalquellen korrekt als das antike Kallirrhoë. Doch von archäologischen Funden oder Ruinen berichtete er nichts. Erst 60 Jahre später landete der französische Orientalist Le Duc de Luynes mit einem Boot in der Oase und gab eine erste Beschreibung von den dortigen Ruinen. 1872 wagte der Engländer H. B. Tristram den beschwerlichen Abstieg von der 1,5 km höher gelegenen Palastfeste Machaerus (el-Mishnaqa) auf dem moabitischen Plateau. Er berichtete von den noch erhaltenen

Abb. 2: Gebäudereste am Ufer des Toten Meeres (Mole oder Säulenhalle).

Anlagen antiker Verbindungswege und Ruinen und beschrieb den überwältigenden Eindruck, den die grüne und in Terrassen ansteigende Oase auf ihn machte. Spätere Forscher vom Anfang des 20. Jhs. kamen auf bequemere Weise mit Booten über das Tote Meer nach Kallirrhoë und lieferten detaillierte Beschreibungen von Fauna, Flora und den verschiedenen identifizierbaren Ruinen. Eine systematischere Erforschung der Oase und der Ausdehnung ihrer antiken Besiedlung begann freilich erst mit dem Ausgrabungsprojekt des Deutschen Evangelischen Instituts für Altertumsforschung des Heiligen Landes in den Jahren 1985/1986 und 1989.[5]

DIE ARCHÄOLOGISCHEN BEFUNDE

Areal I: Die Uferanlagen (el-Beled)

Versucht man sich einen Überblick über die archäologischen Anlagen von ez-Zara zu verschaffen, gewinnt man sogleich den Eindruck, dass das Zentrum des einstigen Ortes etwas südlich des Wadi ez-Zara auf dem breiten, erhöhten Strand und den untersten Terrassen der Oase zu suchen ist, von wo aus man einen weiten, beherrschenden Blick auf das Tote Meer sowie über sein Westufer hinaus bis in das judäische Bergland hat. Zudem fließen hier starke Quellbäche ins Meer. Daher überrascht es nicht, dass sich hier auch die Areale I–V mit den archäologischen Fundstellen befinden.

Der größte Komplex liegt an der Uferböschung auf dem breiten, nach Osten hin leicht ansteigenden und mit Kies, Büschen und gewachsenen Felsen bedeckten Strand, wo die vorhandenen Mauerzüge an Größe und Ausdehnung alle anderen heute in der Oase noch sichtbaren Bauanlagen übertreffen (Abb. 2). Es ergibt sich hier natürlicherweise zunächst die Vorstellung einer Hafenanlage oder wenigstens einer Anlegestelle für Boote. Die Anlagen, von den Einheimischen el-Beled („die Ortschaft") genannt, lassen eine einheitliche architektonische Konzeption vermuten und deuten jedenfalls auf mehr als eine kleine Bootsanlegestelle hin. Von der Architektur sind allerdings nur die Grundmauern geblieben, von denen drei auffallend lange und 1,20 m breite zum Teil auf den natürlichen Felsen gebaut sind und parallel zum Ufer in Nordost-Südwestrichtung verlaufen. Die westliche Mauer C und die mittlere Mauer B, die im Süden einen Abstand von 1,70 m haben, stoßen weiter nördlich zusammen und bilden an dieser Stelle einen aus dem natürlichen Fels herausgehauenen Hausgrundriss. Schult, der 1965 die Grundmauern noch mit einem Großteil der südlichen Anlagen sah (später wurden sie durch Straßenbau unter Schutt begraben)[6], vermutet hier im Westteil von el-Beled einen Teil des Hafens, während er die Anlagen östlich der langen Mauer A als eine mögliche Verbindung zu den am Strand höher gelegenen Kurgebäuden ansah. Eine hypothetische Verlängerung dieser Verbindung würde in der Tat zum sogenannten Qasr el-Bahr („Meeresschloss") führen, ein etwas erhöht liegendes quadratisches Haus (19,00 x 10,60 m), das 1961 nur 50 m von der Wasserlinie entfernt war, und dessen Mauern zum Teil noch bis zu 0,80 m hoch standen (heute ist es ebenfalls zerstört). Bei einer kleinen Probegrabung zwischen den östlichen Mauern A und B wurde ein 3,45 m breiter Korridor entdeckt, dessen Seitenwände und Boden Verputz zeigten. Der Korridor war offensichtlich einst überdacht; in seiner Füllschicht wurden Stücke von Putz mit Eindruckmarken von Schilfrohr gefunden. Man kann annehmen, dass es sich hier um eine zum Meer hin geöffnete und mit Säulen bestandene Wandelhalle gehandelt hat. So haben in antiker Zeit vermutlich Thermalbäder und Erholungszentren nicht allzu fern vom Strand gelegen. Heute hat sich die Uferlinie weit zurückgezogen, sodass zahlreiche Mauern wie auch verstreut liegende, mit einer dicken Salzschicht überzogene Säulentrommeln an der Uferböschung hervorgetreten sind.

Da der Spiegel des Toten Meeres in der Antike bekanntlich stark schwankte, lag während der periodischen Fluktuationen immer wieder zumindest ein Teil der Anlagen von el-Beled zeitweise unter Wasser. Es ist anzunehmen, dass die Baumeister des Herodes Kenntnis von den Wasserschwankungen hatten, als sie die weiträumigen Konstruktionen am Ufer errichteten. Eine Hafenanlage mit entsprechenden Gebäuden muss jedenfalls in direktem Kontakt mit dem Wasser gestanden haben.

Weitere groß angelegte Mauerzüge nördlich und östlich der beschriebenen Anlagen sind jüngst durch die jordanische Antikenverwaltung freigelegt worden, deren Funktionen allerdings noch nicht gesichert sind. Deutliche Belege für die ehemals luxuriöse Ausstattung sind aber architektonische Elemente wie Säulentrommeln, deren Kannelierung aus Stuck zum Teil noch erhalten war, sowie Säulenbasen und Kapitelle, die in den für den modernen Straßenbau notwendigen Aufschüttungen recht traurige Wiederverwendung gefunden haben. Doch sind heute auch durch die jordanische Antikenverwaltung einige Säulen zusammengestellt und am Strand wieder aufgerichtet worden.

Insgesamt scheinen die Ufer- und Strandanlagen die Proportionen einer kleinen Hafenanlage bei Weitem zu übersteigen. Der größere Teil mag vielmehr zu Bade- und Kuranlagen gehört haben, die so nahe wie möglich an das Ufer gebaut waren und den Kurgästen einen bequemen Zugang zum Gesamtkomplex ermöglichen sollten.

Areal IV: el-Medesch

Ursprünglich am Strand gelegen, heute aber fast 100 m weit landeinwärts neben der modernen Asphaltstraße befindet sich ein enormer, gespaltener Felsblock, der vermutlich durch ein Erdbeben auseinandergerissen und verschoben wurde, und der von den Einheimischen el-Medesch genannt wird („Bad", „Dusche") (Abb. 4). Nach Abel und Donner handelt es sich bei el-Medeš um ein offenes, aus einem großen Felsen herausgehauenes Badebassin bzw. ein Nymphäum mit einem Zuflusskanal im Osten und einem Abfluss im Westen.[7] Während der Block an der Oberfläche vor allem an der Westseite durch den Einfluss der salzhaltigen Luft ziemlich erodiert ist, zeigen sich an der Ostseite und der Innenwand noch Bearbeitungsspuren. Ein kleines Rinnsal warmen Wassers fließt noch heute am Fuß des Felsens und sorgt für üppige Vegetation. Die ursprüngliche Funktion des Blocks blieb jedoch bisher ungeklärt.

Areale II und III: Der mehrgliedrige Hauptkomplex

Weiter landeinwärts, auf der untersten Felsenterrasse, die etwa 200 m von der heutigen Uferlinie entfernt ist und sich etwa 15 m fast senkrecht über dem Niveau des Strandes erhebt, liegen Areale II und III der Grabungskampagnen 1985/1986 und 1989. Die Felsenterrasse ist mit einer Länge von 90 m und einer Breite von 50 m im Norden und 70 m im Süden trapezförmig. Sie bildet zunächst eine leicht abfallende Ebene zum Meer hin, bricht dann aber abrupt fast senkrecht ab, während sie nach Osten hin terrassenförmig ansteigt.

Auf der Terrasse befindet sich zunächst Areal II, ein lang gestreckter Gebäudekomplex (76 x 33 m) mit zwei Baueinheiten A und B, die den Gegebenheiten der vorhandenen Felsenterrasse angepasst sind. Unebenheiten in dem nach Osten hin ansteigenden felsigen Bodenuntergrund sind mit Kiesel- und Feldsteinbettungen ausgeglichen.

Der südliche Komplex A war schon vor dem Ausgrabungsbeginn durch verstreut umherliegende Säulentrommeln erkennbar. Er ist im Großen und Ganzen rechteckig (36 x 30 m) und besitzt einen großen, offenen Innenhof, umgeben von einer Reihe kleinerer Räume an der Nord- und Südseite, die sich zum Innenhof hin öffnen und symmetrisch entlang einer Nord-Südachse gruppiert sind. In der Mitte der Ostseite ist eine schmale Badeanlage (9,5 x 3,0 x 3,14 m) tief in den Kiesuntergrund eingegraben und an die Außenmauer angebaut. Der Einstieg liegt an der Nordseite und führt über acht Stufen hinunter in das Becken, wobei jeweils nach drei Stufen ein breiter Absatz folgt. Das Bad wird aus einer Thermalquelle über ein Vorbecken an der Außenmauer und einen Einlaufkanal gespeist. An der gegenüberliegenden Wand des Beckens sieht man auf gleicher Höhe einen offenen Überlaufkanal, der in den Innenhof führt. Nach Wimmer hatte das Becken wohl ursprünglich eine Quellöffnung eingefasst.[8] In dem Bad selbst, wie auch an einer Stelle im Innenhof, konnte man noch während der Grabungen eine spürbare Erwärmung feststellen. An der inneren Beckenwand wurden 1986 immerhin 42°C gemessen, was auf eine noch heute aktive Quelltätigkeit im Untergrund hinweist.[9]

Entlang der westlich zum Meer hin gelegenen Außenmauer des Komplexes verläuft ein 24 m langer und 3,6 m breiter Korridor mit einer oder vielleicht zwei symmetrisch angelegten Türen, die nach außen führen (die Erosion an der Südwestecke ließ die sichere Identifizierung einer zweiten Tür nicht zu). Zum Innenhof hin ist dem Korridor ein größerer Raum angefügt, vielleicht ein Pavillon, der sich vermutlich mit zwei Säulen, einem *distylos in antis*, zum Innenhof öffnete. Eine Anzahl von Säulentrommeln, die aus einer späteren Verbauung in der byzantinischen Phase stammen (s. u.), lässt vermuten, dass der Innenhof auf der Nord- und Südseite von Säulen gesäumt war[10], die ein Vordach trugen. Es ist zudem denkbar, dass die Badeanlage mit dem heißen Thermalwasser in der ursprünglichen Bauphase nicht überdacht war (Abb. 3a). Was war der Zweck dieses Komplexes? Dienten die nördlich und südlich des Innenhofes angelegten Seitenräume als Privaträume des Königs und seiner Familie, als Ruheräume für auserwählte Gäste oder für medizinische Behandlungen und Ähnliches?

In einer zweiten Bauphase, die vermutlich schon bald auf die erste folgte und stratigrafisch nicht signifikant ist, wurden einige sekundäre räumliche Veränderungen vorgenommen, so wurden z. B. an der Ostseite Raumeinheiten neben dem Thermalbad hinzugefügt und an der Südseite andere Raumaufteilungen vorgenommen (Abb. 3b). In einem der Räume wurde ein in den Bo-

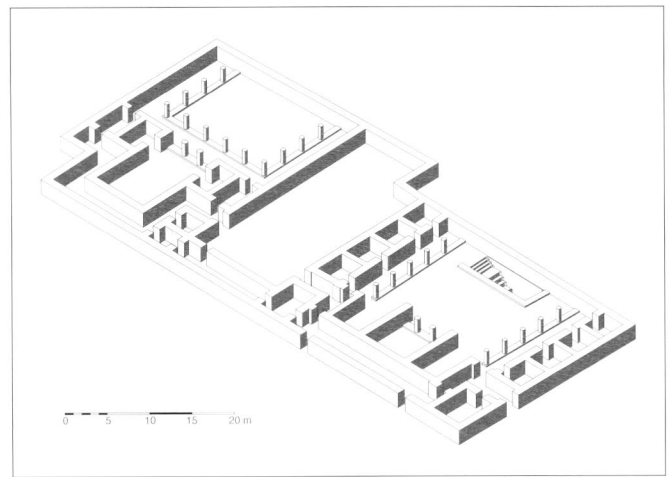

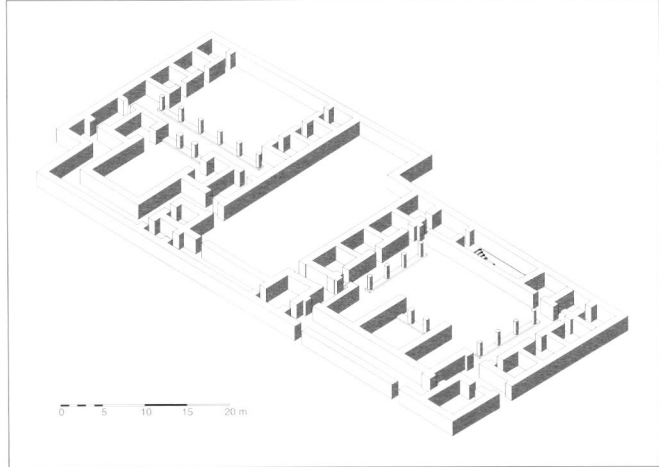

Abb. 3: Isometrischer Plan des Hauptgebäudes von ez-Zara bestehend aus Areal II und III.
a: Erste Bauphase
b: Zweite Bauphase

den eingelassener großer Vorratskrug entdeckt, in einem anderen Raum war in einer Ecke Bitumen gestapelt.

Der nördlich an Gebäudetrakt A angeschlossene Komplex B ist an der Westseite durch die Verlängerung des westlichen Korridors und an der Ostseite durch eine gemeinsame Außenmauer verbunden. Die zwischen Anlage A und B ausgesparte freie Fläche lässt sich als Gartenanlage interpretieren.

Auch Nordflügel B zeigt einen symmetrischen Aufbau. Vom Westkorridor aus führt ein Zugang an den beiden Seiten einer großen Halle vorbei, wiederum in einen Innenhof. Die Halle (10 x 13 m) nimmt etwa die Hälfte des ganzen Komplexes B ein. Sie verfügt sowohl an ihrer Süd- als auch an der Nordseite über zwei symmetrisch angeordnete kleinere Räume, von denen je einer vermutlich als Durchgang gedacht war. Es ist anzunehmen, dass die Halle als Speisesaal (*triclinium*) diente und sich zum Innenhof hin mit einem durch zwei Säulen gegliederten Vorbau öffnete (*porticus* mit *distylos in antis*). Der Innenhof kann theoretisch auch zunächst als Peristylhof mit Ziergarten in der Mitte geplant gewesen sein. Die Seitenräume beider Flügel wurden in der zweiten Bauphase hinzugefügt, vielleicht um mehr Platz für die Unterbringung von besonderen Gästen, Freunden oder Personal zu schaffen. Ähnliche Anlagen gab es auch Jericho und in Masada (siehe dazu die Beiträge von K. Galor in diesem Band).

In Areal III, etwa 40 m nördlich und durch eine Bodensenke von Areal II getrennt, befindet sich ein weiteres Gebäude: Raumzeile C. Komplex C liegt genau in der Achse von Gebäudekomplex A und B und kann vermutlich als Teil der Gesamtanlage angesehen werden. Da Komplex C im Westen entlang des Terrassenabbruchs gebaut war, sind die Mauern nur in geringer Höhe erhalten, so auch die östliche Begrenzungsmauer des Gebäudes mit einer Türschwelle, die nach Westen hin in einen zentralen Innenhof (6 x 5,70 m) führt, an den sich im Norden und Süden wiederum symmetrisch angeordnete Räume und ein nördlicher Korridor anschließen. Befanden sich in Komplex C vielleicht Wirtschaftsräume der Großanlage oder Wohnräume für die Unterbringung des Personals und der Wachmannschaften?

Die Gebäude von Areal II und III (Komplexe A, B, C) bilden eine großzügig angelegte und einheitlich konzipierte Anlage, die sich problemlos mit den von Herodes gebauten Prachtvillen und Palastanlagen an anderen Orten vergleichen lässt. Auch wenn die Konstruktion insgesamt unter dem Niveau der großen herodianischen Palastanlagen liegt, so sind die Gebäude dennoch sorgfältig entlang einer Symmetrieachse geplant und weisen mit dem *triclinium*, dem Pavillon, mit säulenbestandenen

Innenhöfen und einer Badanlage gleiche architektonische Elemente auf wie die weitaus luxuriöseren Anlagen in Jericho oder auf Masada. Hinzu kommen bekannte Zierelemente wie Fragmente von Stuckdekorationen (allerdings nur in Komplex A nachweisbar)[11], eine *opus sectile*-Bodenplatte *in situ* im westlichen Korridor[12] sowie kleine Mosaiksteinchen als Bodenbelag, die auf eine mit zeitgenössischen römischen Palastbauten vergleichbare luxuriöse Innenausstattung hinweisen. So erinnern auch die Säulentrommeln mit ihrem Durchmesser von 60–66 cm, ihrer Höhe von 28–80 cm und teils noch erhaltenen Stuckkanelluren an römische Vorbilder „vermutlich ionischer Ordnung"[13], die Parallelen in den herodianischen Palastfestungen rings um das Tote Meer (etwa in Machaerus) besitzen.

Zwei ländliche Villen? Areale V und VII

Neben dem Hauptkomplex befanden sich weitere Anlagen auf den unteren Terrassen und im Zentrum der Oase, die offensichtlich als ländliche Villen und Landhäuser (*villa rustica*) nahe an Wasserquellen oder Bächen angelegt waren und über mit Palmen bestandene und mit Gemüse und landwirtschaftlichen Produkten bepflanzte Parzellen verfügten. Diese ländlichen Wohnsitze bzw. privaten herrschaftlichen Villen unterschieden sich in ihrer Konstruktion kaum von der Palastvilla in Areal II, höchstens jedoch dadurch, dass sie nicht so groß angelegt und nicht so prachtvoll ausgestattet waren. Trotz der geringeren Größe zeigen auch sie bekannte Charakteristika des herodianischen Baustils mit dem üblichen Grad an Luxus (z. B. der Ausstattung mit Kolonnaden) und der Großzügigkeit der Raumeinteilung.

Ein Beispiel für eine solche kleinere Anlage wurde in Areal V auf einer nördlich von Areal III gelegenen, schrägen Anhöhe freigelegt.[14] Die Mauerreste lassen eine Terrassierung und einen in nordsüdliche Richtung orientierten Bau erkennen (30 x 11 m) mit einem zentralen Innenhof und Räumen an der Nord- und Nordostseite des Hofes, während auf der Südseite eine Anlage mit Säulenbasen *in situ* vermutlich auf einen Säulengang zum Innenhof hinweist. An der Nordostseite des Gebäudes führen weitere in Stufen angelegte Räume zum Bett eines kleinen mit Schilf gesäumten Baches.

Ein anderes, größeres Gebäude befindet sich in Areal VII[15], etwa 80 m oberhalb des Toten Meeres auf einer Anhöhe, die die Oase im Süden begrenzt und von der man einen beherrschenden Blick über das ganze Gebiet hat. Größe und Breite der Grundmauern weisen auf ein Obergeschoss hin, eine Reihe von regelmäßig in den Boden gesetzten Steinplatten scheinen die Basen für eine doppelte Säulenreihe abgegeben zu haben. Die Anlage ist allerdings heute durch den Bau einer Straße und durch landwirtschaftliche Nutzung im östlichen Teil zerstört worden. Auch in Areal V und VII geben frührömische Keramikfunde die Datierung an.

Die „lange Mauer"

Einen weiteren archäologischen Befund gilt es zu erwähnen, der für den Charakter der Besiedlung von ez-Zara aufschlussreich ist: Auf der höchsten Terrasse der Oase, etwa 40 m über dem grünen Halbrund, verläuft eine alte Mauer, die im Wadi ez-Zara im Norden beginnt, sich über die Höhe bis zur südlichen Grenze der Oase hinzieht und damit ihr gesamtes Gebiet einschließt. Die Mauer verläuft hauptsächlich nahe an den Abbruchlinien der Terrassen und folgt allen Unebenheiten des Terrains. Die Mauer ist zwischen 0,80 und 1,00 m breit und besteht aus grob behauenen, lokal anstehenden Kalksteinen, die ohne Bindemittel aufeinander gesetzt sind. Die Länge der Mauer beträgt ungefähr 2200 m. Diese Mauer, deren Höhe ursprünglich sicher nicht mehr als 1,50 m betrug und sich aufgrund von einigen Fragmenten frührömischer Keramik grob ins 1. Jh. v. Chr./n. Chr. datieren lässt, erinnert zweifellos an die Mauer, die in Jericho die königliche Domäne eingefasst hat und von der späthellenistischen Zeit bis 70 n. Chr. unterhalten wurde. Auch aus Qumran ist eine ähnliche Mauer bekannt.[16] Vielleicht markierte die Mauer in ez-Zara ebenso eine königliche Domäne.

Neben der langen Mauer trifft man auf der hohen Terrassenebene auch auf weite Steinkreise und zahlreiche Gräber, die sich durch einzelne Scherben der chalkolithischen/frühbronzezeitlichen Periode zuordnen lassen.

BEOBACHTUNGEN ZUR CHRONOLOGIE UND SIEDLUNGSGESCHICHTE

Anfang und Ende der frührömischen Besiedlung

Während die historischen Quellen von Kallirrhoë als berühmtes, von Herodes besuchtes Heilbad sprechen und Bauplan sowie Konstruktionsmethoden auf den Einfluss herodianischer

Architekten hindeuten, wurde nur spärliches Scherbenmaterial aus dieser Zeit gefunden, und zwar hauptsächlich in den Fundamentgräben der freigelegten Gebäude in den Arealen II–III und V, die somit klar in spätherodianische Zeit datiert werden können. Weitaus zahlreicher vertreten ist Keramik, die in die Zeit vom ersten bis zum dritten Viertel des 1. Jhs. n. Chr. zu datieren ist und sich gut mit dem Scherbenmaterial der judäischen Siedlungen am Westufer des Toten Meeres sowie mit Jerusalem vergleichen lässt. Die Hauptbesiedlungsphase von Kallirrhoë ist somit in die Regierungszeit des Herodessohnes Antipas zu datieren. Der numismatische Befund unterstützt diese Beobachtung: Nur zwei der identifizierbaren Münzen stammen aus der Zeit vor der Zeitrechnung (Alexander Jannäus, 78 v. Chr.; Herodes der Große, nicht datiert), immerhin 14 gehören dem 1. Jh. n. Chr. an (zehn aus der Zeit der Prokuratoren, vier sind Münzen der Nabatäer) und neun Münzen stammen vom Ersten Jüdischen Aufstand 67–68 n. Chr.[17]

Gedeih und Verderb der Oasensiedlung Kallirrhoë hingen vom Schicksal der Festung Machaerus ab, die nach dem Wiederaufbau durch Herodes d. Gr. und dem Umbau durch Herodes Antipas im 1. Jh. n. Chr. durch römische Legionäre im Jüdischen Krieg erobert und geschleift wurde. Noch heute sind die Belagerungswerke zu sehen. Kallirrhoë und Machaerus waren durch gemeinsame Zugangswege, durch lokalen Handel, vermutlich auch durch persönliche und administrative Beziehungen, und, wie sich aus den vergleichenden Studien der Funde ergibt (Keramik und Münzen), durch gemeinsame Abhängigkeit von Rohstoffen und Produkten und den Handel mit judäischen Orten westlich des Toten Meeres verbunden. Vor diesem Hintergrund erscheint es unwahrscheinlich, dass Kallirrhoë nach dem Fall von Machaerus, wirtschaftlich abhängig und geografisch abgelegen wie es war, alleine hätte überleben können. Vermutlich war Kallirrhoë schon vor dem Fall von Machaerus im Jahre 72 vom Westen abgeschnitten und von seinen Bewohnern verlassen. Das Thermalbad wurde vernachlässigt, das Badebecken verschlammte und wurde als Abfallgrube für zerbrochenes Geschirr benutzt. Schließlich überschwemmten die heißen Wasser teilweise die Räume und den Innenhof, bevor die unterirdische Quelle andere Abflusswege fand. Für kurze Zeit mögen danach noch Hirten und Nomaden oder Flüchtlinge im Innenhof von Gebäude A Zuflucht gefunden haben. Auch könnten ehemalige Einwohner nach dem Ende der Revolte zurückgekommen sein, was auch eine kurzfristige Wiederbesiedlung in Ain-Feshkha oder Jericho nahegelegt hat. Die letzte Keramik zeigt jedoch keine der typologischen Veränderungen, die für den Anfang des 2. Jhs. n. Chr. repräsentativ sind.

Die Ausgrabungen in Kallirrhoë ergaben keine schlüssigen Hinweise, ob eine Zerstörung und Plünderung durch die römische Armee stattfand, oder ob die Bauten durch natürliche Einwirkungen wie Erosion oder Erdbeben verfielen. In jedem Fall bedeckten dicke Schwemmschichten, verursacht durch Wasser aus Thermalquellen und die Winterregen, die in Sturzbächen ungehindert über das leicht abschüssige Gelände rinnen konnten, langsam alle Ruinen.

Die frühbyzantinische Periode (4.–5. Jh. n. Chr.)

Nach einer Lücke von etwa 300 Jahren kam es in frühbyzantinischer Zeit noch einmal zu einer kurzfristigen Besiedlung. Auf der unteren Terrasse in Areal II, jedoch nur im Bereich des Gebäudekomplexes A, wurden unter Nutzung der Grundmauern und auf die massiven Schwemm- und Zerstörungsschichten einige kleinere Räume gebaut, wobei noch vorhandenes Steinmaterial und Säulentrommeln als Spolien Verwendung fanden. Diese frühbyzantinische Gebäudeanlage, durch reichliche Funde von Keramik und Münzen in das 4.–5. Jh. n. Chr. datiert, ist allerdings nur noch in spärlichen Resten erhalten.

Auffälligerweise konnten die auf der Mosaikkarte von Madeba (Ende 6. Jh. n. Chr.) abgebildeten drei beckenartigen Strukturen durch archäologische Nachforschungen in ez-Zara bisher nicht nachgewiesen werden. Generell fehlen substanzielle Bauruinen, die sich durch Keramik zweifelsfrei dem 6. Jh. zuweisen lassen. Abgesehen von el-Medeš, dem aus den Felsen gehauenen Nymphäum, das immer wieder mit dem apsidialen Gebäude der Vignette von Madeba identifiziert wird, kam in den Ausgrabungen und Oberflächenuntersuchungen kein Gebäude zum Vorschein, das einem römischen Badehaus entspräche.

Die wenigen Oberflächenfunde von Tonscherben aus späterer Zeit mögen von den Bewohnern des moabitischen Hochplateaus stammen, die hier in der fruchtbaren Oase saisonale Landwirtschaft betrieben. Ebenso könnten sie von gelegentlichen Besuchern der Umgebung mitgeführt worden sein, die in den heißen Wasserfällen oder den vom Wasser ausgewaschenen Felsbassins am Ufer des Toten Meeres badeten. Allerdings waren die Quellen von Ba'arou im Wadi Zerqa Ma'in leichter zu erreichen als die von Kallirrhoë, die einen längeren und steileren Abstieg durch ödes Gebirge bedingten. Im 5./6. Jh. existierten in

der Ortschaft Mukawer unweit der verlassenen Festung Machaerus auf dem moabitischen Hochplateau schon Kirchen, die u. a. Johannes dem Täufer geweiht waren: Wenn die Pilger Thermalbäder aufsuchen wollten, wählten sie sicher den leichteren Abstieg nach Ba'arou (so etwa Petrus der Iberer).

ZUSAMMENFASSUNG

Die ländliche Oasensiedlung ez-Zara war kein Einzelphänomen, sondern Teil der kontinuierlichen Besiedlung des Jordantals samt dem Jericho-Becken und den Uferregionen rings um das Tote Meer. Die intensive Besiedlung des Landstrichs begann unter Johannes Hyrkanus I. (134–104 v. Chr.) und wurde vor allem unter Alexander Jannäus (103–76 v. Chr.) und Herodes d. Gr. (40/37–4 v. Chr.) weitergeführt.

Abb. 4: Der Fundort „el-Medesch", historische Aufnahme um 1910.

Die Nutzung der Region verdankte sich zunächst politischen Beweggründen, vor allem waren die Gebiete an der östlichen Grenze gegen Einfälle der Nabatäer und Übergriffe von Nomaden zu schützen, aber auch ökonomische Überlegungen wie zusätzliche Einkünfte durch den Anbau von Dattelpalmen und aromatischen Sträuchern und die Kontrolle des Handels sowie der Kommunikationswege spielten sicher eine Rolle. Es ist anzunehmen, dass der kleine Hafen bzw. Ankerplatz in ez-Zara auch schon zu Zeiten Alexander Jannäus' im Zusammenhang mit dem Bau der Palastfeste von Machaerus errichtet wurde. Spätestens am Ende des 1. Jhs. v. Chr. avancierte der Hafen durch die Integration in die groß angelegten Bauvorhaben Herodes des Großen zum verbindenden Glied im Dreieck Machaerus, En-Gedi/Masada und Qumran/Jericho bzw. Jerusalem. In diesem Rahmen ist auch Kallirrhoë zu sehen, angelegt als eine Art Kur- und Heilbad, als Erholungsort und „Gartenstadt". Kallirrhoë war integraler Bestandteil der vielfältigen Bautätigkeiten des Herodes am Nordende des Toten Meeres: dem Wiederaufbau bzw. der Erweiterungen der Paläste von Jericho und der Festungen von Kypros, Hyrkania, Masada und Machaerus sowie der Einbeziehung kleinerer Orte wie En-Gedi und Qumran. Vor allem aber war Kallirrhoë Machaerus auf dem Hochland von Moab zugeordnet, für das es Erholungsort, Handelspartner und die notwendige Tür zum Westen war. Dass es in hellenistischer und frührömischer Zeit einen lebhaften Bootskontakt auf dem Toten Meer gab, zeigen Ankerplätze auf der Jericho vorgelagerten Insel Rujm el-Bahr sowie am westlichen Ufer bei Khirbet Mazin nahe der Mündung des Kidron-Tals, wo ein Komplex aus Docks, Anlege- und Lagerplätzen für Boote nachgewiesen wurde (vgl. dazu den Beitrag von J. Zangenberg in diesem Band). Über den Bootsverkehr in der byzantinischen Zeit informiert auch das Mosaik von Madeba, auf dem zwei mit Waren beladene Boote abgebildet sind.

Stellte die Oase von Kallirrhoë zur Zeit Herodes des Großen eine königliche Domäne dar, die dem König willkommenes zusätzliches Einkommen bot? Mit reichlich Wasser, gutem Schwemmboden und einem beinahe tropischen Klima versehen war ez-Zara bestens geeignet für den Anbau landwirtschaftlicher Produkte wie Dattelpalmen oder aromatische Balsamsträucher. Hinzu kam der Export von Bitumen und Salz aus dem Toten Meer, das als Teil eines Staatsmonopols immer einen wichtigen ökonomischen Faktor darstellten. Die Funde der Ausgrabungen (Gebrauchswaren, Münzen) zeigen, dass Kallirrhoë vom Handel mit Jerusalem und anderen judäischen Orten an der Westseite des Toten Meeres abhängig war und dass gleichzeitig Kontakte mit dem nabatäischen Königreich bestanden. Kallirrhoë war somit trotz seiner recht isolierten geografischen Lage während seines gut 80-jährigen Bestehens bis zur Zerstörung der Palastfestung von Machaerus durch die Römer Teil der kulturellen und ökonomischen Gemeinschaft der Region des Toten Meeres.

Heute ist ez-Zara mit einer modernen Autostraße verbunden, die am ganzen Ostufer entlang führt und an den Wochenenden Massen von Besuchern anzieht. Der Bau von Straßen und Häusern selbst im Innern der Oase haben deren archäologische Stätten und das ökologische Gleichgewicht zerstört. Die ursprüngliche Flora und Fauna ist zu einem großen Teil gerodet und das bebaubare Land wird nun ganzjährig bewirtschaftet. Die Felder, aufgeteilt in kleine Parzellen und durch kleine Kanäle bewässert, folgen vermutlich zum Teil noch den im Altertum eingegrenzten Anlagen. Angepflanzt wird vor allem Gemüse, während es bis vor kurzem noch Anbau von Weizen, Gerste (Durra) und Tabak gab. In keiner Beschreibung früher Reisender werden Obstbäume erwähnt, wohl aber Dattelpalmen. Heute gibt es Obstbäume, dafür aber ist die jahrhundertealte Kultivierung von Dattelpalmen in ez-Zara verschwunden.

ZOARA, KHIRBET QAZONE UND DIE NABATÄER

am Südostende des Toten Meeres

von Konstantinos D. Politis

Durch antike Historiker wie Diodorus, Strabon und Flavius Iosephus sind uns die Nabatäer als ein Volk bekannt, das am Toten Meer lebte und vom Handel mit den reichen natürlichen Rohstoffen der Region, wie Bitumen, Salz, Balsam und Schwefel, recht gut leben konnte.[1] An mehreren Fundstätten entlang des Südostufers des Toten Meeres sind noch heute Spuren nabatäischer Präsenz zu finden.

Dazu gehören die große Befestigung von Umm et-Tuwabin, das städtische Zentrum bei Khirbet Sheikh 'Isa in der Araba-Senke (Ghor es-Safi), das Höhlenheiligtum und der Friedhof bei Deir 'Ain 'Abata, die Forts an den Öffnungen der Wadis Numeira, 'Isal und Kerak, der Gutshof von Qasr el-Bileida, die befestigten Siedlungen mit zugehörigen Friedhöfen bei Khirbet Sekine und Haditha sowie der Friedhof von Khirbet Qazone in der Ghor al-Mazra'a. Man kann mit großer Wahrscheinlichkeit annehmen – besonders im Hinblick auf das Ziel dieses Beitrags – dass diese geografische Region den historischen Distrikt von Zoara (Abb. 1) darstellt. Durch die archäologische Erschließung dieses Gebiets konnte eine wesentliche Lücke unserer Kenntnis über die Kultur- und Besiedlungsgeschichte der Region am Toten Meer geschlossen werden. Die Ergebnisse der archäologischen Untersuchungen um Zoara verdeutlichen, wie vielfältig das Leben in diesem Raum insgesamt war. Die Tatsache, dass die Gegend um Zoara die Heimat derjenigen Flüchtlinge war, deren Hinterlassenschaften und wahrscheinlich zum Teil auch Überreste man in den Höhlen bei En-Gedi am Westufer des Meeres gefunden hatte, unterstreicht nochmals, dass man die Region am Toten Meer als Einheit begreifen muss.

DIE IDENTIFIKATION VON ZOARA IN DER GHOR ES-SAFI

Der antike Distrikt Zoara befand sich in der Tiefebene, die sich entlang des Südendes des Toten Meeres und weiter nach Süden hinab erstreckt, dem Ghor es-Safi (Grid E 195, N 048), am tiefsten Punkt der Erde. Auf der berühmten Mosaikkarte von Madeba in Jordanien aus dem späten 6. Jh. n. Chr. wird der Ort korrekt mit dem biblischen Zoora, unmittelbar bei der Kirche des Heiligen Lot (Deir 'Ain 'Abata), identifiziert (Abb. 2).[2]

Abb. 1: Blick aus der Luft auf Khirbet Sekine und Haditha. (Royal Jordanian Geographic Center).

Das Alte Testament beschreibt Zoara als eine der „fünf Städte der Ebene", zu denen Lot und seine Töchter nach der Zerstörung von Sodom und Gomorrha zunächst geflohen waren (Gen 19,30–38). Frühislamische Quellen fügen der Geschichte hinzu, dass Zoara auch der Ort gewesen sei, an dem Lots jüngere Tochter Zughar begraben ist[3], daher auch der Name der mittelalterlichen Stadt. Zuerst berichteten H.-B. Tristram im Jahr 1872 und A. Musil im Jahr 1897 von antiken Resten in der Ghor es-Safi. Diese wurden im frühen 20. Jh. von W. F. Albright, F. Frank und N. Glueck dokumentiert und sind seither von W. E. Rast und R. T. Schaub, G. R. D. King, B. MacDonald, M. Waheeb und K. D. Politis gründlicher untersucht worden. 1999 begann ein langfristiges Forschungsprojekt, das sich zunächst auf einen Oberflächensurvey konzentrierte und in dessen Folge auch Testgrabungen stattfanden. Seit 2004 wurde das Surveygebiet vergrößert und umfasst nun die gesamte Ghor es-Safi einschließlich ihrer Umgebung; auch erfolgte die Erweiterung der ursprünglichen Grabungsschnitte.[4]

DIE FRÜHESTEN BESIEDLUNGSPHASEN: BRONZE- UND EISENZEIT

Die frühesten Spuren menschlicher Siedlungstätigkeit in der Ghor es-Safi stammen aus der Frühbronzezeit I–II (ca. 3100–2600 v. Chr.), als an den südöstlichen Hängen der Mündung Wadi al-Hasa, einem Gebiet, das heute als an-Naq' bekannt ist, Zehntausende von Gräbern angelegt wurden. Bisher konnte keine zugehörige Siedlung zweifelsfrei identifiziert werden, doch müsste deren Ausdehnung mit Blick auf die Anzahl der Gräber sehr beträchtlich gewesen sein. Ähnliche Friedhöfe fand man in der südlichen Ghor am Toten Meer bei Bab edh-Drah, Numeira, Feifa und Khneizira, dort aber tatsächlich in Verbindung mit großen mauerumwehrten frühbronzezeitlichen Siedlungen.[5] Diese wurden ausgegraben und intensiv erforscht[6], sollen im Rahmen dieses Beitrags aber nicht weiter interessieren.
Aus der Ghor es-Safi sind ferner zahlreiche aus Stein gebaute Kammergräber (Dolmen, cairn tombs) aus der Mittelbronzezeit II (ca. 1750 v. Chr.) bekannt. Ähnlich wie diejenigen bei Deir 'Ain 'Abata wurden die Gräber zumeist am natürlichen Ufersaum des Toten Meeres angelegt.[7] Die Tatsache, dass sich in den Kammergräbern oft Mehrfachbestattungen befanden und einige offensichtlich wiederverwendet wurden, legt nahe, dass sie ursprünglich als Familiengrabstätten dienten. Die traditionelle Beweglichkeit mittelbronzezeitlicher Bevölkerungsgruppen ist in dieser Region weniger deutlich zu beobachten als anderenorts, auch fehlen Spuren zugehöriger Siedlungen. Vielleicht lebte die mittelbronzezeitliche Bevölkerung nach der Art heutiger nicht-sesshafter Beduinengruppen der Umgebung, die jedes Jahr zum selben Ort zurückkehren, um ihre Zeltlager aufzuschlagen und auch um spezielle Bestattungsplätze einzurichten. Die jüngsten Surveys und Ausgrabungen in der Ghor es-Safi haben weitere mittelbronzezeitliche Gräber erbracht, Siedlungsreste fehlen aber nach wie vor.[8] Als Ausnahme kann der saisonale Wohnplatz bei Zahrat adh-Dhra' etwas weiter nördlich in der Ghor al-Mazra'a gelten.[9] Wahrscheinlich bringen zukünftige Untersuchungen weitere mittelbronzezeitliche Siedlungsplätze ans Licht.
Da die Eisenzeit im Gebiet südlich des Toten Meeres nur unzureichend repräsentiert ist, stellt die Entdeckung der Fundstätte Tuleilat Qasr Mousa Hamid einen signifikanten Fortschritt dar.[10] Der Fundplatz ist ein ausgedehnter, niedriger Tell im Schwemmfächer des Wadi al-Hasa und liegt inmitten moderner Felder. Bereits auf der Oberfläche lagen dutzende große Sattelmühlsteine und eisenzeitliche Keramik verstreut. Grabungen an den äußeren Enden der Fundstelle brachten Funde aus zwei Siedlungsphasen der Eisenzeit II (900 v. Chr.) zutage, die zu einer ansehnlichen landwirtschaftlichen Siedlung gehörten. Die Nähe der Siedlung zum Toten Meer hilft zudem bei der Lokalisierung der antiken Uferlinie. Angesichts der Tatsache, dass viele Bibelwissenschaftler die alttestamentlichen Patriarchenerzählungen mit der Eisenzeit in Verbindung bringen, könnte man diese Fundstelle mit der moabitischen Stadt 'Zoar' identifizieren, doch besitzt auch das Fort von Khnesirah eisenzeitliches Material. Lokalisierungen dieser Art sind ohnehin höchst hypothetisch.

NEUE BLÜTE: DIE HELLENISTISCHE, NABATÄISCHE UND RÖMISCHE PERIODE

Viel dichter ist das Fundaufkommen aus der hellenistischen bis in die römische Zeit (ca. 200 v. Chr. bis ca. 400 n. Chr.). So förderten zwei moderne Bewässerungsgräben am Nordwestende von Tuleilat Qasr Mousa Hamid nabatäisch-römische Keramik ans Tageslicht, die von einer landwirtschaftlichen Siedlung stammen könnte. Demgegenüber hatte Umm et-Tuwabin auf dem südöstlichen Hügel oberhalb des Wadi al-Hasa, wo eine große ummauerte Festung mit Resten kreisförmiger Zeltplätze gefunden wurde, militärische Bedeutung.[11] Unmittelbar südöstlich davon bei Wadi Abrash verläuft ein Pfad, der noch heute von Lasttieren benutzt wird.[12] Nach Nordosten hin erstreckt sich das Wadi Sarmuj, wo eine 3–6 m breite antike Straße Zoara mit dem Kerak-Plateau im Osten und schließlich mit der *via nova Traiana* verband.[13] Ein vollständiger Survey dieser Trasse hat ergeben, dass sie ursprünglich in der Kaiserzeit als getreppte Römerstraße angelegt worden war und – wie drei entlang der Straße errichtete Moscheen zeigen – noch bis weit ins islamische Mittelalter hinein benutzt wurde.[14]

Deir ʿAin ʿAbata

Zahlreiche Objekte aus der Zeit vom 2. Jh. v. Chr. bis ins 2. Jh. n. Chr. wurden bei Deir ʿAin ʿAbata gefunden, ohne dass die dazugehörenden Baustrukturen jedoch in diesen Horizont datiert werden könnten. Bisher wurden große Mengen der typisch nabatäischen Feinkeramik, daneben Architekturreste, Tonlampen, Münzen und ein außerordentliches Steingefäß entdeckt. Alle diese Funde belegen noch weitgehend undeutliche Siedlungsaktivitäten aus der Zeit vor dem frühchristlichen Klosterkomplex, der später an dieser Stelle errichtet wurde. Die nabatäischen Architekturelemente, die beim Bau der byzantinischen Kirche benutzt wurden, können entweder als Spolien früherer Bauten interpretiert werden oder sie belegen, dass sich ältere Stilelemente bis in byzantinische Zeit hin durch hielten. Nabatäische Öllampen und in nabatäischer Schrift beschriebene Scherben demonstrieren allesamt, dass das nabatäische Einflussgebiet in hellenistisch-frührömischer Zeit in der Tat bis ans südöstliche Ufer des Toten Meeres reichte. Dies stimmt nahtlos mit den literarischen Zeugnissen überein, die die Ausdehnung des Nabatäerreiches beschreiben.[15] Gut möglich ist, dass die Gegend als nabatäischer Begräbnisplatz diente, vielleicht in Nachfolge örtlicher bronzezeitlicher Traditionen. Nahe der Quelle von Deir ʿAin ʿAbata (Areal J. XVI) wurden sechs Ost-West-orientierte Gräber entdeckt, hinzu kamen wiederum zahlreiche auf der Oberfläche verstreute nabatäische Scherben.[16] Ähnliche Friedhöfe wurden an anderen Orten gefunden, am berühmtesten ist derjenige von Khirbet Qazone, der offensichtlich von gewöhnlichen Nabatäern belegt war.[17] Im Unterschied dazu scheinen die Funde in der Höhle von Deir ʿAin ʿAbata zu Personen mit höherem Status gehört zu haben. Sie umfassten Importkeramik und eine ungewöhnliche südarabische Alabaster-Pyxis, die wohl als Weihrauchbehälter diente. Die Nabatäer spezialisierten sich bekanntlich auf den Handel mit diesem Luxusprodukt, eine derartige Grabbeigabe wäre sehr wertvoll. Leider sind die späthellenistisch-nabatäischen Befunde durch den Bau der byzantinischen Kirche derart gestört, dass es nicht möglich war, den Charakter der nabatäischen Präsenz in Deir ʿAin ʿAbata völlig zu verstehen.

Khirbet Sheik ʿIsa

Surveys, Architekturreste und Ausgrabungen lassen vermuten, dass in der Nähe von Khirbet Sheik ʿIsa eine große Siedlung aus ansehnlichen, mit Mosaikfußböden ausgestatteten Bauten existierte, die durch eine Befestigungsmauer umschlossen war, wie sie ähnlich auf der Madeba-Karte abgebildet ist. Jüngste Ausgrabungen haben beeindruckende Strukturen aufgedeckt, die mit dem städtischen Zentrum von Zoara in Verbindung gebracht werden können.[18] Das gesamte Gebiet war von landwirtschaftlichen Feldern umgeben, die durch den ganzjährigen Zufluss aus dem Wadi al-Hasa gut mit Wasser versorgt waren. Ein Damm und eine Wasserleitung an der Südseite des Wadi-Austritts dienten vermutlich diesem Zweck.[19] Kürzlich wurde hier zudem eine nabatäische Inschrift neben einer Felsnische entdeckt, die den Bau des Dammes in die Periode zwischen dem 2. Jh. v. Chr. und 1. Jh. n. Chr datiert.[20]

Klöster und Mönche

In frühchristlicher Zeit gehörte Zoara zur Provinz *Palestina Tertia*, war Bischofssitz und beherbergte mindestens bis ins 7. Jh. n. Chr. eine lebendige christliche Gemeinde. Obwohl Archäologen erst vor Kurzem damit begonnen haben, Gebäude im Zentrum von Khirbet Sheik ʿIsa freizulegen, erhalten wir doch einen guten Einblick in die Größe der christlichen Gemeinde durch jüngste Grabungen im frühbyzantinischen Klosterkomplex von Deir ʿAin ʿAbata, der dem Heiligen Lot geweiht war.[21] Andere monastische Zentren der Region waren die Einsiedeleien auf der Lisan-Halbinsel sowie ein weiteres Kloster am Nordhang des Wadi al-Hasa, wo eine Inschrift und ein dazugehöriges Grab wohl einem frühchristlichen Heiligen zuzuweisen sind.[22] Die Klosteranlagen im Distrikt von Zoara scheinen eng mit den Mönchsgemeinschaften in der judäischen Wüste verbunden gewesen zu sein, wie beim heiligen Stefanus von Saba nachzulesen ist.[23]

Im Jahre 2004 wurde ein begrenztes Gebiet bei an-Naqʻ ausgegraben, das die Bauweise und Orientierung von Gräbern aus dem frühbyzantinischen Friedhof verdeutlicht. Alle zehn Körper waren in nord-südlicher Richtung ausgestreckt, mit dem Kopf nach Süden. Es waren keinerlei Beigaben vorhanden, abgesehen von einigen frühbronzezeitlichen Scherben, die vermutlich aus älteren Bestattungen stammen und in das Füllmaterial geraten waren. Die meisten Gräber waren mit vertikalen, grob behauenen Sandsteinplatten und rundlichen Wadi-Blöcken eingefasst; nur ein Grab war aus Lehmziegeln errichtet. Alle Gräber waren mit Steinen abgedeckt, jedoch wurden keine Grabstelen gefunden. Die vorläufige anthropologische Analyse zeigte, dass Männer, Frauen und Kinder in dem Gräberfeld gemeinsam bestattet wurden.[24]

Die Surveys und Grabungen im Ghor es-Safi haben zur Wiederentdeckung des antiken Zoara geführt und ein deutliches Bild vom archäologischen Potenzial der Ortslage ermöglicht. Vielleicht das bisher bedeutsamste Einzelresultat stellt die Dokumentation und Analyse der Grabinschriften dar, die uns unschätzbare historische Informationen über die ethnische Identität der Bevölkerung an den Ufern des Toten Meeres während des 4. bis 7. Jhs. n. Chr. liefern (Abb. 3).[25] Die späteste Besiedlungsphase bietet auch die substanziellsten Reste im Ghor es-Safi, nämlich die Überbleibsel der mittelalterlichen Stadt Zughar (11.–15. Jh. n. Chr.). Sie umfassen eine noch erhaltene Zuckerfabrik (Tawahin es-Sukkar) samt dreier Wassermühlen und eine Raffinerie. Früharabische Autoren erwähnen Zughar als bedeutendes Handelszentrum auf der Grundlage von Zucker, Datteln und Indigo-Produktion. Es ist durchaus vorstellbar, dass die heutigen Bewohner von Ghor es-Safi Nachkommen afrikanischer Sklaven sind, die in die Region gebracht wurden, um in diesen Plantagen zu arbeiten.

Khirbet Qazone

Khirbet Qazone wurde im Jahre 1996 zufällig entdeckt und noch im selben Jahr begann unverzüglich eine Rettungsgrabung, die erst 2004 abgeschlossen wurde. Dabei wurden mehr als 5000 Gräber entdeckt, viele davon waren bereits geplündert. 23 der Gräber wurden zwischen 1996 und 1997 fachgerecht ausgegraben.[26] Jedes dieser Gräber enthielt eine einzelne Bestattung, Hinweise auf Zweitbestattung wurden nicht gefunden. Die meisten Gräber waren in den weichen Boden eingegraben und im Osten mit einer entlang der Schachtseite verlaufenden Nische versehen, die mit Lehmziegeln abgedeckt war. Mindestens zwei Gräber waren als Steinkisten gebaut. Männer, Frauen und Kinder waren gemeinsam zur letzten Ruhe gebettet, wobei ihre Schädel an der Südseite des Grabes orientiert waren. Obwohl örtliche Grabräuber behaupten, in den Gräbern von Khirbet Qazone Schmuck, Glasgefäße, kleine Holzkistchen und Papyri gefunden zu haben, enthielten nur sehr wenige der Gräber, die auf legalem Wege geöffnet wurden, derartige Objekte. Schmuckgegenstände umfassten eiserne Armreifen, Hals- und Ohrringe aus Kupfer und Silber, goldenen Ohr- und Armschmuck und einen sehr abgenutzten Skarabäus. Ein hölzerner Stab, ein Paar Sandalen und ein Lorbeerkranz wurden im Grab eines erwachsenen Mannes gefunden. Vier Dushara-Betyle bzw. Nefesh-Stelen aus beraubten Gräbern ähneln solchen aus Petra.[27] Auf einem Lehmziegel war ein Dushara-Symbol eingraviert, eine Grabstele besaß die griechische Inschrift „Afseni, die Hübsche".[28] Der Gebrauch der griechischen Sprache in Nabatäa während des 1. und 3. Jhs. n. Chr. war nicht ungewöhnlich, da es die *lingua franca* des östlichen Imperiums war. Drei griechische Papyri, die Grabräuber in Khirbet Qazone gefunden haben, enthalten nabatäische Namen und erwähnen Landbesitz (zurzeit in der Sammlung von Shlomo Moussaieff in London, England). Weitere 20 Gräber wurden 2004 untersucht. Ein wichtiges Ziel der neuerlichen Untersuchungen war es, DNA-Proben von jedem Grab zu nehmen, die die Grundlage für eine anthropologische Studie der menschlichen Population in der Region während der nabatäisch-römischen Zeit bieten soll, um sie dann mit Befunden aus den Gräbern von Petra und anderen Orten zu vergleichen. Weiterhin erfolgte ein vollständiger Oberflächensurvey des Friedhofs, bei dem ein Plan angefertigt wurde, in den alle früheren Grabungsschnitte eingetragen wurden. Leider war dabei festzustellen, dass sich das Ausmaß der Grabplünderungen seit 1997 nahezu verdoppelt hat. Die neuen Schnitte wurden in verschiedenen Regionen des Friedhofs angelegt, um eventuelle Unterschiede in Grabtyp und Chronologie erkennen zu können. Dies ist auch gelungen. Oberflächenfunde am nordwestlichen Rand des Friedhofs legen zudem nahe, dass sich dort frühchristliche Gräber befinden. Mehrere Grabsteine mit eingeritzten Kreuzen wurden entdeckt, während das Keramikrepertoire große Randstücke von African Red Slip-Ware aus dem späten 4. Jh. n. Chr. beinhaltete. In diesem Areal waren die Grabstrukturen in ost-westlicher Richtung orientiert und mit grob behauenen Kalksteinplatten abgedeckt. Die Gräber enthielten Mehrfachbestattungen, eines gar mit insgesamt sieben Individuen. Unter den Funden aus diesen Gräbern waren Halsbänder aus Glasperlen und eiserne Armreifen, andere Beigaben waren jedoch nicht zu verzeichnen.

Grabungsschnitte in den östlichen und zentralen Bereichen des Friedhofs erbrachten mehrere intakte Senkgräber mit Nische im Osten und mit einer Reihe von fünf Lehmziegeln verschlossen. Viele Gräber dieses Typs enthielten gut erhaltene Leichen, die in Textilien ähnlich derer eingehüllt waren, die bereits in früheren Grabungen gefunden wurden. Der trockene Boden, in den die Grabschächte eingesenkt waren, und deren nahezu luftdichte Konstruktion trocknete die Körper aus und führte zur Erhaltung von Haut, Haaren und sogar inneren Organen. Einige dieser Leichname waren in Leder und Textilien gehüllt. Die Lederhäute waren speziell zu Tüchern zusammengenäht, dekoriert und teilweise rot bemalt. Das Textilmaterial hingegen bestand zumeist aus abgelegten Mänteln und Tuniken in griechisch-römischem Stil.[29] Die Textilien aus Khirbet Qazone stammen aus dem 2. und 3. Jh. n. Chr. und lassen sich am einfachsten mit Kleidung aus der „Briefhöhle" von der Westseite des Toten Meeres bei En-Gedi vergleichen, wo Textilien aus der Zeit des Bar-Kochba-Krieges entdeckt wurden, oder mit Fun-

Abb. 2: Die Mosaikkarte von Madeba: Zoara wird hier als von sechs Palmen umgebene, befestigte Stadt mit drei Türmen und einem gewölbten Eingangstor dargestellt. Weiter im Südwesten zeigt die griechische Beischrift EPHMI(A) („Wüste") die Grenze zum Negev an.

Abb. 3: Grabsteine aus Zoara.

den aus Dura Europos, wo Textilien aus der ersten Hälfte des 3. Jhs. n. Chr. in Gräbern geborgen wurden.³⁰ Die Mäntel gehören zum rechteckigen griechischen Typ (gr. *himation* bzw. lat. *pallium*) und sind bis auf eine hellrote Ausnahme ungefärbt. Frauengewänder sind mit vier symmetrisch angeordneten purpurnen Motiven in Winkelform verziert. Die Tuniken gehören zum römischen Typ mit pupurnem Streifen (*clavus*), der von beiden Seiten des Halses hinablief. Die Kombination aus Wolltunika mit Wollmantel kann als „griechisch-römisch" bezeichnet werden, doch verschleiert diese Diktion den eigentlich universalen Charakter dieser Mode, die zu dieser Zeit bei den Menschen des östlichen Mittelmeergebietes bereits Standard geworden war. Auch römisch-nabatäische Keramik fand sich in diesen Gräbern. Eine runde, mit verkohltem und geschwärzten Material angefüllte Vertiefung befand sich in unmittelbarer Nähe eines dieser Gräber. Offensichtlich ist diese Struktur als solide gebaute Feuerstelle anzusehen, die man für rituelle Mähler am Grab nutzte, was gut zu den durch Scherben nachgewiesenen Keramiktypen passen würde. Totenmähler sind ein bekanntes Element nabatäischer Religion.³¹

Im Südosten des Friedhofs wurden zwei Senkgräber entdeckt, die bisher in *Qazone* einzigartig sind. Beide waren ausgeraubt, doch fanden sich im Aushub noch zahlreiche Fragmente nabatäischer Feinkeramik. Das erste Senkgrab enthielt einen steinernen Sarkophag, der in zwei Teile zerschlagen – d. h. Boden und Seiten – und mit zwei großen Schlusssteinen verschlossen war. Im zweiten Grab befand sich in der Mitte des Schachtbodens ein rechteckiger Behälter aus Lehmziegeln. Der Behälter war mit ebensolchen Lehmziegeln verschlossen, die man waagrecht darüber gelegt hatte.

Die Gräber im Westen des Friedhofs unterschieden sich auffallend von den übrigen Bestattungen. Die Schächte waren ostwestlich orientiert. Jedes Grab enthielt ein Skelett, wobei die Körper seitlich abgelegt waren, die Schädel lagen im Osten, der Blick war nach Süden gerichtet. In mehreren Fällen waren kleine Natursteine beidseitig des Schädels und an den Rückseiten der Knie so angebracht, dass sie den Körper in Position hielten. Es wurden keinerlei Beigaben entdeckt.

Die Kampagne im Jahr 2004 ergab zweifelsfrei, dass fünf verschiedene Grabtypen in Khirbet Qazone Anwendung fanden.[32] Jeder Grabtyp wurde gleichermaßen von einem breiten Spektrum der Population – einschließlich Männern, Frauen und Kindern – genutzt. Keramiktypen und Grabform (Schacht plus mit Lehmziegeln verschlossene Seitennische an Ostseite) legen nahe, dass der Friedhof überwiegend in die römisch-nabatäische Periode zu datieren ist. Die Nutzung setzte sich jedoch bis in frühchristliche Zeit fort, wobei sowohl hinsichtlich der Grabform, des Reichtums der Beigaben als auch des Alters der Bestattungen deutlich größere Unterschiede zu beobachten sind. Obwohl die älteren Gräber von Khirbet Qazone deutlich denjenigen von Qumran am Nordwestufer des Toten Meeres ähneln, zwingt nichts zu der Annahme, dass sie zu einer Essenergemeinschaft gehörten.[33] Wahrscheinlich ist vielmehr, dass die Gräber von Khirbet Qazone zu den nabatäischen Bewohnern Mahozas im Distrikt von Zoara gehörten, auf die die Dokumente aus der Briefhöhle bei En-Gedi zurückgehen.

Nördlich des Friedhofs von Qazone in den Ascheablagerungen der mittelalterlich-islamischen Zuckerfabrik von Mazra'a nahe des Wadi Kerak hatten bereits frühere Surveys Scherben aus dem 1. bis 3. Jh. n. Chr. zutage gebracht.[34] Vermutlich befand sich dort die zu Khirbet Qazone gehörende Siedlung. Regionale Untersuchungen legen zudem nahe, dass sich ähnliche Friedhöfe mitsamt zugehörigen Siedlungen aus der gleichen Epoche auch in Khirbet Sekine und Haditha befanden. Ein weiteres Gräberfeld befindet sich in Feifa, wo ebenfalls identische Grabstrukturen und Textilfragmente wie in Khirbet Qazone entdeckt wurden, ebenso wie im ungestörten Friedhof in Areal J. XVI von Deir 'Ain 'Abata.[35]

Khirbet Sekine, Qasr el-Bileida und Haditha

Unmittelbar nördlich von Khirbet Qazone befinden sich drei weitere, einander sehr ähnliche Ortslagen. Die kleine befestigte Siedlung von Khirbet Sekine (Abb. 4) verfügte über einen benachbarten Friedhof mit identischen Senkgräbern wie in Khirbet Qazone. Leider wurde der Ort bisher kaum archäologisch untersucht, obwohl er durch Grabräuber und moderne Baumaßnahmen stark in Mitleidenschaft gezogen ist. Die wenigen auf der Oberfläche aufgelesenen Keramik- und Glasfragmente weisen auf eine Besiedlung in spätrömischer Zeit.

Etwas verborgen an der Mündung des Wadi Kerak liegt ein landwirtschaftlich gut nutzbarer Schwemmlandfächer. Hier kontrollierten in nabatäischer, römischer und byzantinischer Zeit zwei Forts den Aufstieg zur strategisch wichtigsten Stadt nach Kerak. Während diese Anlagen bisher kaum untersucht sind, wurden in dem kleinen, aus massiven behauenen Kalksteinen errichteten Gutshof von Qasr el-Bileida jüngst erste Sondagen unternommen, die eine Besiedlung im 1. und 2. Jh. n. Chr. nahelegen.[36]

Auf der höchsten Erhebung nahe des modernen Dorfes Haditha befinden sich schließlich geringe Reste einer weiteren Befestigung, Qal'at el-Haditha. Die ehemaligen Bauten sind aufgrund langer militärischer Präsenz von der osmanischen zur jordanischen Armee nun praktisch ganz verschwunden. Die Lage der Befestigung ist freilich ideal, hatte man von dieser strategischen Position aus doch einen weiten Blick über die gesamte Südhälfte des Toten Meeres. Die Architekturfragmente, Keramik- und Münzfunde von der Oberfläche der Ortslage im Zusammenhang mit Befunden vom benachbarten Friedhof belegen eine ansehnliche spätrömische Besiedlung.[37] Die benachbarten Ruinen von el-Qasr und Mutraba könnten ursprünglich als Wachtürme zu dieser Siedlung gehört haben.[38] Zieht man den drastischen Rückgang des Wasserstands des Toten Meeres in Betracht und die stets rückläufige Uferlinie, hätte Haditha direkt am antiken Ufersaum gelegen. Mit Blick auf all diese Faktoren scheint es nicht unwahrscheinlich anzunehmen, dass in Haditha derjenige Ort des Distrikts von Zoara zu suchen ist, der im Babatha-Archiv als „Hafen von Mahoza" bezeichnet wird (siehe dazu den Beitrag von G. Faßbeck in diesem Band).

Im Zuge neuerer archäologischer Felduntersuchungen am südöstlichen Ufer des Toten Meeres ist – neben älteren Resten – eine große Anzahl von Siedlungen aus der Zeit zwischen dem 1. und 3. Jh. n. Chr. entdeckt worden, die deutlich zum nabatäischen Kulturkreis gehören. Dieser Charakter war besonders evi-

dent in Khirbet Qazone durch die Präsenz der typischen bemalten Keramik und Schmuck sowie – besonders wichtig – durch vier sogenannte Dushara-Betyle- bzw. Nefesh-Stelen. Das übrige Fundspektrum ist allgemein der griechisch-römischen Kultur zuzuordnen. Der außerordentlich gute Erhaltungszustand vor allem organischen Materials, wie auch menschlicher Körper überhaupt, vermittelt uns einen faszinierenden Einblick in das Leben ganz normaler Nabatäer an den Ufern des Toten Meeres. Die Befunde aus der Region um Zoara liefern nicht nur einen wichtigen Einblick in die Kontakte zwischen dem West- und dem Ostufer des Toten Meeres, sondern lassen auch erkennen, wie dicht dieses Gebiet in hellenistisch-römischer Zeit aufgesiedelt war. Gutshöfe, Dörfer, Städte und die dazugehörige Infrastruktur belegen die intensive landwirtschaftliche Nutzung eines Landstrichs, der heute karg und unwirtlich erscheint. Schriftliche Quellen, darunter besonders die Dokumente aus den Höhlen bei En-Gedi, ergänzen die archäologischen Befunde in hervorragender Weise und helfen, ein völlig neues Bild der Welt am Toten Meer zu entwerfen.

(aus dem Englischen von J. Zangenberg)

Abb. 4: Khirbet Sekine, von Westen aus gesehen.

FENSTER INS LEBEN

Die Dokumente Shimon Bar-Kochbas,
der Salome Komaïse, Babathas und
des Eli'ezer Ben-Samuel aus der Wüste Juda

von Gabriele Faßbeck

Zu den bewegendsten Funden aus dem Altertum, auf die Archäologen hoffen dürfen, gehören zweifellos Dokumente antiker Menschen, insbesondere wenn sie so zahlreich sind, dass sich daraus individuelle Lebensgeschichten rekonstruieren lassen. Derartige Dokumente sind im archäologischen Befund ausgesprochen rar. Im reichen Fundus der archäologischen Hinterlassenschaften Israels lässt sich nur ein Beispiel benennen und dieses stammt aus der Region um das Tote Meer.

Abb. 1: Blick auf das Obere Herodium, einen künstlichen Hügel mit Rundbefestigung mit Türmen, Peristyl, Bad und Palastgebäuden.

ZWISCHEN ENTTÄUSCHUNG UND TRIUMPH: DIE ERFORSCHUNG DER HÖHLEN BEI EN-GEDI (1960/61)

In mehreren Höhlen der tief eingeschnittenen Täler, die sich zwischen En-Gedi und Masada in west-östlicher Richtung bis ans Ufer des Meeres erstrecken, fanden Archäologen eine große Anzahl von Papyri, die in die erste Hälfte des 2. Jhs. n. Chr. datieren. Diese Dokumente erlauben einen unvergleichlichen Einblick sowohl in die Sozial- und Rechtsgeschichte der römischen Provinzen *Judäa* und *Arabia*, die regionalen Beziehungen zwischen den Anrainern des Toten Meeres als auch in die dramatischen Ereignisse des Zweiten Jüdischen Krieges gegen Rom, des sogenannten Bar-Kochba-Aufstands (132–135 n. Chr.). Die Fundgeschichte ist eng mit dem Namen eines der bekanntesten israelischen Archäologen verknüpft: Yigael Yadin. Dieser General und Archäologe hatte bei archäologischen Grabungen in Nahal Hever in den Jahren 1960 und 1961 das Glück, Teile des Briefverkehrs zwischen Bar-Kochba und seinen Kommandanten in En-Gedi sowie mehrere private Dokumentenarchive anderer Personen zu bergen.[1]

Bereits einige Jahre zuvor hatten Nachrichten über Papyrusfunde (Abb. 2) aus dem damals unter jordanischer Herrschaft stehenden Nordwestufer des Toten Meeres die Öffentlichkeit erreicht. Beduinen hatten im unweit südlich Khirbet Qumrans sich erstreckenden Wadi Murabba'at Papyri, teilweise ebenfalls zur Korrespondenz Bar-Kochbas gehörig, gefunden und auf den Antikenmarkt lanciert. Archäologen setzten nach und fanden neben weiteren Dokumenten klare Hinweise auf die Nutzung einiger Höhlen im Wadi u. a. in römischer Zeit. Als sich die Nachrichten mehrten, dass Beduinen bald darauf am südlicheren, zum Staatsgebiet Israels gehörigen Westufer tätig geworden waren und weitere Papyri zutage gefördert hatten, war Handeln dringend geboten. Unter der Leitung Yohanan Aharonis, Inspekteur des israelischen Antikendienstes, untersuchten Archäologen in mehreren Anläufen Höhlen in Nahal Hever und im knapp südlich von En-Gedi verlaufenden Nahal Arugot in dem Bemühen, den allzu findigen beduinischen Antikenräubern zuvorzukommen.

Die Forscher stießen in verschiedenen Felshöhlen auf Zeugnisse menschlicher Nutzung. Ein herausragender Fund gelang den Archäologen in der sogenannten „Höhle der Schrecken" (Cave of Horrors) in Nahal Hever, die Dutzende menschlicher Skelette preisgab. Dabei handelte es sich um Überreste von Männern, Frauen und Kindern, die allesamt in den grausamen Wirren des Bar-Kochba-Aufstands ums Leben gekommen waren. Doch mussten die Expeditionsteilnehmer auch hier feststellen, dass die Beduinen ihnen zuvor gekommen waren: Was sonst an interessanten archäologischen Fundstücken in den Höhlen verborgen gewesen sein mag, war bereits geplündert. Mit einiger Enttäuschung wurden die archäologischen Begehungen eingestellt. Freilich war damit das ursprüngliche Problem des Antikenraubes nicht ausgeräumt. Schließlich entschied man sich zu einer groß angelegten konzertierten Aktion unter Beteiligung der Hebräischen Universität, des israelischen Antikendienstes und der *Israel Exploration Society* mit beträchtlicher logistischer Unterstützung durch die israelische Armee. Solche Unterstützung war dringend notwendig, denn es war klar, dass die Erforschung der Felshöhlen eine ausgesprochen schwere Übung darstellte: Für eine derart große Kampagne unter der Beteiligung vieler Volontäre musste eine funktionierende Infrastruktur mitten in der Wüste geschaffen werden. Zudem waren die meisten Höhlen in steilen Felswänden gelegen: Menschen und Grabungswerkzeuge an Ort und Stelle zu bringen, erforderte nicht nur hohes bergsteigerisches Können, sondern auch entsprechende Hilfsgeräte. Die Arbeitsbedingungen in den Höhlen in völliger Dunkelheit und mit mangelnder Sauerstoffversorgung stellten eine zusätzliche Herausforderung dar, der ebenfalls mithilfe militärischer Ausrüstung begegnet wurde. Die Kampagne unter der Gesamtleitung Joseph Avirams von der *Israel Exploration Society* teilte sich in vier Expeditionen A–D, angeführt von renommierten Archäologen: Yohanan Aharoni, Nahman Avigad, Pessach Bar-Adon und Yigael Yadin. Ziel war es, eine möglichst flächendeckende Bestandsaufnahme der zwischen En-Gedi und Masada gelegenen Seitentäler durchzuführen und alle erreichbaren archäologischen Artefakte zu bergen. Die Begehungen waren zunächst auf zwei Wochen im Jahre 1960 beschränkt, im Jahr darauf folgte eine weitere zweiwöchige Kampagne.

Die vier Expeditionen waren sehr unterschiedlich erfolgreich. Alle konnten in den Tälern Nutzungsspuren u. a. aus römischer Zeit nachweisen, doch blieben die Ergebnisse der von N. Avigad und Y. Aharoni geleiteten Expeditionen insgesamt hinter den Erwartungen zurück. Pessah Bar-Adons Bemühungen konnten zwar ebenfalls weniger zur Erhellung der römischen Zeit in der judäischen Wüste beitragen als erhofft, doch hatte sein Team im zweiten Anlauf 1961 das große Glück, in einer Höhle in Nahal Mishmar auf einen außergewöhnlichen Hort von chalkolithischen Kupfergegenständen zu stoßen, die vermutlich für rituelle Zwecke bestimmt gewesen waren. Mit diesem Fund bestätigte Bar-Adon eine Beobachtung, zu der auch die anderen Expeditionsteams in weniger spektakulärer Weise beitrugen, dass nämlich die judäische Wüste für die Kupfersteinzeit (Chalkolithikum) wesentlich mehr Siedlungsspuren aufweist, als für jede andere Zeitperiode (dazu vgl. den Beitrag von W. Zwickel).[2]

Das einzige der vier Expeditionsteams, dem im Hinblick auf römerzeitliche Fundstücke Erfolg beschieden sein sollte, war das Yadins. Y. Yadin hatte den nördlichsten Sektor mit der Bezeichnung D für seine Arbeit gewählt, der Nahal Arugot (unmittelbar südlich von En-Gedi) umfasste, sowie die nördlichen Felsenklippen von Nahal Hever. In dieser Region hatten sich die Archäologen am wenigsten Funde ausgerechnet, da Aharoni alle erwähnenswerten Höhlen in Nahal Hever bereits einer gründlichen Analyse unterzogen hatte.

Mangels Alternativen musste sich die Arbeit von Yadins Team bald auf eine große Höhle, bestehend aus mehreren durch natürliche Gänge verbundenen Räumen, an der Nordseite des Nahal Hever konzentrieren, die sich unmittelbar unterhalb eines römischen Lagers befand, von dem aus die Höhle leicht unter Kontrolle zu halten war. Da Aharoni auch diese Höhle bereits erkundet hatte, waren die Erwartungen, die Yadin mit deren neuerlicher Erforschung verband, anfangs gering. Jedoch – besonders dank der künstlichen Beleuchtung, die man mithilfe der Armee erfolgreich permanent in der Höhle installierte – übertrafen die Funde bald alle Erwartungen. Zunächst bot sich den Forschern ein der nahe gelegenen „Höhle des Schreckens" vergleichbares Bild: Man fand die sterblichen Überreste von mehr als 20 Männern, Frauen und Kindern aus dem Bar-Kochba-Aufstand, die die Belagerung ihres Verstecks durch die Römer nicht überlebt

hatten. Weiterhin stießen die Forscher auf Reste der Kleidung der antiken Opfer, die sich im Wüstenklima hervorragend erhalten hatten. Dies ermöglichte detaillierteste Studien antiker Bekleidungspraxis. Die qualitativ hochwertigen Textilfunde machen vor allem deutlich, dass sich die Besitzer an kultgesetzliche Regularien hielten, die das Mischen von Geweben, etwa Wolle mit Leinen, verbieten. Die Skelette der Bar-Kochba-Kämpfer und ihrer Familien waren einige Zeit nach dem Abzug der Römer offenbar von Sympathisanten – vielleicht anderen Familienmitgliedern – notdürftig bestattet worden. So fanden die Archäologen die Schädel ohne Unterkiefer in Körbe gelegt und in einer Nische gestapelt, während die übrigen Knochen mit den Kleidungsstücken an anderer Stelle in derselben Nische zusammengesammelt und zur letzten Ruhe gelegt worden waren.

Abb. 2: Brief Bar-Kochbas auf einem Papyrusblatt.

Abb. 3: Silbermünze (Tetradrachme) aus Jahr 3 oder 4 des Bar Kochba-Aufstands. Auf der Vorderseite Fassade des Tempels in Jerusalem und Inschrift Shim'on, auf der Rückseite Lulav und Etrog mit Inschrift Für die Freiheit Jerusalems.

Die nun einsetzende intensive Suche des Teams brachte überraschend viele weitere Funde zutage: Bronzegefäße, die sich offenbar einem erfolgreichen Raubzug möglicherweise gegen ein römisches Lager verdankten, Glas-, Ton- und Steinwaren, Schmuck, Objekte aus Holz, Leder und Knochen, Körbe, Woll- und Flachsknäuel. Vor den Augen der Forscher entstand ein Panoptikum antiken Alltagslebens. Schließlich, als Krönung des außergewöhnlichen Erfolges, der dem Grabungsteam beschieden war, kamen die Papyri des Bar-Kochba, die Dokumentensammlung eines gewissen Eli'ezer Sohn des Samuel und das Archiv einer Frau namens Babatha zutage, dazu einige weitere einzelne Papyri, die, alle zusammen, der Höhle ihren modernen Namen eintrugen: „Briefhöhle" (Cave of Letters). Die drei Dokumentsammlungen waren jeweils Bestandteil sorgfältig in Nischen versteckter und mit Steinen abgedeckter persönlicher Habe von Flüchtlingen, die in der Höhle Schutz gesucht hatten.

BRIEFE IN DRANGVOLLER ZEIT: DIE KORRESPONDENZ DES SHIMON BAR-KOCHBA

Insgesamt fünfzehn Briefe des Shimon Bar-Kochba, bzw. von Männern aus seinem unmittelbaren Umfeld, konnten in der Briefhöhle geborgen werden, sodass zusammen mit den Briefen aus Wadi Murabba'at nun mindestens 22 Briefe aus dem Dunstkreis des Aufstandsführers bekannt sind, davon – soweit identifizierbar – elf in hebräischer, acht in aramäischer und zwei in griechischer Sprache. Im Vergleich mit den anderen Papyrusfunden aus der judäischen Wüste fällt als ungewöhnlich auf, dass das Hebräische überwiegt. Das ist aus der konservativen, nationalistischen Tendenz der Aufständischen erklärbar, die programmatisch das Hebräische als Nationalsprache des befreiten Israel wiederbeleben wollten. Dabei verraten aramäische Wörter und Syntax in den hebräischen Dokumenten zugleich, wie schwer zu handhaben und in gewisser Weise künstlich diese ideologiegeleitete Benutzung des Hebräischen für die Revolutionäre selbst war. Bar-Kochbas Briefe waren in einer Ziegenhaut versteckt, zusammen mit Gegenständen, die eindeutig zum persönlichen Besitz einer Frau gehörten: gefärbte Wollknäuel, Schmuckperlen, Kosmetikbehälter, Parfümflaschen, ein Spiegel, die Tunika eines Babys und weitere Stoffe. Da die Briefe abgesehen von einer einzigen Ausnahme allesamt an Bar-Kochbas Kommandanten in En-Gedi, nämlich einen gewissen Yehonatan Bar-Be'ayan (d. i. Jonathan Sohn des Be'ayan) und meist zusätzlich auch an Masabala Bar-Shim'on (d. i. Masabala Sohn des Simon), offenbar ein weiterer Kommandant, gerichtet waren, liegt die Vermutung nahe, dass eine weibliche Verwandte, vielleicht die aus den Babatha-Papyri bekannte Miriam, eine Schwester des Jonathan (dazu weiter unten), die Briefe mit in das Versteck genommen hatte.[3]

Für die Rekonstruktion der Ereignisse während des in der antiken Literatur sonst nur umrisshaft greifbaren Zweiten Krieges gegen Rom sind die Brieffunde von unschätzbarem Wert. Dank ihrer kristallisiert sich neben Herodium (Abb. 1) nun auch die Oasenstadt En-Gedi als ein weiteres Zentrum der Bar-Kochba-Revolte heraus, das offensichtlich von den zwei genannten Kommandanten befehligt wurde (vgl. den Beitrag von G. Hadas und J. Zangenberg). Die Briefe Bar-Kochbas, der sich selbst als *nasi*, d. i. 'Fürst' über Israel bezeichnete, enthalten allesamt Anweisungen an diese Untergebenen in hebräischer oder aramäischer Sprache, meist den Transport verschiedener Güter zwischen den Lagern der Aufständischen betreffend. Der Ton der Korrespondenz ist schroff und teilweise mit Drohungen angereichert. Die Dokumente sind in verschiedener Hinsicht interessant. Zum einen unterstreichen sie eine Einsicht, die die Forschung bereits dank der in Wadi Murabba'at gefundenen Korrespondenz gewonnen hatte: Bar-Kochba und seine Anhänger befolgten die religiösen Gebote. So spielt etwa die Einhaltung des Sabbat in zwei Briefen eine Rolle (Mur 44, P. Yadin 50) und die Versorgung des zentralen Lagers Bar-Kochbas – wahrscheinlich in Herodium[4] – mit den für das Laubhüttenfest typischen Früchten und Zweigen in drei weiteren (P. Yadin 52, P. Yadin 57, P. Yadin 59). Auch zwei griechische Briefe an die Kommandanten von En-Gedi fanden sich im Bündel. Aus einem der beiden geht das genaue Patronym des Anführers der Revolte hervor: *Bar-Kosiba*. Die aus der antiken Literatur bekannten Varianten *Bar-Kochba* (übersetzt: „Sternensohn" in Aufnahme von Num 24,17) und *Bar-Koz(i)ba* („Lügensohn") wären demnach Interpretation des eigentlichen Namens, erstere von Anhängern des Anführers, letztere eine Namenszuweisung nach dem Scheitern der Revolte. Die griechischen Briefe stammen wohl nicht von Bar-Kochba selbst (allerdings ist dies in einem der beiden Fälle umstritten)[5], sondern möglicherweise von Nabatäern, die sich der judäischen Revolte gegen Rom angeschlossen hatten. Sollte das der Fall sein, würde ein interessantes Licht auf den Einzugsbereich des Aufstandes fallen und antike literarische Quellen, die die Teilnahme anderer Völker am Zweiten Aufstand behaupten (Cassius Dio, *Römische Geschichte* 69,13,2), würden bestätigt (Abb. 4).

NEUES LICHT AUF ANTIKES ALLTAGSLEBEN: DIE DOKUMENTE DER SALOME KOMAÏSE

Neben den gebündelt aufgefundenen Briefen von Bar-Kochba selbst gab die Höhle Dokumente dreier in seine Revolte verstrickter Personen preis, zwei davon junge Frauen, die sich offensichtlich in den Wirren der Kriegshandlungen nach Nahal Hever geflüchtet hatten und sehr wahrscheinlich dort umgekommen sind. Diese Dokumente sind in vielerlei Hinsicht bemerkenswert, drei Aspekte seien hier herausgegriffen: Zum einen geben die Papyri den üblicherweise im historischen Befund notorisch unterrepräsentierten Frauen eine Stimme, indem sie viele neue Details über die soziale und rechtliche Stellung jüdischer Frauen dieser Zeit und dieser Region überliefern. Zum zweiten sind die Texte einzigartige Zeugnisse für die Lebensverhältnisse der ländlichen Bevölkerung, über die die literarischen Quellen ebenfalls eher wenig Aufschluss geben. Schließlich verdeutlichen sie, dass die jüdische Bevölkerung, die in der Region am Toten Meer lebte, enge Verbindungen untereinander pflegte und zwar über die Grenzen der von den Römern etablierten Provinzen hinweg. Die Papyrusarchive machen deutlich, dass das Tote Meer zu dieser Zeit in der Tat als eine einheitliche geografische Region eigenen Rechts betrachtet werden sollte, in der rege Kontakte zwischen den Anrainern bestanden und innerhalb derer die Bewohner mühelos ihren Wohnsitz zwischen den Provinzen wechseln sowie auch in der jeweils anderen Provinz Grund und Boden besitzen konnten. Zugleich lassen die Texte erkennen, wie tief greifend widerstreitende Tendenzen die Region prägten: Das Gebiet am Toten Meer war sowohl Brutstätte für vehemente Opposition gegen die römische Besatzung, die schließlich in den blutigen Ereignissen der Jahre 132–135 n. Chr. gipfelte, als auch Bühne für eine weitgehende Assimilation der jüdischen Bevölkerungsteile und für ihre ausgesprochen friedliche Koexistenz mit Nabatäern und Römern.

Wenden wir uns hier zunächst den Hinterlassenschaften der Salome Komaïse zu. Yadin fand in seinen Grabungen einzig ihren Heiratsvertrag als einzelnes Dokument, doch wurde rasch klar, dass dieser Teil einer größeren Dokumentengruppe gewesen sein muss. Salome stammte aus Mahoza, einem Dorf am Südende des Toten Meeres im Provinzdistrikt von Zoar, der zur römischen *Provincia Arabia*, dem früheren nabatäischen Reich, gehörte.[6] Wie Salomes Dokumentengruppe insgesamt beschaffen war, entzieht sich der Kenntnis der Forschung, denn bevor Yadins Team auf den Heiratsvertrag stieß, hatten Beduinen andere Bestandteile des Archivs bereits entdeckt und auf dem Antikenmarkt verkauft. Erst durch Yadins Fund konnte die Provenienz jener Papyri bestimmt werden, die bei Händlern aufgetaucht waren. Es ist unklar, wie vollständig das Archiv der Salome Komaïse erhalten ist, in seiner gegenwärtigen Form umfasst es lediglich sieben Dokumente, davon sechs in griechischer und eines in aramäischer Sprache, zusätzlich finden sich nabatäische Zeugenunterschriften. Die geplünderten Papyri haben zudem großen Schaden erlitten und sind nur sehr fragmentarisch erhalten. Salome Komaïses Dokumente datieren in einen relativ kurzen Zeitraum von nur sechs Jahren (125–131 n. Chr.). Trotz ihres bedauerlichen Erhaltungszustandes entwickeln sie ein Panorama von Salomes unmittelbarer Verwandtschaft und von ihren Lebensverhältnissen: Genannt werden der Vater Levi, die Mutter Salome Grapte mit ihrem zweiten Ehemann Josef Bar-Shimon, der Bruder der Salome und Salomes erster Ehemann Sammouos Bar-Shimon mit seinem Bruder Ionathes. Ferner begegnet Salomes zweiter Ehemann Jesus Bar-Menahem aus Soffathe in Peräa. Auf diese zweite Ehe bezieht sich der von Yadin gefundene Vertrag. Zwei der Dokumente gehörten ursprünglich Sammouos, ein anderes dem früh verstorbenen Bruder der Salome. Sie scheinen nach dem Tod der beiden Männer in Salomes Besitz übergegangen zu sein. Deutlich ist, dass Salomes Familie über einigen Landbesitz am Südufer des Toten Meeres verfügte, für den regelmäßige Abgaben an die römischen Oberherren zu leisten waren. Bescheinigungen über solche Abgaben gehören ebenso zum Archiv wie Fragmente zweier Landbesitzdeklarationen, die für die allgemeine Steuerschätzung (*census*) des Jahres 127 n. Chr. in der *Provincia Arabia* verfasst wurden. So besaßen Sammouos und sein Bruder – nach den erhaltenen Fragmenten ihrer Zensuserklärung zu urteilen – mindestens acht bis elf einzelne Grundstücke, vornehmlich Dattelpalmenhaine, aber auch Felder und Weingärten am Ufer des Toten Meeres. Auch Frauen konnten Land besitzen, wie Salomes Dokumente zeigen. Zwar waren Frauen nicht berechtigt, Landbesitz zu erben, doch war es offenbar üblich, diesem Missstand durch Schenkungen an weibliche Familienmitglieder beizukommen. Eine Schenkungsurkunde unter Salomes Papieren (XHev/Se 64; vgl. P. Yadin 7) zeigt, dass die Mutter Salome Grapte ihrer Tochter einen Dattelhain sowie einen halben Hof mit Teilen des dazugehörigen Hofhauses übereignete. Da Landbesitz mit Rechten zur Bewässerung eines Grundstücks einherging, listet die Schenkungsurkunde penibel die Bewässerungszeiten für den Palmenhain auf und gewährt so einen faszinierenden Einblick in die gemeinschaftliche Nutzung lebenswichtiger Ressourcen.

Die Tatsache, dass die Mehrzahl der Papyri im Archiv einer jüdischen Frau aus Mahoza in griechischer Sprache abgefasst sind, scheint zunächst überraschend, ist aber einfach dadurch zu erklären, dass Juden nicht umhin kamen, ihre alltäglichen Rechtsgeschäfte von den lokalen nichtjüdischen Behörden anerkennen zu lassen. Ohne Griechisch, der Verkehrssprache im östlichen Mittelmeerraum auch zur Zeit römischer Herrschaft, war das nicht zu leisten. Ein jüdischer Gerichtshof ist für die

Gegend, aus der Salome Komaïse und auch Babatha stammen, gar nicht belegt.⁷ Rechtsgültige Dokumente wurden an öffentlichen Orten deponiert, z. B. in den öffentlichen Archiven diverser Provinzzentren, in Tempelarchiven oder in der Provinzhauptstadt. Von diesen Originalen konnten Abschriften für das private Archiv in Auftrag gegeben werden. Freilich blieb Griechisch für die Provinzbewohner eine Fremdsprache, und manche der in der judäischen Wüste aufgefundenen Papyri zeigen deutlich, wie viel Mühe die Einheimischen damit hatten. Die Schenkungsurkunde der Salome Grapte zum Beispiel sticht durch ihr besonders fehlerhaftes Griechisch hervor, das mitunter erst dann verständlich wird, wenn man es ins Aramäische zurück überträgt.

Besondere Beachtung verdient der von Yadin gefundene, als Doppelurkunde ausgefertigte Heiratsvertrag der Salome Komaïse über die Ehe mit ihrem zweiten Mann Jesus Sohn des Menahem (XHev/Se 65 = P. Yadin 37). Wichtige Vertragsabschlüsse wie dieser wurden in der griechischen und römischen Antike als sogenannte „Doppelurkunden" abgefasst. Eine Doppelurkunde präsentiert den Vertragstext in zweifacher Ausfertigung jeweils untereinander geschrieben. Der obere Teil des

Abb. 4: Pfeilspitze, 4,8 cm lang, und Schlüssel, 7 cm lang, aus der Bar-Kochba-Zeit.

Abb. 5: Bronzemünze und Teile eines Schuppenpanzers aus einer Höhle am Toten Meer, Bar Kochba-Zeit.

Papyrus wurde dann so gefaltet, dass der obere Text verdeckt war (= innerer Text), und in der Gegenwart von Zeugen mit einem Faden zusammengeheftet. Die Zeugenunterschriften erfolgten auf der Rückseite des Papyrus. Die untere Kopie des Vertragstextes (= äußerer Text) blieb weiter lesbar. Mit der Zeit bürgerte es sich ein, dass der innere Text nur mehr eine verkürzte Fassung, oft nur eine grobe Zusammenfassung des unteren, äußeren Textes darstellte. Sinn dieser Form war, die Urkunde vor Fälschungen zu schützen und gleichzeitig benutzbar zu halten, da der innere Text durch die Heftung und Versiegelung unzugänglich blieb, während der äußere jederzeit gelesen werden konnte.

Salomes Heiratsvertrag hat lückenhaft in drei Fragmenten überlebt. Dank der stark geprägten Formelsprache, die hier zur Anwendung kam, können die fehlenden Textteile auf der Basis vergleichbarer Dokumente ergänzt werden. Der Vertrag datiert auf den 7. August 131 und ist das jüngste Dokument in Salomes Archiv. Er wurde in Mahoza auf Griechisch abgefasst und lässt einen hohen Grad von Assimilation hellenistischer Gebräuche erkennen.[8] Zum Vertragsabschluss erschien Salome nach römischem Recht mit einem Vormund. Ihr Mann Jesus, der aus einem Dorf in Peräa stammt, aber offenbar zur Zeit des Vertragsabschlusses in Mahoza wohnt, verspricht, für Salome und zukünftige Kinder nach griechischer Sitte (*nomos*) und griechischem Herkommen (*tropos*) zu sorgen und bestätigt den Erhalt von Salomes Mitgift. Nirgendwo im Vertrag begegnen Formulierungen, die ihn als jüdischen Ehevertrag (Ketubbah) ausweisen würden (wie etwa die aus zeitgleichen jüdischen Verträgen – u. a. aus dem Babatha-Archiv – bekannte Formel, die die Eheschließung als „gemäß dem Gesetz Mose und der Juden/Judäer" o. Ä. vollzogen qualifiziert). Bemerkenswert und vor zeitgenössischem jüdischem Eherecht schwer verständlich ist weiter die Erklärung der Eheleute, dass sie zusammenleben wollen, und zwar so, wie sie es zuvor schon getan haben. Dieses Szenario ist am ehesten auf dem Hintergrund der aus dem hellenistischen Ägypten bekannten 'ungeschriebenen' Ehe (*agraphos gamos*) erklärbar. Demnach wurde eine Ehe dann als gültig angesehen, wenn die Partner de facto zusammenlebten, auch wenn sie darüber keinen schriftlichen Vertrag miteinander geschlossen hatten. Eine vertragliche Einigung konnte hinzutreten, wenn bestimmte Umstände dies geraten sein ließen, z. B. wenn die Eigentumsverhältnisse einer besonderen Regelung bedurften oder die Mitgift überreicht wurde und zu quittieren war. Das dann aufgesetzte Schriftstück machte aus der 'ungeschriebenen' Ehe eine schriftlich fixierte (*engraphos gamos*), änderte jedoch nichts an der vorher bereits bestehenden Gültigkeit der ehelichen Verbindung.

EIN FAMILIENCLAN VOR GERICHT: DIE DOKUMENTE DER BABATHA

Nicht nur Salome Komaïses Dokumente belegen bemerkenswerte Momente von Hellenisierung unter der antiken jüdischen Bevölkerung, die um das Tote Meer lebte. Gleiches lässt sich am dritten Dokumentenarchiv aus Nahal Hever beobachten. Es gehörte einer anderen jungen Frau namens Babatha, auch sie stammte aus Mahoza. Ebenso wie Salome gehörte Babatha zur landbesitzenden Schicht des Dorfes. Die beiden Frauen müssen einander gekannt haben, denn ihre Grundstücke grenzten an dieselben Nachbarn (die Erben des Joseph Bar Baba, vgl. XHev/Se 64; P. Yadin 7) und dieselben Zeugen unterschrieben ihre Dokumente. Schließlich flohen offenbar beide Frauen in die Höhle im Nahal Hever. Babathas Archiv ist mit 35 Papyri wesentlich umfangreicher als das der Salome und deckt einen längeren Zeitraum ab (93/94–132 n. Chr.). Unter diesen Dokumenten dominieren wiederum die griechischen (26), sechs sind auf Nabatäisch, drei auf Aramäisch verfasst. Jeder einzelne Papyrus fand sich gefaltet und mit einer Kordel umwickelt. Die meisten Dokumente waren dann offenbar nach thematischen Gesichtspunkten zu Dokumentengruppen zusammengefasst und wiederum mit Bändern oder Tuchstreifen umwickelt worden. Andere, offenbar besonders wichtige Dokumente waren individuell in Sacktuch gehüllt. Dies mag auf die besondere Ordnungsliebe der Babatha zurückzuführen sein, doch half ihr diese Art der Aufbewahrung sicher dabei, ihre Dokumente zu identifizieren, denn eben diese Dokumente lassen erkennen, dass Babatha Analphabetin war (vgl. P. Yadin 15). Alle Papyri steckten in einer Ledertasche, die, in ein weiteres Tuch und zusätzlich in eine Ziegenhaut eingeschlagen, schließlich ihren Weg ins Versteck im hinteren Teil der von Yadin untersuchten Briefhöhle fand. Allein die sorgsame Verwahrung zeigt, von welch hohem Wert die Dokumente für die Besitzerin waren. Babathas Sammlung enthält Schuldbriefe (P. Yadin 1; 11; 17), Kaufverträge (P. Yadin 2; 3; 8; 22), einen Pachtvertrag (P. Yadin 6), Schenkungsurkunden (P. Yadin 7; 19), eine Zensusdeklaration (P. Yadin 16), Gerichtsvorladungen (P. Yadin 14; 22; 25; 26), eidesstattliche Erklärungen (P. Yadin 15;

24), zwei Heiratsverträge (P. Yadin 10; 18), u. a. m. Es scheint, dass Babatha und ihre erweiterte Familie einige Zeit vor römischen Gerichten verbracht haben, um konkurrierende Ansprüche auf den nicht unbeträchtlichen Familienbesitz klären zu lassen.

Wie in Salomes Fall lassen auch Babathas Papyri wichtige Informationen über ihren Familienhintergrund erkennen. Tochter jüdischer Eltern aus Mahoza, war Babatha von Hause aus gut gestellt. Ihr Vater verfügte bereits über beträchtlichen Landbesitz, der durch die älteren nabatäischen Dokumente der Sammlung belegt wird. Ebenso wie Salome Komaïse war Babatha zweimal verheiratet. Aus erster Ehe mit einem Jesus Sohn des Jesus, ebenfalls aus Mahoza, stammt ihr Sohn, auch er mit Namen Jesus. Die Familie ihres ersten Mannes ist in Teilen über drei Generationen namentlich rekonstruierbar, Babathas eigener Familienstammbaum sogar fragmentarisch über vier Generationen. Nach dem frühen Tod ihres ersten Ehemannes war Babatha als junge Witwe gemäß römischem Recht auf Vormunde für die Versorgung ihres minderjährigen Sohnes angewiesen.[9] Solche wurden bald vom Rat der Stadt Petra bestimmt, einer der beiden scheint, seinem Namen nach zu urteilen, Nabatäer gewesen zu sein. In der Folgezeit geht Babatha wiederholt gerichtlich gegen die Vormunde vor, um für ihren Sohn einen höheren Unterhalt zu erstreiten, den sie angesichts des Familienvermögens für angemessen hält. Babatha heiratete nach kurzer Zeit einen Mann namens Judah, Sohn des Ele'azar Khthousion. Er muss um einiges älter als sie selbst gewesen sein, denn er besaß aus einer anderen Ehe mit einer Frau namens Miriam bereits eine Tochter Shelamzion in heiratsfähigem Alter. Shelamzions griechischer Heiratsvertrag über ihre Ehe mit einem gewissen Judah Cimber ist Bestandteil von Babathas Archiv. Möglicherweise begleitete Shelamzion die Babatha auf ihrer Flucht in die Höhle, so wäre die Präsenz ihres Heiratsvertrages erklärbar. Babathas Dokumente legen nahe, dass sie bei ihrer zweiten Eheschließung in eine polygame Beziehung trat. Ihre Papyri sind der einzige gegenwärtig bekannte dokumentarische Beleg für Vielehe unter Juden dieser Zeit. Zwar war die Praxis aus literarischen Quellen über aristokratische Familien bekannt und wurde sicher vom jüdischen Recht der Zeit auch nicht ausgeschlossen, doch war man vor der Entdeckung von Babathas Archiv generell davon ausgegangen, dass Vielehe in der antiken jüdischen Bevölkerung *de facto* nicht vorkam. Dieses Urteil ist nun korrigiert und es ist möglich, dass wir schlicht zu wenig über die tatsächlichen Familiensituationen relativ herkömmlicher Gesellschaftsschichten wissen.[10] Babathas zweiter Mann Judah stammte aus En-Gedi, besaß aber Ländereien am anderen Ufer des Toten Meeres in Mahoza. Etwa zwei Jahre vor Ausbruch der Bar-Kochba-Revolte starb er und ließ Babatha ein zweites Mal verwitwet zurück. Judah hatte einen Bruder, wiederum mit Namen Jesus (das Onomastikon dieser Zeit ist vergleichsweise beschränkt), der selbst zu einem Zeitpunkt um oder vor Judahs Tod gestorben sein muss, denn er hinterließ Waisen, deren Vormunde bald anfingen, gerichtlich mit Babatha um das Erbe des Judah zu streiten (P. Yadin 21; 22; 24).

Babathas Dokumente belegen ebenso wie die der Salome Komaïse eine friedliche und problemlose Koexistenz von Juden mit Nabatäern und Römern in der *Provincia Arabia* auf allen Ebenen. So konnten Grundstücke zwischen Nabatäern und Juden den Besitzer wechseln (P. Yadin 2 und 3), Nabatäer konnten als Vormunde für jüdische Kinder fungieren (P. Yadin 12) oder jüdische Frauen vor Gericht vertreten (P. Yadin 25).

Ein anderer, besonders interessanter Fall von Vormundschaft, der zum einen den hohen gesellschaftlichen Status der Familie des Judah Khthousion unterstreicht, zum anderen die Integration solcher wohlhabender jüdischer Familien in das römische Gesellschaftsgefüge, lässt sich ebenfalls aus dem Babatha-Archiv rekonstruieren. Die Neffen des Judah hatten nach dem Tod ihres Vaters Jesus zwei Erwachsene, die ihre Interessen vertraten. Einer der beiden, ihr Vormund im engen Sinne, war ein gewisser Besas, Sohn des Jesus aus En-Gedi, die andere, die in den Dokumenten wiederholt als „Aufseherin" (gr. *episkopos*) tituliert wird, war eine Frau namens Julia Crispina. Zwar wird sie nicht als Vormund der Waisen im engen Sinne eingeführt, jedoch übernimmt sie ganz offenbar Aufgaben eines Vormunds, indem sie etwa in einem der Dokumente auch ausdrücklich den erkrankten Besas vertritt. Weder nach jüdischem noch nach römischem Recht stand einer Frau eine solche Rolle zu, sodass Julias Funktion hier überrascht. Auf der Basis literarischer Quellen sowie eines Papyrusfundes aus Ägypten lässt sich allerdings wahrscheinlich machen, dass Julia Crispina die letzte herodianische Prinzessin in Palästina war, Enkelin der Königin Berenike, die in zweiter Ehe mit Herodes von Chalkis verheiratet war.[11] Als solche hatte Julia römisches Bürgerrecht inne und genoss selbstverständlich eine hervorragende gesellschaftliche Stellung, die offenbar auch ihre besondere Aufgabe gegenüber Judahs Neffen ermöglichte. Mit Crispina als „Aufseherin" hatten diese Waisen eine einflussreiche Fürsprecherin. Zusammen mit Besas zog sie gegen Babatha vor Gericht, um Ansprüche der Waisen auf Dattelhaine in Mahoza geltend zu machen, die ursprünglich Judah gehörten und nun von Babatha reklamiert wurden. Offenbar beanspruchte Babatha die Haine, da ihr nach dem Tod des Judah ihre Mitgift nicht zurückgezahlt worden war, wie es ihr nach jüdischem Recht zustand. Die Waisen waren vermutlich männlichen Geschlechts und hatten damit nach jüdischem Recht ebenfalls damit Ansprüche auf das Erbe des Judah, die dem Anspruch einer weiblichen Verwandten überlegen waren.

Mehrere Papyri dokumentieren die Interaktion der jüdischen Bevölkerung mit römischem Militärpersonal und geben so auch manch neuen Aufschluss über die Art der römischen Verwaltung in den Provinzen.[12] Wie P. Yadin 11 zeigt, machte Babathas zweiter Ehemann Judah eine Geldanleihe bei einem römischen *centurio* der 1. Thrakerkohorte (die in Hebron stationiert war), offenbar zu harten Konditionen, und belegte dafür seinen Hof in En-Gedi mit einer Hypothek. Die Fäden für den Provinzialzensus im Jahre 127 n. Chr., von dem die Familien in Mahoza betroffen waren, liefen in Rabbath-Moab im Büro eines Priscus, Präfekt einer Kavallerieeinheit, zusammen. Der Provinzgouverneur selbst war Adressat für alle Rechtsangelegenheiten. Offenbar wurden die römischen Provinzialautoritäten von Juden und Nabatäern gleichermaßen akzeptiert und ganz offenbar häufig angerufen, um konkurrierende Ansprüche zu vermitteln oder um Rechtsverhältnisse festzustellen. Dabei reflektieren die Papyri Grundsätze jüdischen Rechts ebenso wie solche hellenistischer und römischer Gesetzgebung, wobei es aufgrund unserer lückenhaften Kenntnis der antiken Rechtsverhältnisse im Einzelfall schwer oder sogar unmöglich ist, die leitenden Rechtsvorstellungen als jüdisch, hellenistisch oder römisch zu identifizieren. Die Bewohner der Provinzen gestalteten die juristische Seite ihres Alltags offenbar erfolgreich, trotz des Neben- und Ineinanders der verschiedenen Rechtssysteme. Dabei ist jüdischerseits auch eine bemerkenswerte Toleranz gegenüber gewissen religiösen Implikationen römischer Rechtsprechung festzustellen. In zwei der drei fragmentarisch erhaltenen Landdeklarationen für den Zensus in der *Provincia Arabia* von 127 n. Chr. schwören Babatha bzw. Salome Komaïses Bruder, dessen Name uns nicht erhalten ist, bei der Tyche – der persönlichen Schutzgottheit des römischen Kaisers – dass sie ihre Angaben in zutreffender Weise gemacht haben (P. Yadin 16, XHev/Se 61): „Ich, Babatha, Tochter des Simon (bzw. Ich, X, Sohn des Levi) schwöre bei der Tyche des Kaisers, dass ich auf Treu und Glauben alles registriert habe, so wie oben beschrieben." Sie folgen dabei ganz offensichtlich der für diesen juristischen Zweck vorgegebenen formularischen Sprache.

Angesichts solch schiedlich-friedlichen Miteinanders der verschiedenen Volksgruppen ist es umso überraschender, dass Teile der wohlhabenden jüdischen Bevölkerung aus der *Provincia Arabia* in den Sog der Kriegsereignisse der Bar-Kochba-Zeit gerieten. Im Falle der Babatha ist dies möglicherweise dadurch erklärbar, dass sie durch ihre zweite Ehe mit Judah in eine verwandtschaftliche Beziehung zu einem der Kommandeure Bar-Kochbas in En-Gedi, nämlich zu Jonathan Bar-Be'ayan trat. Judahs erste Ehefrau Miriam wird in Babathas Dokumenten als Miriam, Tochter des Beianos, bezeichnet, war also möglicherweise eine Schwester von Bar-Kochbas Kommandeur. Zwar stritten Miriam und Babatha nach Judahs Tod vor Gericht um den Zugriff auf den Besitz ihres gemeinsamen Ehemannes (P. Yadin 26). Doch scheint das Babatha nicht davon abgehalten zu haben, sich Miriams Familie auf ihrer Flucht nach Nahal Hever anzuschließen. Über das Schicksal der Miriam ist sonst weiter nichts bekannt, ob sie selbst zusammen mit ihrer Tochter Shelamzion und mit Babatha das Versteck in Nahal Hever aufsuchte und dort umkam, ist ungewiss.

Hannah Cotton erwägt, dass der jüdische Bevölkerungsanteil in Mahoza auf dem Gebiet der *Provincia Arabia* generell auf dem Hintergrund des Ersten Jüdischen Aufstandes gegen Rom (66–70 n. Chr.) erklärbar ist.[13] En-Gedi wurde in dieser Zeit schwer durch das Kriegsgeschehen beeinträchtigt, die Bevölkerung zahlte einen hohen Blutzoll und es ist denkbar, dass viele Juden aus En-Gedi flohen, um sich in Mahoza anzusiedeln. Die Bande zwischen der Bevölkerung beider Orte scheinen eng und oft verwandtschaftlicher Natur gewesen zu sein, sodass die Geschichte der Babatha vermutlich keinen Einzelfall darstellte.

EIN PÄCHTER AM TOTEN MEER: ELI'EZER BEN-SAMUEL

Weit weniger detailreich, aber auch auf seine Weise aussagekräftig ist das kleine Dokumentenarchiv des Eli'ezer Ben-Samuel. Es fand sich in derselben Nische versteckt wie Babathas Eigentum und umfasst sicher fünf (P. Yadin 42-46), eventuell sieben Dokumente (P. Yadin 47), davon drei auf Hebräisch, vier auf Aramäisch Eli'ezer Sohn des Samuel, pachtete (und unterverpachtete) in den Jahren der Revolte verschiedene Landstücke in En-Gedi von Verwaltern Bar-Kochbas. Sollte P. Yadin 47 ebenfalls zu seinem Archiv gehören (es war getrennt von den anderen Papyri zusammengerollt in einem hohlen Schilfrohr aufbewahrt und hat als Namen nur Eli'ezer ohne Patronym erhalten), dann kaufte er im dritten Jahr der Revolte einen halben Gemüsegarten, den er dann sein eigen nennen durfte. Ursprünglich stammte Eli'ezer aus einem anderen Ort, dessen genauer Name aufgrund entscheidender Lücken in den Papyri nicht zu rekonstruieren ist, doch muss er zwischen dem ersten und dem dritten Jahr des Bar-Kochba-Aufstandes seinen Wohnsitz nach En-Gedi verlegt haben. Falls die erhaltenen Papyri repräsentativen Einblick in Eli'ezers Eigentumsverhältnisse gewähren, darf man schließen, dass er jedenfalls nicht zur wohlhabenden Landbesitzerschicht gehörte, die uns aus den Dokumenten der beiden Frauen entgegentritt.

Auch Eli'ezers Archiv lässt erkennen, dass am Toten Meer unterschiedliche landwirtschaftliche Produkte angebaut wurden. Datteln, unterschieden nach Güteklassen, sind sicher prominent, doch sind auch andere Fruchtbäume vorausgesetzt, dazu der Gemüseanbau. Zusammen mit den Hinweisen auf Getreide und Weinanbau aus Salome Komaïses Archiv ergibt sich ein – gemessen an dem Eindruck, den der moderne Reisende von der Region des Toten Meeres gewinnt – überraschend vielfältiges landwirtschaftliches Panorama. Archäobotanische Analysen, einschließlich der jüngst veröffentlichten Ergebnisse aus Yizhar Hirschfelds Grabungen in En-Gedi, erweitern dieses bereits differenzierte Bild. Die Analysen belegen den Anbau von Weizen, Gerste, dicken Bohnen, Kichererbsen, Knoblauch, Zwiebeln, Granatäpfeln, Mandeln, Oliven, Feigen, Karob und natürlich Datteln.[14] Aus literarischen Quellen ist dieses Ensemble um den wirtschaftlich höchst einträglichen Balsamanbau zu ergänzen. Balsam wurde in hellenistisch-römischer Zeit aufgrund seiner großen Kostbarkeit jedoch offenbar nur auf Kronland angebaut (Plinius, *Naturalis historia* 12,111). Es scheint, dass sich Bar-Kochba während der zweiten Revolte die Balsamhaine zu eigen machte.[15] All diese Einsichten in die landwirtschaftliche Nutzung der Region um das Tote Meer sind schließlich auch für die Diskussion der Identität der Siedlungsanlage von Khirbet Qumran von großer Bedeutung, denn sie machen wahrscheinlich, dass auch die Bewohner dieser Anlage vielfach in das spezifische Wirtschaftsgeflecht der Gegend eingebunden waren.

Aus dem Westen ans Tote Meer

Frühe Reisende und Entdecker

Abb. 1: Die Mosaikkarte von Madeba (ca. 600 n. Chr.), neben der antiken Literatur eine der wichtigsten Quellen zum Toten Meer, – hier der nördliche Teil des Toten Meeres mit (entgegen dem Uhrzeigersinn) den heißen Quellen von Kallirhoë; Baarou; Livias; Aenon (= Sapsaphas: die Höhle Johannes' des Täufers); Bethabara (Ort der Taufe Johannes' des Täufers); Halon Atad/Bethagla; Jericho; Ephron/Ephratha; Remmon; Luza/Bethel; Ailamon; Gophna; Jerusalem und Umgebung. Mit freundlicher Genehmigung des Studium Biblicum Fransciscanum.

von Joan E. Taylor

Schon in der Antike übte das Tote Meer eine unwiderstehliche Anziehungskraft auf Historiker, Reisende, Wissenschaftler und Geografen aus Europa aus. Westliche Reisende und Schriftsteller besuchten auch in der Folgezeit die Region und berichteten über das Tote Meer, vor allem nachdem es zum Rastpunkt am christlichen Pilgerweg geworden war. Seit dem 19. Jh. brachte ernsthafte wissenschaftliche Arbeit alte Mythen ins Wanken,1 doch selbst frühe europäische Reiseberichte liefern wertvolle Beobachtungen über die sich stets verändernde Welt am Toten Meer. Dieses Kapitel berichtet über diese wenig bekannten Quellen.

ZWISCHEN NEUGIER UND FROMMER GEOGRAFIE: DIE BYZANTINISCHE ZEIT UND DAS MITTELALTER (4.–12. JAHRHUNDERT)

Unsere ältesten Quellen sind vor allem an der Lokalisierung von Orten interessiert, die in der Bibel erwähnt werden. Da die Region am Toten Meer durch die alttestamentlichen Erzählungen vom Untergang von Sodom und Gomorrha und vom Geschick des Erzvaters Lot seit alters her religiöse Bedeutung besaß, begegnet diese Region besonders häufig in der frühen Literatur.
Biblische Orte dienten regelmäßig als geografische Fixpunkte. So gibt Adomnan die Länge des Toten Meeres bis „Zoara in Arabien" mit 580 Stadien an (*De locis sanctis* 2,17,7; vgl. Beda Venerabilis, *De locis sanctis* 11,1) und nennt 150 Stadien „bis zur Gegend von Sodom" (aus Hegesippus, *Hist.* 4:18). Vor allem die Ruinen von Sodom und Gomorrha sowie die Säule, in die Lots Frau auf der Flucht verwandelt wurde, regten immer wieder die Fantasie an. Meist sind die topografischen Bemerkungen in den Werken des Flavius Iosephus Ausgangspunkt gelehrter Spekulationen. Oft genug freilich variieren die Angaben. So zeigte man die Ruinen Sodoms neugierigen Besuchern zunächst wohl südlich von Jericho, da Flavius Iosephus schreibt, Lot habe den Fluss und die Ebene des *Jordan* besessen (Gen 13, 10–12) „nicht weit von der Stadt der Sodomiten" (Flavius Iosephus, *Antiquitates Iudaicae* 1,169; vgl. Dio Chrysostomus bei Synesius 3,2), deren Asche er selbst gesehen habe (Flavius Iosephus, *Bellum Iudaicum* 4,483).[2] Die spanische Nonne Egeria hingegen behauptete, „das ganze Land der Sodomiten" läge links (i. e. südlich) ihres Aussichtspunktes auf dem Berg Nebo und meint damit die gesamte Senke

151

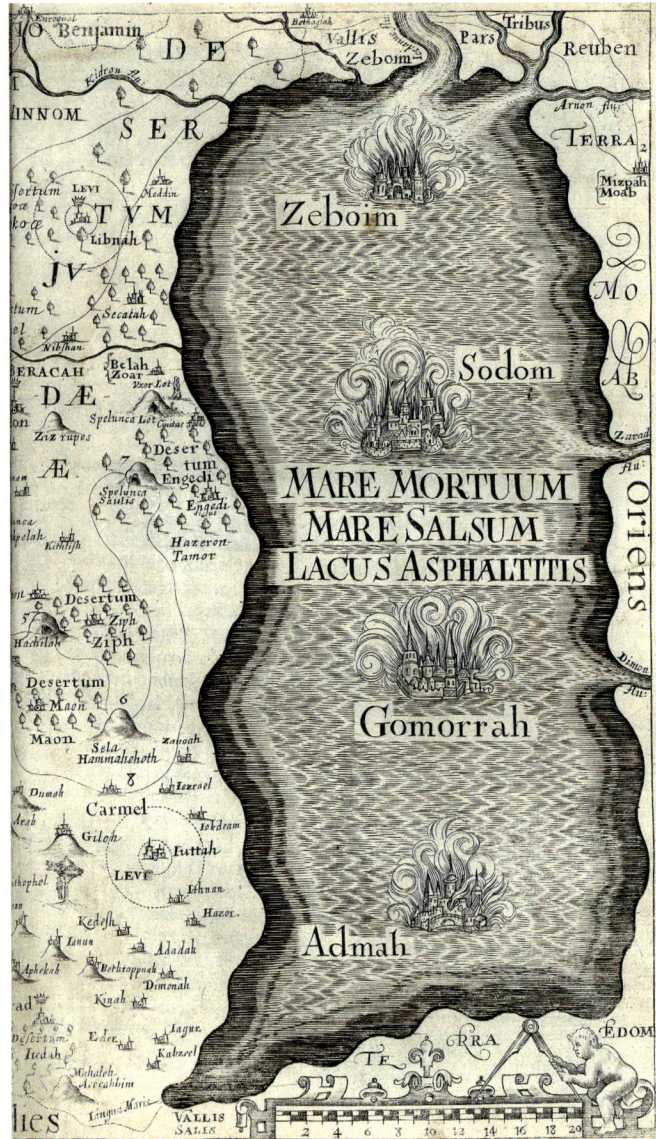

Abb. 2: Karte des Toten Meeres von Thomas Fuller, aus dessen Werk A Pisgah-Sight of Palestine and the Confines Thereof (London 1650). Fuller benutzte Reiseberichte sowie antike und biblische Quellen, um diese Fantasiekarte zu entwerfen, auf der das Tote Meer viel größer ist als in Wirklichkeit. Sodom und Gomorrha sind verortet und Zeboim liegt im Norden, denn Besucher von Rujm el-Bahr identifizierten es als Teil seiner Ruinen. Die Ruinen von Belah/Zoar verortete Fuller oberhalb En-Gedi (Nordwest-Ufer), da man die Ruinen von Qumran mit ihnen in Verbindung brachte. Darunter sieht man die Frau des Lot. Mit freundlicher Genehmigung des Palestine Exploration Fund, London.

des Toten Meeres. Sie notiert, dass, obwohl Zoara/Segor noch erhalten sei, „von den anderen [Städten] allein noch Ruinenhaufen übrig geblieben seien, da sie zu Asche verbrannt sind" (*Itinerarium* 5–6). Der Pilger von Piacenza aber lokalisiert Sodom eher nördlich des Toten Meers (wie Flavius Iosephus), da man von Jericho aus nach Westen gehend „die Aschenruinen von Sodom und Gomorrha erreiche, die zur Linken liegen" (*Itinerarium* 10, 15, 21). Sehr häufig findet sich zudem die Behauptung, dass Sodom, Gomorrha und die anderen „Städte der Ebene" unter dem Spiegel des Toten Meeres lägen (Theodosius, *Topographia Terrae Sanctae* 20; *Gesta Francorum Expugnantium* 15; *Descriptio locorum* 25).

Ferner behauptete Flavius Iosephus, er habe die Salzsäule gesehen, in die Lots Frau verwandelt worden ist (*Antiquitates Iudaicae* 1,203; vgl. Gen. 19,26).[3] Dieses Motiv erlangte später für christliche Besucher größte Bedeutung. So zeigte man im 4. Jh. Egeria „die Stelle, wo Lots Frau ihr Monument hatte", aber dies „war nicht die eigentliche Salzsäule, sondern nur der Ort, an dem sie sich einst befunden hatte", denn „die Säule ist im Toten Meer untergegangen. In jedem Fall sahen wir sie nicht und ich kann nicht vorgeben, dass wir sie gesehen haben." Der Bischof von Zoara informierte Egeria zudem, dass die Salzsäule bereits seit Langem nicht mehr zu sehen war; sie befand sich einst nahe des sechsten Meilensteins von Zoara, war nun aber völlig im Wasser versunken" (Egeria, *Itinerarium* 12, 6–7). Interessant ist nicht nur die Kombination gängiger Motive (Untergang der Städte, Lokalisierung der Salzsäule), sondern auch die Tatsache, dass die leicht verworrene Passage durchaus nützliche Angaben über den steigenden Wasserstand des Toten Meeres bewahrt und zudem anzudeuten scheint, dass es zwei konkurrierende Orte gab, an denen die Säule lokalisiert wurde: einer, der vom Aussichtspunkt

Abb. 3: Karte Claude R. Conders vom Nordwestufer des Toten Meeres: „40 Quadratmeilen", von Qumran bis Jericho. Gezeichnet in 'Ain el-Sultan am 2. Dezember 1873.
Mit freundlicher Genehmigung des Palestine Exploration Fund, London.

Abb. 4: Karte, gezeichnet von James Murphy, 2. Corporal, am 3. März 1875: „Wadi Has'asah und Lager nahe 'Ain Sidi, enthält 70 Quadratmeilen." Mit freundlicher Genehmigung des Palestine Exploration Fund, London.

Abb. 5: Karte vom Westufer des Toten Meeres, gezeichnet von Thomas Black in 'Ain el-Sultan am 3. Dezember 1873. Mit freundlicher Genehmigung des Palestine Exploration Fund, London.

auf dem Nebo sichtbar war, und ein anderer sechs Meilen von Zoara entfernt an der Straße nach Bennamareim (Eusebios, *Onomastikon* 138, 20 f.).

Von Bedeutung ist ferner, dass der Pilger von Piacenza „das Grab des Absalom" in dieser Region sah. Er schreibt: „Vom Jordan sind es acht Meilen bis zu dem Ort, an dem Mose aus diesem Leben schied, und ein wenig weiter liegt Segor (...) und wir sahen dort auch das Grab Absaloms" (*Itinerarium* 10/166). Dies verweist wohl auf eine der wenigen identifizierbaren Ortsangaben aus der Kupferrolle von Qumran (3Q15,12 f.).[4] Der Ort, an dem Mose starb, ist Ras es-Siyagha auf dem Berg Nebo (Egeria, *Itinerarium* 12:1; Theodosius, *Topographia Terrae Sanctae* 19/145; Johannes Rufus, *Vita Petri Iberi* 85–89), und dementsprechend zeigte man Absaloms Grab irgendwo in der Nähe des Nebo; Zoara/Segor aber liegt dieser Tradition zufolge weiter nördlich an der Ostseite des Toten Meeres.

Immer wieder erwähnen westliche Pilger, dass in Höhlen am Toten Meer Einsiedler gewohnt haben, denen sie zum Teil sogar Besuche abstatteten (vgl. Egeria, *Itinerarium* 10,9).[5] So berichtet etwa der Pilger von Piacenza (*Itinerarium* 10/166), dass es „viele Eremiten in der Gegend gab", was auch durch archäologische Entdeckungen bestätigt wird.[6] Als Abt Daniel um 1106–1108 die Region besuchte, waren die meisten Eremiten jedoch bereits verschwunden. Daniel erwähnt mit Mar Saba und einem Ort namens Ruva (Rouba) noch zwei Klöster „nahe dem Meer von Sodom", spricht aber von Anachoreten in Höhlen nur noch in der Vergangenheitsform: Die „heiligen Väter lebten in diesen Bergen in dieser furchterregenden, wasserlosen Wildnis," wo sich die „Verstecke von Panthern befinden und es viele wilde Esel gibt" (38). Nach dem *Commemoratorium de casis Dei* (32), einem Kompendium von Nachrichten Reisender für Kaiser Karl den Großen, wurde das Kloster St. Theodosius in der judäischen Wüste „von sarazenischen Räubern" niedergebrannt, zwei weitere Kirchen in der Gegend wurden zerstört und viele Mönche getötet. Diese Schrecken wiederholten sich, noch bevor die Klöster des Hl. Kyriakus, Theodosius, Chariton, Euthymius und Saba verlassen wurden.[7]

Abgesehen von Bezügen zu Flavius Iosephus und verstreuten historischen Angaben aus der eigenen Zeit berichteten Pilger bereitwillig, was ihnen von Reiseführern vorgetragen wurde oder sie selbst beobachteten. Dies führte üblicherweise zu einer wunderlichen Mischung aus irrtümlichen und wahrheitsgemäßen Angaben. Zu den vertrauenswürdigen Nachrichten gehören

Abb. 6: Fotografie aus dem 19. Jh. Man blickt über Salzmarschen und das Nordwestufer des Toten Meeres; hinten in der Mitte: Jebel Harmun, links: Ras el-Feshkha. Ein wenig links von der Mitte kann man das Wadi Qumran ausmachen. Mit freundlicher Genehmigung des Palestine Exploration Fund, London

solche über wirtschaftliche Tätigkeit und Landwirtschaft. Bis zum Ende der Kreuzfahrerherrschaft zeichnen westliche Besucher ein recht lebendiges Bild wirtschaftlicher Aktivitäten am Toten Meer. So erwähnt z. B. der Pilger von Piacenza (*Itinerarium* 9/165; 14/169) Dattelpalmen im unteren Jordantal, zudem Olivenhaine, Zitronen und Weintrauben (vgl. auch Adomnan, *De locis sanctis* 13,5/264; Beda Venerabilis, *De locis sanctis* 9,3/314; Theoderich 37/30). Livias etwa war bis in die Spätantike berühmt für die „nikolaitische" Dattelpalme (Theodosius, *Topographia Terrae Sanctae* 19/145).[8] Christliche Besucher bestätigen ferner, dass in byzantinischer Zeit in En-Gedi Wein (Hieronymus, Brief 108 an *Eustochium* 11,5) und in Jericho Balsam kultiviert wurde (Beda Venerabilis, *De locis sanctis* 9,3/313).[9] In der *Descriptio locorum* aus dem 12. Jh. waren diese Balsamstauden bereits wieder verschwunden, überführt nach Matariya außerhalb von Kairo.[10] Noch im 12. Jh. berichtet Johannes Phokas, dass die Gegend um Jericho für die umliegenden Wüstenklöster landwirtschaftlich bearbeitet wurde und dass die Mönche Türme für Geräte und Ernteerträge errichteten (20,1–2).

Abgesehen von landwirtschaftlichen Schätzen bot die Region noch andere ungewöhnliche Attraktionen. Der Pilger von Piacenza (*Itinerarium* 10/166; Theodosius, *Topographia Terrae Sanctae* 19/145; vgl. Johannes Rufus, *Vita Petri Iberi* 89) berichtet von heilenden Thermalquellen in der Gegend von Livias, den sogenannten „Bädern des Mose", wo Aussätzige an Sommerabenden ein reinigendes Bad nehmen konnten, nachdem sie eine Zeit lang im Toten Meer gelegen hatten. „Aussatz" bezeichnet hier wie üblicherweise in der antiken Literatur eine ganze Bandbreite unterschiedlicher Hautkrankheiten einschließlich Psoriasis, die noch heute in der Region mit mineralhaltigem Thermalwasser erfolgreich behandelt wird.

Der Pilger von Piacenza erwähnt zudem, dass „Schwefel und Pech" am Ufer des „Salzmeers" aufgesammelt würden (*Itinerarium* 10/166). Noch Abt Daniel schreibt, dass das Pech zur Oberfläche aufsteigt und dann in großen Mengen am Ufer liegt" (38). Die *Descriptio locorum* teilt ebenfalls mit, dass Alaun (*alumen*), Teer und Bitumen gesammelt würden (31-2). Sind das nur gelehrte Reminiszenzen an antike Autoren oder nutzte man diese Ressourcen in der Tat noch bis ins Mittelalter?

Doch nicht nur Asphalt wird erwähnt. Adomnan berichtet über die Gewinnung von Salz und beschreibt, dass, wenn die Wellen durch einen Sturm hoch schlagen, eine große Menge Salz ans Ufer gespült wird. Arculf, seine Quelle, hatte schon beobachtet, dass die Glut der Sonne dieses Salz austrocknet und man die Qualität des so gewonnenen Salzes „auf drei Arten prüfte", nämlich durch Betrachten, Berühren und Schmecken (Adomnan, *De locis sanctis* 2,17,2).[11] Die *Descriptio locorum* erwähnt darüber hinaus, dass Salz von einem „Berg nahe dem Asphaltsee [genommen werde], der beinahe ganz aus Kristallsalz entstanden sei" (32). Vermutlich meint er damit Salz vom heutigen Berg Sodom.

Zahlreiche europäische Reisende waren natürlich fasziniert von der Fähigkeit des Wassers, Menschen an der Oberfläche treiben zu lassen, ohne dass diese untergehen (z. B. der anonyme Pilger von Bordeaux, *Itinerarium Burdigalense* 597). Der Bericht des Flavius Iosephus, wonach Vespasian jüdischen Kriegsgefangenen, die nicht schwimmen konnten, die Hände und Füße hat fesseln und sie ins Tote Meer hat werfen lassen um zu sehen, ob das Wasser sie trägt (*Bellum iudaicum* 4,476),[12] wird in Beda Venerabilis' Kompilation erwähnt (*De locis sanctis* 11,3/317). Der Pilger von Piacenza berichtet hingegen, dass alles, was man ins Tote Meer wirft, untergeht (*Itinerarium* 166/10), ein Fehler, der sich bereits bei Pompeius Trogus findet (*Historiae Philippicae* 36,3). Das war nicht der einzige Unsinn, den frühe westliche Besucher über das Tote Meer erzählten, wenn sie sich mehr an ältere Quellen hielten als an eigene Erfahrung. So vertraute man den Lesern an, dass:

- eine brennende Lampe auf dem Wasser treibe, sobald aber das Licht erlösche, würde die Lampe untergehen (Beda Venerabilis, *De locis sanctis* 11/317);
- kein Schiffsverkehr auf dem Wasser möglich sei (Pilger von Bordeaux, *Itinerarium Burdigalense* 597);[13]
- das Bitumen nur mit Menstruationsblut oder Urin weich gemacht werden könne (Beda Venerabilis, *De locis sanctis* 11/317);[14]
- es Äpfel („aus Sodom") gäbe, die äußerlich schmackhaft aussähen, innen aber voll Asche und Rauch seien (Beda Venerabilis, *De locis sanctis* 11/317; *Descriptio locorum* 32);[15]
- das Wasser des Jordans weiß und milchig sei und man daher beobachten könne, wie weit sich das Flusswasser ins Tote Meer ergieße (Beda Venerabilis, *De locis sanctis* 10:1; Saewulf 30);
- das Tote Meer sehr heiße und übel riechende, schweflige Dämpfe abgeben würde (Abt Daniel 27; 38);
- das Wasser so klar sei, dass man antike Bauten und Ruinen auf dem Grund des Meeres erkennen könne (*Descriptio locorum* 32);
- kein Vogel über das Wasser hinwegfliegen könne (*Descriptio locorum* 32);
- wenn man Trinkwasser oder Wein auf dem Boden neben jemandem abstellt, der am Ufer des Toten Meeres übernachtet, dieses am nächsten Morgen gallbitter und ungenießbar sei (*Descriptio locorum* 32).

EINSAME WEGBEREITER: DIE FRÜHMODERNE ZEIT (13.–16. JH.)

Während der Jahrhunderte nach dem Ende der Kreuzfahrerzeit stand das untere Jordantal und das Tote Meer unter der Kontrolle von Beduinen, die Besucher nur gegen Bezahlung von Schutzgeld und Belohnung für ihre Führung zuließen. Diese Situation hielt bis in das späte 19. Jh. an, als die Macht der Beduinen zurückging. Selbst wenn Besucher das Tote Meer erreichten, hielten sie sich damals nur am Nordrand auf und vermieden es wegen der damit verbundenen Gefahren, weiter nach Süden zu reisen. Die meisten begnügten sich ohnehin damit, dieselben Tatsachen und Mythen zu wiederholen, die oben angesprochen wurden. Wirklich beachtenswerte Berichte verdanken wir nur wenigen Besuchern.

Oft finden sich konkurrierende Angaben zur Lokalisierung von biblischen Ortsnamen. So schreibt Jacques de Vitry in seiner *Historia Orientalis seu Hierosolymitana* (1226)[16], dass sich Zoara, das die Christen Segor(a) nennen, am Nordwestende des Toten Meeres befindet. Darüber hinaus zählt de Vitry einige der üblichen aus älteren Quellen übernommenen Märchen über das Tote Meer auf, berichtet aber als einer der ersten, dass entlang des Jordans Zuckerrohr wächst und dass die Anwohner Schilf für Dächer und Wände ihrer Behausungen gebrauchen.[17] Nach der *Descriptio Terrae Sanctae* des Burchard de Monte Sion (1280) hingegen befindet sich Zoara knapp 5 Meilen südwestlich von Jericho „am Fuß des Berges Engaddi".[18] Angesichts der Tatsache, dass Burchard die Entfernung zwischen Jericho nach Deir Hajla (5,7 km) mit „2 Meilen" angibt, muss Segor ungefähr 14,25 km von Jericho entfernt an der Westseite des Toten Meeres gelegen haben, also etwas südlich von Qumran. Weiterhin schreibt er, dass zwischen Segor und dem Toten Meer die Salzsäule stehe, in die Lots Frau verwandelt wurde. Freilich: Burchard wird von „Sarazenen" daran gehindert, diesen Ort persönlich zu besuchen, denn angeblich sei, dies wegen wilder Tiere, Schlangen und Würmer zu gefährlich, „mehr aber noch wegen der Beduinen, die dort wohnen und äußerst tapfer und verwegen sind". Burchard berichtet dennoch, dass das Tote Meer „dampft" und dunkel sei, und dass die umliegende Landschaft kahl liege, abgesehen von der Gegend um Jericho, wo Zuckerrohr, Gärten und Plantagen von der Elisaquelle bewässert würden. Er beschreibt, wie das Bitumen ans Ufer gespült wird, erwähnt seine Verwendung in der Medizin, wiederholt den Glauben, dass es nicht ohne den Einsatz von Menstruationsblut aufgeweicht werden könne und nennt es „Judenpech". Obwohl Burchard auch nicht nach Jericho gelangt ist, hat er doch Nachrichten über diesen Ort in seinen Bericht aufgenommen, dass dort noch immer alte Weinstöcke wüchsen, aber keine Christen wohnten und dass es dort Früchte gäbe, die innen voll von Asche und Staub seien. Auch der Reisebericht des Jehan de Mandeville, veröffentlicht zwischen 1357 und 1371 in anglo-normannischem Französisch, bietet das übliche Standardgemisch an Irrtümern und zutreffenden Beobachtungen über das untere Jordantal und das Tote Meer[19]: Das Gebiet von En-Gedi läge zwischen Jericho und dem Toten Meer, wo früher Balsam gewachsen sei (nun in Babylon); das Tote Meer reiche von Soara bis Arabien und trenne Indien von Arabien; das Wasser sei bitter und salzig und könne nicht zur Bewässerung verwendet werden; der Boden und das Wasser würden oft die Farbe verändern; das Tote Meer speie oft Brocken von Asphalt aus, die so groß seien wie ein Pferd; es sei 20 Meilen (40 km) von Jerusalem entfernt und messe 58 x 15 Meilen (116 x 30 km); niemand könne im Toten Meer ertrinken; niemand könne sein Wasser trinken; Eisen würde darauf schwimmen, Federn aber untergehen; die Äpfel seien dort voll Asche; Sodom, Gomorrha, Aldama und Seboim seien in seinen Fluten versunken, aber Segor sei „durch das Gebet Lots noch eine ganze Zeit lang bewahrt geblieben, denn es lag auf einem Berg und ein Teil davon ist noch heute über dem Wasserspiegel zu sehen, wenn das Wetter günstig und klar ist" – eine Bemerkung, die durchaus an Qumran erinnert: Die Ruinen des Turmes könnten bei gutem Wetter in der Tat von Weitem sichtbar gewesen sein. Ob der deutsche bzw. polnische Reisende Johannes Poloner (c. 1421) tatsächlich das Tote Meer besucht hat, ist zweifelhaft.[20] Er notiert lediglich die Nachricht, dass die Säule von Lots Weib zwischen Zoara und dem Toten Meer stehe und wiederholt das Märchen, dass dort andauernd Rauch und Gestank herrsche und alles im Umkreis von 6 Meilen unfruchtbar sei.

Der bei Weitem wichtigste westliche Besucher war jedoch Felix Fabri, ein deutscher Dominikanermönch, der in den Jahren 1480 und 1483/84 zwei Pilgerreisen ins Heilige Land unternahm. Die zweite Reise behandelte Fabri in einem monumentalen und detailreichen Bericht, in dem er auch ausführlich auf seinen Besuch am Toten Meer eingeht (235a–247b).[21] Interessanterweise beschreibt er, wie die Reiseführer in Jerusalem zunächst versuchten, ihn und seine Begleiter von diesem Besuch abzubringen mit den Argumenten, dass a) dies eine Gegend sei, die Gott verflucht hat; dass b) das Gebiet wegen der Beduinen sehr gefährlich sei; dass c) wilde Tiere und giftige Kreaturen dort leben; dass d) der Sultan der Mameluken Fremden den Zugang verboten habe, weil sie Giftschlangen namens „Tyr" (möglicherweise Sandvipern) aus dem Land schmuggeln könnten, deren Gift Bestandteil einer kostbaren Medizin sei[22], dass e) der Gestank des Wassers die Menschen anfällig mache für Infektionen, Krankheiten und Tod und dass f) ein Besuch in dieser abstoßenden Region hart, teuer und gefährlich sei.

Doch Fabri blieb unbeeindruckt und zog mit anderen Pilgern unter Führung von Ameth, dem Vorsteher von Betlehem, auf

Maultieren und Eseln durch das Kidrontal zum Kloster von Mar Saba, wo er Beduinen für die Führung zur Reise ans Tote Meer bezahlte. Fabri berichtet dann über ein Massaker, das in ajjubidischer oder frühmamelukischer Zeit von Muslimen an Mönchen verübt worden sei. Weiter durch das Kidrontal gelangte die Gruppe dann zur fruchtbaren aber unbebauten Buqe'a, die er „Tal des Segens" nannte (2Chr 20,26), um dann das Kidrontal zu verlassen und nach Norden zu ziehen. Dort erblicken sie Ruinen antiker Gebäude, vielleicht Karm es-Samra und Khirbet Abu-Tabaq, wenden sich dann nach Osten und steigen durch den Pass von Wadi el-Mukallik hinab. Am Ufer des Toten Meeres angekommen, bemerkt Felix Fabri wiederum Ruinen und notiert, dass „dort ehemals ein großes rechteckiges Haus gestanden haben muss, teils an Land und teils im Wasser gebaut", sicher die Reste des Turms von Rujm el-Bahr, die den hohen Wasserspiegel im 15. Jh. deutlich machen.[23] Von dort aus zieht die Gruppe nach Norden in die Ebene (el-Ghor), wo sie eine Herde Wildesel aufschreckt, und gelangt von dort zum biblischen Beth-Hogla (Deir Hajla). Die dortige Kirche war, so berichtet Fabri, eingestürzt und durch Beduinen entweiht und bot nur noch Zuflucht für riesige Fledermäuse und Skorpione. Eilig ziehen sie weiter an den Fuß der Hügel und gelangen an einen Rastplatz, den Fabri „Engaddi" nennt, wahrscheinlich Khan el-Askar. Am nächsten Tag steigt Fabri, nachdem er zunächst einen riesigen Mistkäfer aus seinem Stiefel entfernt hatte, den Hügel hinauf, um die Gegend zu überblicken. Er erkennt, dass der „Rauch" des Toten Meeres eigentlich nebliger Dunst ist: „Wir sahen eine Wolke aufsteigen, nicht aus Feuer, sondern aus Wasser" (246a). Er berichtet, dass die Salzsäule, in die Lots Frau verwandelt wurde, zwischen Segor und dem Toten Meer stehe, nun aber von Wasser bedeckt sei. Fabri berichtet jedoch auch, dass die Säule „steinern gewesen sei von weißem Marmor" (246a–b). Er lokalisiert Segor auf einem Felsen über dem Toten Meer mit einem hoch aufragenden Berg hinter sich, was deutlich für Qumran spricht. Der Ausblick lag in der Nähe von Nebi Musa, das die Gruppe besuchte; das heißt dann, dass sich Fabri auf Rujm el-Qibliya befand, einem Platz, an dem Muslime Steinhaufen (*rujm*) zur Ehre von Moses aufrichteten.

Fabri fügt eine Beschreibung des Toten Meeres bei (239b–241b), die zumeist auf biblischen Berichten gründet, mit dem üblichen Gemisch aus wahren und falschen Behauptungen. Er gibt eine detaillierte Beschreibung der „Äpfel Sodoms", die er behauptet gesehen zu haben, meint aber wahrscheinlich die Pflanze *Calatropis procera*. Er erwähnt, dass Salz aus dem Toten Meer gewonnen wird, und dass „bis auf den heutigen Tag Klumpen von Bitumen am Ufer zu finden sind, die ausgegraben und verkauft werden". Fabri glaubte zudem, dass Sodom vom Wasser überflutet war.

In vielem bleiben die Berichte der vormodernen Zeit also dem verpflichtet, was frühere Besucher aufgeschrieben haben, doch nimmt die Bedeutung eigener Beobachtungen hinzu. Reizvoll ist die Annahme, dass bereits in dieser Zeit Besucher in Qumran waren.

FORSCHERDRANG UND SKEPSIS: DIE FRÜHE NEUZEIT (16.–18. JAHRHUNDERT)

Zur Zeit der mamelukischen Herrschaft über Palästina bis weit hinein in die osmanische Periode (seit 1517) verbesserte sich die Sicherheitslage am Toten Meer und am unteren Jordantal keineswegs. Westlichen Reisenden wurde noch immer mit denselben Argumenten wie ehedem bei Fabri davon abgeraten, diese Regionen zu besuchen. Jedes Jahr zog eine Pilgerkarawane von Jerusalem zum Jordan, die manchmal auch einen Abstecher ans Nordwestufer des Toten Meeres bei Rujm el-Bahr, nun mit Zeboim identifiziert[24], riskierte. Fast alle Berichte erwähnen diese Besuche. Wenn sich aber Reisende auf eigene Faust auf den Weg machten, dann nur unter dem Schutz von Beduinen und meist blieben sie nur kurz.[25]

Diejenigen Europäer, die waghalsig genug waren, um die Reise von Jerusalem nach Osten ans Tote Meer auf eigene Initiative zu unternehmen, waren nun zumeist nicht mehr die frommen Pilger, die nur kamen, um die heiligen Orte zu besuchen, sondern immer mehr wissenschaftlich interessierte Neugierige mit einem gehörigen Schuss pragmatischer Skepsis, die ihre Beobachtungen sorgfältig dokumentierten. Henry Maundrell zum Beispiel räumte 1697 mit dem Märchen auf, dass Vögel das Tote Meer nicht überfliegen könnten. Derartige Berichte sah er dadurch als widerlegt an, „daß ich mehrere Vögel über das Tote Meer habe hin und her fliegen sehen, ohne daß sie irgendwelchen Schaden nahmen". Er sah auch keinen Rauch vom Meer aufsteigen. Seine Gruppe rastete zwei Wegstunden von der Jordanmündung entfernt in der Nähe von Rujm el-Bahr, sah zwar keine Ruinen mehr, berichtete aber, dass der Franziskanerpater Guardiano und der Statthalter von Jerusalem zusammen mit ei-

Abb. 8: Beduine in Ain-Feshkha, kolorierte Fotografie aus dem 19. Jh. Mit freundlicher Genehmigung des Palestine Exploration Fund, London.

nigen französischen Besuchern Ruinen samt Säulen und anderen Bauresten am Ufer entdeckt hätten: „der Grund, warum wir um diesen Anblick gebracht wurden, war wohl, wie ich vermute, der hohe Wasserstand". Er notierte: „Am Westufer des Meeres ist ein kleiner Vorsprung, bei dem – wie uns unsere Führer berichteten – einst das Monument von Lots verwandelter Frau stand; Teile davon (wenn man ihnen glauben wollte) seien sichtbar bis zu diesem Tag. Doch würde uns weder die momentane Situation erlauben uns aufzumachen und die Wahrheit dieses Berichtes zu überprüfen, noch wollten wir, hätte sich eine Gelegenheit geboten, ihnen genug Glauben schenken, daß wir uns solchen Mühen wirklich unterzogen hätten". Maundrell testet die Tragfähigkeit des Wassers einfach dadurch, dass er ins Meer steigt: „Bezüglich des Berichtes mancher Autoren, wonach Männer, die ins Wasser waten, sogleich an der Oberfläche treiben, sobald sie bis zum Nabel hinein stiegen, fand ich durch Experiment heraus, daß das nicht wahr ist". Maundrel glaubt auch nicht, dass es „Sodomsäpfel" gibt.[26]

Solch akademischer Wissensdrang ist in keinem anderen Reisebericht deutlicher zu beobachten als dem des englischen Reisenden Richard Pococke, der die Region zwischen 1737–1741 besuchte. Pococke und seine Gruppe folgten der Straße hinab ins Kidrontal zum Kloster Mar Saba, das je drei Wegstunden von Jerusalem, Bethlehem und dem Toten Meer entfernt liegt. Auf demselben alten Pfad, den einst bereits Felix Fabri genommen hatte, marschierte Pococke ostwärts entlang des Wadi en-Nar und dann weiter nach Norden über die Jericho-Hebron-Straße durch die Buqe'a, „eine Ebene voll kleiner Hügel, mit einer Art Gras bewachsen". Nach einer Strecke weiter nach Norden wandten sie sich nach Osten und marschierten durch Hügel aus weißem Stein, bis sie an „steile, felsige Klippen" gelangten, die über das Tote Meer ragten und „einen höchst erschreckenden Anblick" boten. „Der Abstieg war sehr beschwerlich und wir waren gezwungen unsere Pferde zurück zu lassen, um an das Ufer des Toten Meeres zu gelangen an einer Stelle, die ungefähr 2 Meilen südlich der Nordspitze liegt". Dies lässt vermuten, dass die Beduinen Pococke über den steilen Pass von Qumran führten oder sich stattdessen nach Süden wandten, um den Abstieg wenig südlich von Ain-Feshkha zu wagen. Pococke berichtet später: „Als ich den Hügel hinab stieg, bemerkte ich, daß einige Steine einen schwarzen Überzug hatten, ungefähr ein halbes Zoll dick, das – obwohl von derselben Härte wie der Stein – dennoch von ihm abgelöst werden konnte". Diese Beobachtung legt wohl eher eine Art Asphaltschicht auf Steinen am Ufer nahe, als am Pass. Pococke ist sicherlich nach Ain-Feshkha gelangt, denn er berichtet von Pflanzenbewuchs und „einer kleinen Quelle, die an dieser Stelle ins Tote Meer fließt und solche Krustentiere in sich hat, wie sie bei der Quelle Elisas sind".

Im Anschluss an antike Quellen gibt Pococke dem Toten Meer wegen des darin befindlichen Pechs den Namen „Asphaltites" und notiert seine alten Grenzen und Dimensionen. Er denkt über die Vermutung nach, dass es eine unterirdische Passage zum Mittelmeer gäbe, zumal ja nicht nur der Jordan ins Tote Meer fließt, sondern auch andere Gewässer. Er schreibt: „Es ist sicher, dass noch vor Kurzem ganz außerordentliche Überschwemmungen dieses Meeres über seine niedrigeren Ufer stattgefunden haben, und dies so, wie es in vielen Jahren zuvor nicht geschehen ist, denn ich sah viele Bäume, die durch die Überflutung getötet worden sind. Ich beobachtete auch zahlreiche tote Büsche im Toten Meer, so daß es scheint, als habe das Wasser kürzlich Land erobert".

Zum Schicksal von Sodom verweist Pococke auf die Bücher Genesis, Flavius Iosephus und Strabon. Bei Strabon fügt er hinzu: „Er scheint darüber wie über eine sichere Wahrheit zu sprechen, dass es in der Tat in diesen Regionen unterirdische Feuer gab, was man aus den verbrannten Steinen schließen kann, aus den Höhlen, der Asche und Pech, das aus den Steinen tropft, und auch aus Strömen heißen Wassers, das einen Geruch ausströmt, den man noch in großer Entfernung wahrnehmen kann, und ebenso aus den Ruinen alter Behausungen".

Pococke probierte auch das Wasser und fand es sehr salzig, sein Mund „zog sich zusammen, als ob ein starkes Mineral im Wasser wäre". Er verzeichnet die Annahme, dass der Jordan ins Tote Meer fließt, ohne sich zu vermischen, und schreibt: „Ich dachte, ich sah einen Strom andersfarbigen Wassers. Und vermutlich kann es, wenn es schnell fließt, über einige Entfernung unvermischt einströmen". Das Wasser war klar und hatte die Farbe von Meerwasser. Er nahm eine Flasche voll mit zurück und ließ es wissenschaftlich analysieren. Die Untersuchung ergab, dass das Wasser Salz enthält und auch Alaun, seine ölige Beschaffenheit vermutlich auf bituminösen oder schweflgen Bestandteilen beruhe, und im Vergleich zu Süßwasser ein Gewicht von 5 bis 4 besitzt.

Als Teil seiner wissenschaftlichen Untersuchungen wagte sich Pococke auch ins Tote Meer. Er schwamm und tauchte unter, ohne dass ihm dies schadete. Er war sogar „sehr erfreut darüber, was ich an diesem außergewöhnlichen Wasser beobachten konnte und blieb darin fast eine Viertelstunde". Er entdeckte, dass er sich in fast jeder Körperhaltung auf der Oberfläche halten konnte ohne unterzugehen und er hatte Schwierigkeiten, seine Füße nach dem Schwimmen wieder auf den Boden zu setzen. „Die Araber meinen," schrieb er, „daß das Tote Meer den Körper eines jeden verbrennen würde, der versucht, es zu durchschwimmen, und sie sagen dasselbe über Boote, denn es gibt keine auf dem Meer." Pocockes Begleiter beobachteten seine Experimente mit großem Unbehagen und warnten ihn vor den drohenden Gefahren. Später, „als ich nach zwei Tagen von höchst unerfreulichen Magenbeschwerden gepackt wurde, begleitet von sehr heftigem Schwindelgefühl im Kopf, wovon ich regelmäßig Rückfälle erlitt und mich erst nach drei Wochen wieder vollständig erholt hatte, wollten mich die Mönche davon überzeugen, dass die Krankheit darauf zurückzuführen sei, dass ich mich ins Tote Meer begeben hatte".

Pococke beschreibt ferner, wie Beduinen am Ufer des Toten Meeres Salz gewannen: Sie gruben Löcher in den Sand und

Eine Auswahl von Reiseberichten westlicher Autoren vom 4. bis zum 19. Jahrhundert

333 n. Chr.	Der Bericht eines anonymen Pilgers aus Bordeaux: Itinerarium Burdigalense, dt. bei Donner 2003.
381–384	Egeria (Etheria), Itinerarium, lat. u. dt. G. Röwekamp/ D. Thönnes, Freiburg u. a. 1995 (FC 20); dt. auch bei Donner 2003.
404	Hieronymus, Brief 108 an Eustochium, dt. bei Donner 2003 (Auszug).
ca. 500	R. Raabe (Hrsg.), Petrus der Iberer. Ein Charakterbild zur Kirchen- und Sittengeschichte des fünften Jahrhunderts, Leipzig 1895.
ca. 520	Erzdiakon Theodosius, Topographia Terrae Sanctae, dt. bei Donner 2003.
ca. 570	Der Pilger von Piacenza, Itinerarium, dt. bei Donner 2003.
ca. 615	Johannes Moschus, Pratum Spirituale, engl. John Wortley, The Spiritual Meadow of John Moschus, Kalamazoo 2000.
639–750	Der Mönch Epiphanius, Civitas Sanctorum,. H. Donner (Hrsg.), Die Palästinabeschreibung des Epiphanius Monacus Hagiopolita, ZDPV 87 (1971) 42–91.
ca. 685	Adomnan, De Locis Sanctis, dt. bei Donner 2003.
702–370	Beda Venerabilis, De Locis Sanctis, engl. bei Wilkinson 2002.
ca. 808	Commemoratorium di Casis Dei, engl. bei Wilkinson 2002.
1101–1103	Saewulf, MS 111, Corpus Christi College Cambridge; engl. in Wilkinson u. a. 1988.
1106–1108	Abt Daniel, M. A. Venevitinov (Hrsg.), Zhitie i knozhenie Danila rus'kyya zemli igumena 1106–1108, St. Petersburg 1883–1885 (Palestinskiy pravoslavnyy sbornik 3,9); dt. in K.-D. Seeman, Abt Daniil. Wallfahrtsbericht, München 1970.
1109	Gesta Francorum Expugnantium – Recueil des Histoires des Croisades, engl. bei Wilkinson u. a. 1988.
1166–1173	Benjamin of Tudela, dt. in H. P. Rüger, Syrien und Palästina nach dem Reisebericht des Benjamin von Tudela, Wiesbaden 1990 (ADPV 12).
1357–1371	Jehan de Mandeville, engl. T. Wright, Early Travels in Palestine, London 1848.
ca. 1421	Johannes Poloner, Peregrinatio ad Terram Sanctam, ed. Tobler 1874.
1477/1478	Wilhelm Tzewers, bei G. Hartmann, Wilhelm Tzewers: Itinerarius terre sancte. Einleitung, Edition, Kommentar und Übersetzung, Wiesbaden 2004 (ADPV 33).
1483–1484	Felix Fabri, Evagatorium in Terrae Sanctae, Arabiae et Egypti peregrinationem, dt. in F. Fabri, Galeere und Karawane. Pilgerreise ins Heilige Land, zum Sinai und nach Ägypten 1483, Stuttgart u. a. 1996.
1805–1807	U. J. Seetzen, Unter Mönchen und Beduinen. Reisen in Palästina und angrenzenden Ländern 1805–1807, Darmstadt 2002.
1848	United States' Expedition to Explore the Dead Sea and the River Jordan unter Leitung von Lt. William Francis Lynch; dazu R. E. Rook, The 150th Anniversary of the United States' Expedition to Explore the Dead Sea and the River Jordan, Amman 1998.

Weiterführende Literatur zu historischen Reiseberichten:

- R. Allen, Eastward Bound: Travel and Travellers 1050–1550, Manchester 2004.
- H. Donner, Pilgerfahrt ins Heilige Land. Die ältesten Berichte christlicher Palästinapilger (4.–7. Jahrhundert), Stuttgart[2] 2003.
- T. Tobler (Hrsg.), Descriptiones Terrae Sanctae ex saeculo VIII, IX, XII et XV. S. Willibaldus. Commemoratorium de casis Dei. Bernardus Monachus. Innominatus VII. Johannes Wirziburgensis. Innominatus VIII. La Citez des Jerusalem. Johannes Poloner, Leipzig 1874.
- J. Wilkinson, Jerusalem Pilgrims before the Crusades, London[2] 2002.
- J. Wilkinson/J. Ryan/W. F. Hill (Hrsg.), Jerusalem Pilgrimage 1099–1185, London 1988.

schütteten Wasser hinein, um es verdunsten zu lassen, bis ein etwa ein Zoll dicker Salzkuchen zurückblieb. Pococke fiel zudem auf, dass die Steine am Ufer des Meeres mit einer weißlichen Substanz bedeckt seien (offensichtlich Salz mit Bitumen), die seiner Meinung nach von einer weiteren Überschwemmung stammte. Dieses Bitumen, stellte Pococke fest, treibt auf dem Wasser und wird ans Ufer gespült, wenn Wind herrscht, um dann von den Arabern aufgesammelt und zur Herstellung von Medizin und zur Einbalsamierung verwendet zu werden. Wie auch bereits frühere Quellen vermutet Pococke, dass unterirdische Feuer dieses Bitumen vom Grund des Meeres nach oben schleudern. Von den sogenannten „Sodomsfrüchten" sah Pococke freilich nichts, stellte sich aber vor, dass es sich dabei um Granatäpfel handeln könne, die – lässt man sie zwei oder drei Jahre am Strauch trocknen – durchaus im Inneren zu Staub werden können. Ferner teilt Pococke mit, dass angeblich keine Fische im Toten Meer leben sollen, hat aber davon gehört, dass ein Mönch gesehen habe, wie Fische in diesem Wasser gefangen wurde.

AUSBLICK

Unser Streifzug endet mit Pococke, der den Weg zur wissenschaftlichen Erforschung der Region öffnete, wie sie seit dem 19. Jh. bis heute betrieben wird. Seit dem 19. Jh. wird aus der kleinen Schar individueller, durch Neugier und Frömmigkeit motivierter Reisender ein Strom oft gut ausgestatteter Expeditionen, die klare wissenschaftliche Ziele verfolgen, das Land vermessen, Proben von Wasser, Vegetation und Boden sammeln, Tiere beobachten und – vor allem – antike Ruinen dokumentieren. Ulrich Jasper Seetzen, der 1807 sowohl das West- als auch das Ostufer des Toten Meeres bereiste, war wohl der erste Vertreter dieses neuen Typs von Wissenschaftlern.[27] Fast alle europäischen Nationen und die noch jungen USA haben in der Folgezeit Wissenschaftler in die Region gesandt, auf deren Beobachtungen heutige Generationen noch aufbauen. Am bekanntesten hierbei ist vielleicht die amerikanische Expedition, die 1848 unter der Leitung von William Francis Lynch das Tote Meer zum ersten Mal von einem Schiff aus untersuchte.[28] Weitere Amerikaner, Briten, Franzosen und Deutsche folgten. Berühmt sind vor allem die Vermessungen des Survey of Western Palestine 1873–1875 (Abb. 3–5). Eine Beschreibung dieser Aktivitäten würde viel mehr Raum in Anspruch nehmen als hier zur Verfügung steht, doch sollte deutlich geworden sein, welche oft wertvollen Daten in diesen alten Berichten stecken – und auch wie sehr das Tote Meer seit jeher die menschliche Fantasie angeregt und den Schauder vor der Natur geweckt hat. Die Nachrichten westlicher Reisender können mit anderen Quellen verknüpft werden, um daraus einen Katalog von Mythen und Daten zu erstellen, die sich um das Tote Meer ranken, seine natürlichen Schätze und ihre Ausbeutung durch die Menschen, den schwankenden Wasserstand, Straßen und die Lokalisierung von Orten mit religiöser Bedeutung. Am Interessantesten ist vielleicht die ständige Diskussion um den letztgenannten Punkt und die Verschiebung der wichtigsten Orte ans weit intensiver besuchte Nordende des Toten Meeres sowie die Identifikation von Rujm el-Bahr mit Zeboim und von Zoar/Segor mit Qumran.[29]

(aus dem Englischen von J. Zangenberg)

LITERATURVERZEICHNIS

Abkürzungen

AASOR	Annual of the American Schools of Oriental Research
ADAJ	Annual of the Department of Antiquities of Jordan
ADPV	Abhandlungen des Deutschen Palästina-Vereins
AW	Antike Welt
BA	Biblical Archaeologist
BASOR	Bulletin of the American Schools of Oriental Research
BSOAS	Bulletin of the School of Oriental and African Studies
BZNW	Beihefte zur Zeitschrift für die Neutestamentliche Wissenschaft und die Kunde der älteren Kirche
DJD	Discoveries in the Judaean Desert
FC	Fontes Christiani
GSA	Geological Society of America
GSASP	Geological Society of America Special Paper
IEJ	Israel Exploration Journal
IJNA	The International Journal of Nautical Archaeology
JJS	Journal of Jewish Studies
JMA	Journal of Mediterranean Archaeology
JNES	Journal of Near Eastern Studies
JRS	The Journal of Roman Studies
JSJ(Sup.)	Journal for the Study of Judaism (Supplements)
JSOT	The Journal of the American Oriental Society
LA	Liber Annuus
NEA	Near Eastern Archaeology
NTOA	Novum Testamentum et Orbis Antiquus
PEQ	Palestine Exploration Quarterly
PPTS	Palestine Pilgrims' Text Society
RB	Revue Biblique
SBF C.Ma	Studium Biblicum Franciscanum. Collectio Maior
SCI	Scripta Classica Israelica
SHAJ	Studies in the History and Archaeology of Jordan
STDJ	Studies on the Texts of the Desert of Judah
TA	Tel Aviv
TSAJ	Texte und Studien zum Antiken Judentum
UF	Ugarit-Forschungen
UTB	Uni-Taschenbücher
ZDPV	Zeitschrift des Deutschen Palästina-Verein
ZPE	Zeitschrift für Papyrologie und Epigraphik

G. W. Ahlström, The History of Ancient Palestine from the Palaeolithic Period to Alexander's Conquest, Sheffield 1993 (JSOT.Sup 146).

W. F. Albright, The Archaeological Results of an Expedition to Moab and the Dead Sea, BASOR 14 (1924), 1–12.

Z. Amar, The Export of Theriac from the Land of Israel and its Uses in the Middle Ages, Korot 12 (1996–97), 16–28 (Hebräisch).

Z. Amar, The Production of Salt and Sulphur from the Dead Sea Region in the Tenth Century According to at-Tamimi, PEQ 130 (1998), 3–7.

D. Amit/J. Magness, Not a Settlement of Hermits or Essenes. A Response to Y. Hirschfeld, A Settlement of Hermits above En-Gedi, TA 27 (2000), 273–285.

J. Aviram/G. Foerster/E. Netzer (Hrsg.), The Masada-Reports. Yigael Yadin Excavations 1963–1965. Final Reports I–VIII, Jerusalem 1989–2007.

D. L. Balch/C. Osiek (Hrsg.), Early Christian Families in Context. An Interdisciplinary Dialogue, Grand Rapids 2003.

P. Bar-Adon, The Cave of the Treasure. The Finds from the Caves in Nahal Mishmar, Jerusalem 1980.

P. Bar-Adon, Excavations in the Judean Desert, Jerusalem 1989 (Atiqot HS 9).

R. Bar-Nathan, Hasmonean and Herodian Palaces at Jericho. Vol. III: The Pottery, Jerusalem 2002.

Y. Bartov/M. Stein/Y. Enzel/A. Agnon/Z. Reches, Lake Levels and Sequence Stratigraphy of Lake Lisan, the Late Pleistocene Precursor of the Dead Sea, Quaternary Research 57 (2002), 9–21.

U. Baruch, Palynological Evidence of Human Impact on the Vegetation as Recorded in Late Holocene Lake Sediments in Israel, in: Bottema u. a. 1990, 283–293.

U. Baruch, The Palynology of Late Quaternary Sediments of the Dead Sea, PhD. Dissertation Hebrew University of Jerusalem, Jerusalem 1993 (Hebräisch mit englischer Zusammenfassung).

O. Bar-Yosef, Earliest Food Producers. Pre Pottery Neolithic (8000–5500), in: Levy 1995a, 191–204.

O. Bar-Yosef, The Impact of Radiocarbon Dating on Old World Archaeology. Past Achievements and Future Expectations, Radiocarbon 42 (2000), 23–39.

O. Bar-Yosef/R. S. Kra (Hrsg.), Late Quaternary Chronology and Paleoclimates of the Eastern Mediterranean, Tucson 1994.

U. Baruch, Palynological Evidence of Human Impact on the Vegetation as Recorded in Late Holocene Lake Sediments in Israel, in: Bottema, u. a. 1990, 283–293.

I. Beit-Arieh, The Dead Sea Region. An Archaeological Perspective, in: Niemi u. a. 1997, 249–251.

A. Ben-Menahem, Four Thousand Years of Seismicity along the Dead Sea Rift, Journal of Geophysical Research 96/B-12 (1991), 20195–20216.

A. Ben-Tor (Hrsg.), The Archaeology of Ancient Israel, New Haven/London 1992.

N. Ben-Yehuda, The Masada Myth. Collective Memory and Mythmaking in Israel, Madison 1995.

O. Betz, R. Riesner, Verschwörung um Qumran? Jesus, die Schriftrollen und der Vatikan, München 2007.

P. Bienkowski/K. Galor (Hrsg.), Crossing the Rift. Resources, Routes, Settlement Patterns and Interaction in the Wadi Arabah, Oxford 2006 (Levant Suppl. 3).

I. Blake, Chronique archeologique, RB 73 (1966), 566.

R. M. Bloch, Red Salt and Grey Salt, Mad'a 6 (1962), 3–8.

R. Bookman (Ken-Tor)/Y. Enzel/A. Agnon/M. Stein, Late Holocene Lake Levels of the Dead Sea, GSA Bulletin 116 (2004), 555–571.

S. Bottema/G. Entjes-Nieborg/W. van Zeist (Hrsg.), Man's Role in the Shaping of the Eastern Mediterranean Landscape, Rotterdam 1990.

G. W. Bowersock, Roman Arabia, Cambridge 1983.

J. Branham, Hedging the Holy at Qumran. Walls as Symbolic Devices, in: Galor u. a. 2006, 117–131.

M. Broshi/R. Gophna, The Settlements and Population of Palestine During the Early Bronze Age II–III, BASOR 253 (1984), 41–53.

M. Broshi/E. Qimron, A House Sale Deed from Kefar Baru from the Time of Bar-Kokhba, IEJ 36 (1986), 201–214.

H. J. Bruins, Comparative Chronology of Climate and Human History in the Southern Levant from the Late Chalcolithic to the Early Arab Period, in: Bar-Yosef/Kra 1994, 301–315.

S. Bunimowitz, On the Edge of Empires. Late Bronze Age (1500–1200 BCE), in: Levy 1995a, 320–331.

R. Burton (Nathaniel Crouch), Two Journeys to Jerusalem, Containing First, A Strange and True Account of the Travels of two English Pilgrims … etc., London 1683.

S. Campbell/A. Green (Hrsg.), Archaeology of Death in the Ancient Near East, Oxford 1995.

C. Clamer, Fouilles Archéologiques de 'Aïn ez-Zâra/Callirrhoé, villégiature hérodienne, Beyrouth 1997.

C. Clamer, The Hot Springs of Kallirrhoe and Baarou, in: Piccirillo/Alliata 1999, 221–225.

S. J. D. Cohen, Masada: Literary Tradition, Archaeological Remains and the Credibility of Josephus, JJS 33 (1982), 385–405.

V. Corbo/S. Loffreda, Nuove scoperte alla fortezza di Macheronte. Rapporto preliminare alla IV campagna di scavo, 01.09.–10.10.1981, LA 31 (1991), 257–286.

H. M. Cotton, The Guardianship of Jesus son of Babatha. Roman and Local Law in the Province of Arabia, JRS 83 (1993), 94–108.

H. M. Cotton, Languages of the Legal and Administrative Documents from the Judean Desert, ZPE 125 (1999), 219–231.

H. M. Cotton, En-Gedi Between the Two Revolts, SCI 20 (2001), 139–154.

H. M. Cotton/W. Eck, Roman Officials in Juaea and Arabia and Civil Jurisdiction, in: Katzoff/Schaps 2005, 23–44.

H. M. Cotton/J. C. Greenfield, Babatha's Patria: Mahoza, Mahoz 'Eglatain and Zoar, ZPE 107 (1995), 126–132.

H. M. Cotton/A. Yardeni, Aramaic, Hebrew and Greek Documentary Texts from Nahal Hever and Other Sites With an Appendix Containing Alleged Qumran Texts (The Seiyal Collection II), Oxford 1997 (DJD 27).

F. M. Cross/J. T. Milik, Explorations in the Judaean Buqe'ah, BASOR 142 (1956), 5–17.

H. M. Cullen/P. B. deMenocal/S. Hemming/ G. Hemming/F. H. Brown/T. Guilderson/ F. Sirocko, Climate Change and the Collapse of the Akkadian Empire. Evidence from the Deep Sea, Geology 28 (2000), 379–382.

A. Danin, Flora and Vegetation of Israel and Adjacent Areas, in: Yom Tov/Tchernov 1988, 129–159.

A. Danin, Man and the Natural Enviroment, in: Levy 1995a, 24–39.

P. R. Davies/G. J. Brooke/P.R. Callaway, Qumran. Die Schriftrollen vom Toten Meer, Stuttgart 2002.

P. B. deMenocal, Cultural Responses to Climate Change During the late Holocene, Science 292 (2001), 667–673.

W. G. Dever, Social Structure in Palestine in the Iron II Period on the Eve of Destruction, in: Levy 1995a, 416–431.

A. von Dobbeler/K. Erlemann/R. Heiligenthal (Hrsg.), Religionsgeschichte des Neuen Testaments, Tübingen/Basel 2000.

P. Donceel-Voûte, Traces of Fragrance along the Dead Sea, Res Orientales 11 (1998), 93–117.

H. Donner, Kallirrhoë, ZDPV 79 (1963), 59–89.

P. C. Edwards/E. House, The Third Season of Investigations at the Pre-Pottery Neolithic A Site Zahrat adh-Dhra' 2 on the Dead Sea Plain, BASOR 347 (2007), 1–19.

P. C. Edwards/S. E. Falconer/P. L. Fall/A. Ariotti/ T. K. Swoveland, Archaeology and Environment of the Dead Sea Plain. Preliminary Results of the 3rd Season of Investigations by the Joint La Trobe University/Arizona State University Project, ADAJ 48 (2004), 181–201.

Y. Enzel/A. Agnon/M. Stein (Hrsg.), New Frontiers in Dead Sea Palaeoenvironmental Research, Boulder 2006 (GSASP 401).

G. Faßbeck, Vom Mosaik zur Magie. Die Synagogeninschrift von En-Gedi im Kontext des spätantiken Judentums, in: Von Dobbeler u. a. 2000, 93–117.

M. K. Fieger/K. Schmid/P. Schwagmeier (Hrsg.), Qumran – Die Schriftrollen vom Toten Meer. Vorträge des St. Galler Qumran-Symposium vom 2./3. Juli 1999, Fribourg/CH/Göttingen 2001 (NTOA 47).

I. Finkelstein, The Archaeology of the Israelite Settlement, Jerusalem 1988.

I. Finkelstein, The Great Transformation. The Conquest of the Highland Frontiers and the Rise of the Territorial States, in: Levy 1995, 349–367.

K. Fittschen/G. Foerster (Hrsg.), Judaea and the Greco-Roman World in the Time of Herod in the Light of Archaeological Evidence. Acts of a Symposium Organized by the Institute of Archaeology, The Hebrew University of Jerusalem and the Archäological Institute, Georg-August-University of Göttingen at Jerusalem November 3rd–4th 1988, Göttingen 1996.

M. Fischer/M. Gichon/O. Tal, En Boqeq. Excavations in an Oasis on the Dead Sea, Band 2: The officina. An Early Roman Building on the Dead Sea Shore, Mainz 2000.

G. Foerster, Hellenistic and Roman Trends in the Herodian Architecture of Masada, in: Fittschen/Foerster 1996, 55–72.

F. Frank, Aus der 'Araba I. Reiseberichte, ZDPV 57 (1934), 213–280.

R. A. Freund, Secrets of the Cave of Letters. Rediscovering a Dead Sea Mystery, Amherst 2004.

R. Freund/Z. Garfunkel/I. Zak/M. Goldberg/ T. Weissbrod/B. Derin, The Shear Along the Dead Sea Rift, Phil. Trans. Soc. Lond. A. 267 (1970), 107–130.

J. Frey/H. Stegemann (Hrsg.), Qumran Kontrovers: Beiträge zu den Textfunden vom Toten Meer, Paderborn 2003.

A. Frumkin, The Holocene History of Dead Sea Levels, in: Niemi u. a. 1997, 237–249.

A. Frumkin/M. Margaritz/I. Carmi/I. Zak, The Holocene Climatic Record of the Salt Caves of Mount Sedom, The Holocene 1 (1991), 191–200.

F. García Martínez/E. J. C. Tigchelaar, The Dead Sea Scrolls Study Edition. 2 Bände, Leiden 1997.

F. García Martínez/E. J. C. Tigchelaar (Hrsg.), Fragmenten uit de woestijn. De Dode-Zeerollen opnieuw bekeken, Zoetermeer 2003.

Y. Garfinkel, Neolithic and Chalcolithic Pottery of the Southern Levant, Jerusalem 1999 (Qedem 39).

Z. Garfunkel, Internal Structure of the Dead Sea Leaky Transform (Rift) in Relation to Plate Kinematics, Tectonophysics 80 (1981), 81–108.

Z. Garfunkel, The Pre-Quaternary Geology of Israel, in: Yom-Tov/Tchernov 1988, 7–34.

M. Gichon, En Boqeq. Ausgrabungen in einer Oase am Toten Meer, Band 1: Geographie und Geschichte der Oase, das spätrömisch-byzantinische Kastell, Mainz 1993.

M. Gil, A History of Palestine, 634–1099, Cambridge 1997.

K. Galor/J.-B. Humbert/J. Zangenberg (Hrsg.), Qumran. The Site of the Dead Sea Scrolls. Archaeological Interpretations and Debates. Proceedings of a Conference held at Brown University, November 17–19, 2002, Leiden/Boston 2006 (STJD 57).

N. Glueck, Explorations in Eastern Palestine II, AASOR 15 (1934–35), 7–9.

R. Gonen, The Chalcolithic Period, in: Ben-Tor 1992, 40–80.

A. Gopher, Early Pottery Bearing Groups in Israel. The Pottery Neolithic Period, in: Levy 1995a, 205–225.

H. Granger-Taylor, The Textiles from Khirbet Qazone (Jordan), in: Archeologie des textiles des origins au Ve siecle. Acte du colloque Lattes, Octobre 1999, Montagnac 2000, 149–162.

C. Grigson, Plough and Pasture in the Early Economy of the Southern Levant, in: Levy 1995a, 245–268.

L.-M. Günther (Hrsg.), Herodes und Rom, Stuttgart 2007.

G. Hadas, Stone Anchors from the Dead Sea, Atiqot 21 (1992), 55–57.

G. Hadas, A Stone Anchor from the Dead Sea, IJNA 22/1 (1993), 89–90 (1993a).

G. Hadas, Where Was the Harbour at En-Gedi Situated? IEJ 43 (1993), 45–49 (1993b).

G. Hadas, Nine Tombs of the Second Temple Period at En-Gedi, Jerusalem 1994 (Atiqot 24).

G. Hadas, Irrigation Agriculture in the Oasis of En-Gedi and Its Parallels in the Oases around the Dead Sea During the Roman and Byzantine Period, Ph.D. Dissertation, Hebrew University of Jerusalem 2002 (Hebräisch).

S. Hamarneh, Sugar Cultivation and Refining under the Muslims during the Middle Ages, ADAJ 22 (1977–78), 12–19.

P. C. Hammond, The Nabatean Bitumen Industry at the Dead Sea, BA 22 (1959), 40–48.

J. F. Healey, Death in West Semitic Texts. Ugarit and Nabataea, in: Campbell/Green 1995, 188–191.

C. Heim/N. R. Nowaczyk/J. F. W. Negendank/ S. A. G. Leroy/Z. Ben-Avraham, Near East Desertification. Evidence from the Dead Sea, Naturwissenschaften 84 (1997), 398–401.

Y. Hirschfeld, The Judean Desert Monasteries in the Byzantine Period, New Haven 1992.

Y. Hirschfeld, Early Roman Manor Houses in Judea and the Site of Khirbet Qumran, JNES 57 (1998), 161–189.

Y. Hirschfeld, The Library of King Herod in the Northern Palace of Masada, SCI 23 (2004), 69–80.

Y. Hirschfeld, En-Gedi. „A Very Large Village of the Jews", LA 55 (2005), 327–354.

Y. Hirschfeld, Qumran – Die ganze Wahrheit. Die Funde der Archäologie neu bewertet, Gütersloh 2006 (Hirschfeld 2006a).

Y. Hirschfeld, The Nabatean Presence South of the Dead Sea. New Evidence, in: Bienkowski/Galor 2006, 167–190 (Hirschfeld 2006b).

Y. Hirschfeld, The Archaeology of the Dead Sea Valley in the Late Hellenistic and Early Roman Periods, GSASP 401 (2006), 215–229 (Hirschfeld 2006c).

Y. Hirschfeld, En-Gedi Excavations II. Final Report (1996–2002), Jerusalem 2007.

W. Hoepfner, Antike Bibliotheken, Mainz 2002.

W. Holzner/M. J. A. Werger/I. Ikusima (Hrsg.), Man's Impact on Vegetation, The Hague/Boston/London 1983.

J.-B. Humbert, L'espace sacré à Qumrân. Propositions pour l'archéologie, RB 101/102 (1994), 161–214.

J.-B. Humbert, Qumràn, ésseniens et architecture, in: Kollmann u. a. 1999, 183–196.

J.-B. Humbert, Interpreting the Qumran Site, NEA 63 (2000), 140–143.

J.-B. Humbert, Reconsideration of the Archaeological Interpretation, in: Humbert/Gunneweg 2003, 419–425 (Humbert 2003a).

J.-B. Humbert, The Chronology During the First Century B.C., de Vaux and His Method. A Debate, in: Humbert/ Gunneweg 2003, 425–444 (Humbert 2003b).

J.-B. Humbert, Arguments en faveur d'une résidence pré-essénienne, in: Humbert/Gunneweg 2003, 467–482 (Humbert 2003c).

J.-B. Humbert, Some Remarks on the Archaeology of Qumran, in: Galor u. a. 2006, 16–39.

J.-B. Humbert/A. Chambon (Hrsg.), Fouilles de Khirbet Qumran et de Ain Feshkha I. Album de photographies. Répertoire du finds photographique. Synthèse des notes de chantier du Pére Roland de Vaux OP, Fribourg/Göttingen 1994 (NTOA 1). Deutsch als F. Rohrhirsch/B. Hofmeir, Die Ausgrabungen von Qumran und En Feschcha IA: Die Grabungstagebücher von Roland e Vaux OP, Fribourg/Göttingen 1996 (NTOA 1A).

J.-B. Humbert/J. Gunneweg (Hrsg.), Khirbet Quran et Ain Feshkha, II. Études d'anthropologie, de physique et de chimie. Studies of Anthropology, Physics and Chemistry, Fribourg/Göttingen 2003 (NTOA.SA 3).

R. D. Ibach, Archaeological Survey of the Hesban Region. Catalogue of Sites and Characterization of Periods, Berrien Springs 1987 (Hesban 5).

R. D. Ibach, Two Roads Lead to Esbus, in: Merling/Geraty 1994, 65–79.

T. Ilan, Integrating Women into Second Temple History, Peabody 2001.

A. S. Issar/M. Zohar, Climate Change-Environment and Civilization in the Middle East, Berlin/Heidelberg 2004.

S. Jaffe, Climate of Israel, in: Yom Tov/Tchernov 1988, 79–95.

S. Japp, Die Baupolitik Herodes des Großen. Die Bedeutung der Architektur für die Herrschaftslegitimation eines römischen Klientelkönigs, Rahden 2000 (Internationale Archäologie 64).

R. E. Jones/G. Tompsett/K. D. Politis/E. Photos-Jones, The Tawahin as-Sukkar and Khirbat Shayk 'Isa Project. Phase I: The Surveys, ADAJ 44 (2000), 523–534.

A. Kasher, Jews, Idumeans and Ancient Arabs. Relations of the Jews in Ancient Eretz-Israel with the Nations of the Frontier During the Hellenistic and Roman Era (332 BCE–70 CE), Tübingen 1988 (TSAJ 18).

R. Katzoff/D. Schaps, Law in the Documents of the Judaean Desert, Leiden/Boston 2005 (JSJSup 96).

O. Keel/M. Küchler, Orte und Landschaften der Bibel. Ein Handbuch und Studien-Reiseführer zum Heiligen Land. Band 2: Der Süden, Zürich/Göttingen 1982.

J. L. Kelso/D. C. Baramki, Excavations at New Testament Jericho and Khirbet en-Nitla, New Haven 1955 (AASOR 29–30).

R. Ken-Tor/A. Agnon/Y. Enzel/S. Marco/ J. F. W. Negendank/M. Stein, High-Resolution Geological Record of Historic Earthquakes in the Dead Sea Basin, Journal of Geophysical Research 106 (2001), 2221–2234.

R. Ken-Tor/M. Stein/Y. Enzel/A. Agnon/S. Marco/ J. F. W. Negendank, Precision of Calibrated Radiocarbon Ages of Historic Earthquakes in the Dead Sea Basin, Radiocarbon 43 (2001), 1371–1382.

G. R. D. King, A Survey of the Southern Ghawr, the Wadi 'Araba and Western Trans-Jordan, 1981–82, Proceedings of the Seminar for Arabian Studies 15 (1985), 41–47.

G. R. D. King/C. J. Lenzen/A. Newhall/J. L. King/ J. D. Deemer, A Survey of Byzantine and Islamic Sites in Jordan. Third Preliminary Report (1982). The Southern Ghor, ADAJ 31 (1987), 439–459 und 618–620.

N. Kokkinos (Hrsg.), The World of the Herods. Volume 1 of the International Conference The World of the Herods and the Nabateans held at the British Museum, 17–19 April 2001, Stuttgart 2007 (Oriens et Occidens 14).

B. Kollmann/W. Reinbold/A. Steudel (Hrsg.), Antikes Judentum und frühes Christentum. Festschrift für Hartmut Stegemann, Berlin/New York 1999 (BZNW 97).

M. Küchler/K. M. Schmidt (Hrsg.), Texte – Fakten – Artefakte. Beiträge zur Bedeutung der Archäologie für die neutestamentliche Forschung, Fribourg/CH/ Göttingen 2006 (NTOA 59).

R. S. Kraemer, Typical and Atypical Jewish Family Dynamics. The Cases of Babatha and Berenice, in: Balch/Osiek 2003, 130–156.

B. Kreiger, The Dead Sea: Myth. History and Politics, Hannover/London 1997.

G. Le Strange, Palestine under the Moslems. A Description of Syria and the Holy Land from A.D. 650 to 1500, London 1890.

G. Lemcke/M. Sturm, $\delta^{18}O$ and Trace Element Measurements as Proxy for the Reconstruction of Climate Changes at Lake Van (Turkey): Preliminary Results, in: Dalfes, u. a. 1997, 653–678.

L. I. Levine, Towards an Appraisal of Herod as a Builder, in: Levine 1981, 62–66.

L. I. Levine (Hrsg.), The Jerusalem Cathedra, Jerusalem 1981.

L. I. Levine, The Ancient Synagogue. The First Thousand Years, New Haven/London 2000.

T. E. Levy (Hrsg.), The Archaeology of Society in the Holy Land, London 1995 (1995a).

T. E. Levy, Cult, Metallurgy and Rank Societies. Chalcolithic Period (ca. 4500–3500 BCE), in: Levy 1995a, 227–244 (1995b).

N. Lewis, The Documents from the Bar Kokhba Period in the Cave of Letters. Greek Papyri, Jerusalem 1989.

A. Lichtenberger, Die Baupolitik Herodes des Großen, Wiesbaden 1999 (ADPV 26).

S. Loffreda, Le Ceramica di Macheronte e dell'Herodion (90 a.C.–135 d.C.), Jerusalem 1996 (SBF C.Ma 39).

E. Lohse, Die Texte aus Qumran, Darmstadt 1981 (Hebräisch und deutsch).

A. Loth/F.-M. Abel, Périple de la Mer Morte 28 décembre 1908–7 janvier 1909, Jerusalem 1997.

B. MacDonald, The Southern Ghors and Northeast 'Araba Archaeological Survey, Sheffield 1992.

Y. Magen/Y. Peleg, Back to Qumran. Ten Years of Excavation and Research, 1993–2004, in: Galor u. a. 2006, 55–113.

J. Magness, The Archaeology of Qumran and the Dead Sea Scrolls, Grand Rapids 2002.

J. Magness, Debating Qumran. Collected Essays on its Archaeology, Löwen 2003.

J. Maier, Die Qumran-Essener. Die Texte vom Toten Meer. 3 Bände, München/Basel 1995–1996 (UTB 1862, 1863, 1916).

J. Maier, Die Tempelrolle vom Toten Meer und das „Neue Jerusalem", 11Q19 und 11Q20; 1Q32, 2Q24; 4Q554-555, 5Q15 und 11Q18. Übersetzung und Erläuterung. Mit Grundrissen der Tempelhofanlage und Skizzen zur Stadtplanung. 3. Auflage, München/Basel 1997 (UTB 829).

G. Markoe (Hrsg.), The Splendors of the Caravan Kingdom, New York 2003.

H. Maundrell, A Journey from Aleppo to Jerusalem at Easter A.D. 1697, Oxford 1703.

B. Mayer (Hrsg.), Jericho und Qumran. Neues zum Umfeld der Bibel, Regensburg 2000 (Eichstätter Studien 45).

A. Mazar, Archaeology of the Land of the Bible, New York 1992.

B. Mazar/T. Dothan/I. Dunayevsky, En-Gedi. The First and Second Seasons of Excavations 1961–1962, Jerusalem 1966 (Atiqot ES 5).

F. Mébarki/É. Puech (Hrsg.), Les Manuscrits de la mer Morte, Rodez 2002.

Y. E. Meimaris/K. I. Kritikakou-Nikolaropoulou (Hrsg.), Inscriptions from Palaestina Tertia. Vol. Ia: The Greek Inscriptions from Ghor es-Safi (Byzantine Zoora), Athen 2005.

D. Merling/L. T. Geraty (Hrsg.), Hesban After 25 Years, Berrien Springs 1994.

C. Migowski/A. Agnon/R. Bookman/J. F. W. Negendank/ M. Stein, Recurrence Pattern of Holocene Earthquakes Along the Dead Sea Transform Revealed by Varve-Counting and Radiocarbon Dating of Lacustrine Sediments, Earth and Planetary Science Letters 222/1 (2004), 301–314.

C. Migowski/M. Stein/S. Prasad/F. W. Negendank/ A. Agnon, Holocene Climate Variability and Cultural Evolution in the Near East from the Dead Sea Sedimentary Record, Quaternary Research 66/3 (2006), 421–431.

R. D. Miller II, Chieftains of the Highland Clans. A History of Israel in the 12th and 11th Centuries B.C., Grand Rapids 2005.

M. Milright, The Balsam of Matariyya. An Exploration of a Medieval Panacea, BSOAS 66 (2003), 193–209.

L. A. Mitchel, Caves, Storage Facilities and Life at Hellenistic and Early Roman Hesban, in: Merling/Geraty 1994, 98–106.

N. Na'aman, Israel, Edom and Egypt in the 10th Century B.C.E., TA 19 (1992), 71–93.

R. Neef, Introduction, Development and Environmental Implications of Olive Culture. The Evidence from Jordan, in: Bottema u. a. 1990, 132–264.

D. Neev/K. O. Emery, The Dead Sea. Depositional Processes and Environments of Evaporites, Geological Survey of Israel Bulletin 41 (1967), 1–147.

D. Neev/K. O. Emery, The Destruction of Sodom, Gomorrah and Jericho. Geological, Climatological and Archaeological Background, Oxford/New York 1995.

E. Netzer, Herod's Building Projects: State Necessity or Personal Need?, in: Levine 1981, 48–61.

E. Netzer, Water Channels and a Royal Estate from the Late Hellenistic Period in the Western Plains of

Jericho. Symposium on Historical Water Development Projects in the Eastern Mediterranean, Leichtweiss-Institut für Wasserbau der Technischen Universität Braunschweig, Mitteilungen 82 (1984), 1–11, fig 1–15.

E. Netzer, Masada. The Yigael Yadin Excavations 1963–1965, Final Report. Band 3: The Buildings – Stratigraphy and Architecture, Jerusalem 1991.

E. Netzer, Die Paläste der Hasmonäer und Herodes des Großen, Mainz 1999.

E. Netzer, The Palaces of the Hasmoneans and Herod the Great, Jerusalem 2001 (2001a).

E. Netzer, Hasmonean and Herodian Palaces at Jericho, Band I, Jerusalem 2001 (2001b).

E. Netzer, Hasmonean and Herodian Palaces at Jericho, Band II, Jerusalem 2004.

E. Netzer, The Architecture of Herod, the Great Builder, Tübingen 2006 (TSAJ 117).

E. Netzer, Das Ende einer Suche, AW 39/1 (2008), 8–18.

F. H. Neumann/E. J. Kagan/M. Schwab/M. Stein, Palynology, Sedimentology and Palaeoecology of the Late Holocene Dead Sea, Quaternary Science Reviews 26 (2007), 1476–1498.

F. H. Neumann/W. Zwickel/E. J. Kagan/M. Stein, Settlement, Climate and Vegetation History at the Dead Sea from the Bronze Age until the Crusader period, in Vorbereitung für Geoarchaeology.

T. M. Niemi/Z. Ben Avraham/J. R. Gat (Hrsg.), The Dead Sea. The Lake and its Settings, Oxford/New York 1997.

A. Nissenbaum, Shipping Lanes of the Dead Sea, Rehovot 11 (1991), 19–24.

A. Nissenbaum, The Dead Sea. An Economic Resource for 10000 Years, Hydrobiologia 267 (1993), 127–141.

A. Nissenbaum/I. Carmi/G. Hadas, Dating of Ancient Anchors from the Dead Sea, Naturwissenschaften 77 (1990), 228–229.

S. T. Parker, A Late Roman Soldier's Grave by the Dead Sea, ADAJ 38 (1994), 385–394.

J. Patrich, Agricultural Development in Antiquity. Improvements in the Cultivation and Production of Balsam, in: Galor u. a. 2006, 241–248.

E. Photos-Jones/K. D. Politis/H. F. James/A. J. Hall/R. E. Jones/J. Hammer, The Sugar Industry in the Southern Jordan Valley: An Intermediary Report on the Pilot Season of Excavations, Geophysical and Geological Surveys at Tawahin as-Sukkar and Khirbat ash-Shaykh 'Isa in the Ghawr as-Safi, ADAJ 46 (2002), 591–614.

M. Picirillo, The Roman Esbus-Livias Road, in: Piccirillo/Alliata 1998, 132–149.

M. Piccirillo, Ainon Sapsaphas and Betharaba, in: Piccirillo/Alliata 1999, 218–221.

M. Piccirillo/E. Alliata (Hrsg.), Mount Nebo. New Archaeological Excavations 1967–1997, Jerusalem 1998 (SBF.CMa 27).

M. Picirillo/E. Alliata, The Madaba Map Centenary 1897–1997. Travelling Through the Byzantine Umayyad Period. Proceedings of the International Conference Held in Amman, 7–9 April 1997, Jerusalem 1999 (SBF.CMa 40).

K. D. Politis, Excavations at Deir 'Ain 'Abata, ADAJ 34 (1990), 377–388.

K. D. Politis, Survey and Rescue Collections in the Ghawr as-Safi, ADAJ 42 (1998), 627–634 (Politis 1998a).

K. D. Politis, Rescue Excavations in the Nabataean Cemetery at Khirbat Qazone 1996–97, ADAJ 42 (1998), 596–597 (Politis 1998b).

K. D. Politis, Tuleilat Qasr Musa Hamid, 1999, ADAJ 43 (1999), 534–544 (Politis 1999a).

K. D. Politis, The Sanctuary of Agios Lot, the City of Zoara and the River Zared, in: Piccirillo/Alliata 1999, 225–227 (Politis 1999b).

K. D. Politis, Early Byzantine Monasticism in Southern Jordan, SHAJ 7 (1999), 585–589 (Politis 1999c).

K. D. Politis, Nabataeans on the Dead Sea Littoral, in: Markoe 2003, 110–112.

K. D. Politis, Ancient Arabs, Jews and Greeks on the Shores of the Dead Sea, SHAJ 8 (2004), 361–370.

K. D. Politis, Survey and Excavations at Khirbat Qazone 2004, ADAJ 49 (2005), 327–337.

K. D. Politis, Introduction, in: Meimaris/Kritikakou-Nikolaropoulou 2005, 3–7.

K. D. Politis, The Discovery and Excavation of the Khirbet Qazone Cemetery and its Significance Relative to Qumran, in: Galor u. a. 2006, 213–219.

K. D. Politis, Nabataean Cultural Continuity into the Byzantine Period, in: Politis 2007, 187–200.

K. D. Politis (Hrsg.), The World of the Nabataeans. Volume 2 of the Proceedings of the International Conference The World of the Herods and the Nabataeans held at the British Museum 17–19 April 2001, Stuttgart 2007 (Oriens et Occidens 14).

K. D. Politis/A. Kelly/R. Foote/D. Hull, Survey and Excavations in the Ghor es-Safi, 2004, ADAJ 49 (2005), 313–326.

K. D. Politis/M. O'Hea/G. Papaioannou, Survey and Excavations in the Ghawr as-Safi 2006–07, in Vorbereitung für ADAJ 51 (2007).

R. Porat/H. Eshel/A. Frumkin, Finds from the Bar Kokhba Revolt from Two Caves at En-Gedi, PEQ 139 (2007), 35–53.

W. E. Rast/R. T. Schaub, Survey of the South-Eastern Plain of the Dead Sea, 1973, ADAJ 19 (1974), 5–53.

W. E. Rast/R. T. Schaub, Bab edh-Dhra': Excavations at the Town Site (1975–1981), Winona Lake 2003.

R. Reich, The Hot Bath-House (Balneum), the Miqweh and the Jewish Community in the Second Temple Period, JJS 39 (1988), 102–107.

P. Richardson, Herod. King of the Jews and Friend of the Romans, Columbia 1996.

Z. Rodgers (Hrsg.), Making History. Josephus and Historical Method, Leiden/Boston 2007 (JSJ.Sup 110).

R. E. Rook, The 150th Anniversary of the United States' Expedition to Explore the Dead Sea and the River Jordan, Amman 1998.

O. Röhrer-Ertl/F. Rohrhirsch/M. Baumann/E. Bayer/G. Bonani, Über die Gräberfelder von Khirbet Qumran, insbesondere die Funde der Campagne 1956. II: Naturwissenschaftliche Datenvorlage und Befunddiskussion, besonders der Collectio Kurth, in: Mayer 2000, 227–276.

I. Roll, The Roads in Roman-Byzantine Palaestina and Arabia, in: Piccirillo/Alliata 1999, 108–113.

D. W. Roller, The Building Program of Herod the Great, Berkeley/Los Angeles/London 1998.

D. W. Roller, New Insights into the Building Program of Herod the Great, in: Kokkinos 2007, 313–320.

B. Rosen/S. Ben-Yehoshua, The Agriculture of Roman-Byzantine En-Gedi and the Enigmatic „Secret of the Village", in: Hirschfeld 2007, 626–640.

J. Rosenson, What were the Ships sailing on the Dead Sea in the Map of Madaba carrying?, Halamish 3 (1986), 16–20 (Hebräisch).

I. Sachet, La mort dans l'arabie antique. Practiques funéraires nabatéennes comparée, Ph.D. Collège de France, Paris 2006.

Z. Safrai, Halakhic Observance in the Judean Desert Documents, in: Katzoff/Schaps 2005, 205–236.

A. Schalit, König Herodes. Der Mann und sein Werk, Berlin 1996.

L. H. Schiffman/J. C. VanderKam (Hrsg.), Encyclopedia of the Dead Sea Scrolls, Oxford 2000.

H. Schult, Zwei Häfen aus römischer Zeit am Toten Meer, rugm el-bahr und el-beled (ez-zâra), ZDPV 82 (1966), 139–148.

U. J. Seetzen, Unter Mönchen und Beduinen. Reisen in Palästina und angrenzenden Ländern 1805–1087, Darmstadt 2002.

C. Shimoni/R. Yucha/E. Werker, Ancient Anchor Ropes from the Dead Sea, Atiqot 21 (1992), 58–62.

N. A. Silberman, A Prophet from Amongst You. The Life of Yigael Yadin – Soldier, Scholar and Mythmaker of Modern Israel, Reading 1993.

D. Sperber, Roman Palestine 200–400. The Land: Crisis and Change in Agrarian Society as Reflected in Rabbinic Sources, Ramat-Gan 1994.

D. Stacey, Hedonists or Pragmatic Agriculturalists? Reassessing Hasmonean Jericho, Levant 38 (2006), 191–202.

L. E. Stager, Farming in the Judean Desert during the Iron Age, BASOR 221 (1976), 145–158.

H. Stegemann, Die Essener, Qumran, Johannes der Täufer und Jesus. Ein Sachbuch, Freiburg etc. 1993.

M. Stein, The Sedimentary and Geochemical Record of Neogene-Quaternary Water Bodies in the Dead Sea Basin. Inferences for the Regional Paleoclimatic History, Journal of Paleolimnology 21 (2001), 271–282.

M. Stein, The Fall and Rise of the Dead Sea During the Post-Glacial and the Younger Dryas Event, Abstracts of the 12th Anual V.M. Goldschmidt Meeting, Davos 2002. P A-738 (Geochimica et Chromochimca Acta Special supplement).

E. Stern, En-Gedi Excavations I. Conducted by B. Mazar and I. Dunayevsky. Final Report (1961–1965), Jerusalem 2007.

A. Steudel, Die Texte aus Qumran II. Hebräisch/Aramäisch und Deutsch, unter der Mitarbeit von H.-U. Boesche, B. Bredereke, Ch. Gasser und R. Vielhauer, Darmstadt 2001.

A. Strobel, Zur Ortslage von Kallirrhoë, ZDPV 82 (1966), 149–162.

A. Strobel, Das römische Belagerungswerk um Machärus. Topographische Untersuchungen, ZDPV 90 (1974), 128–184.

A. Strobel/S. Wimmer, Kallirrhoë (ʿĒn ez-Zāra), Dritte Grabungskampagne des Deutschen Evangelischen Instituts für Altertumswissenschaft des Heiligen Landes und Exkursionen in Süd-Peräa, Wiesbaden 2003 (ADPV 32).

J. E. Taylor, The Englishman, the Moor and the Holy City. The True Adventures of an Elizabethan Traveller, Stroud 2006.

J. E. Taylor/N. Hepper, Date Palms and Opobalsam in the Madaba Mosaic Map, PEQ 136 (2004), 35–44.

H. Timberlake, A True and Strange Discourse on the Travailes of two English Pilgrimes. What Admirable Accidents Befell them in their Journey to Ierusalem, Gaza, Gran Cayro, Alexandria, and Other Places ... etc., London 1603 (repr. Amsterdam 1974).

E. Tov u. a. (Hrsg.), The Texts from the Judaean Desert. Indices and an Introduction to the Discoveries in the Judaean Desert Series, Oxford 2002 (DJD 39).

D. Urman, The Golan. A Profile of a Region During the Roman and Byzantine Periods, Oxford 1985 (British Archaeological Reports Series 269).

D. Ussishkin, The Ghassulian Shrine at En-Gedi, TA 7 (1980), 1–44.

J. C. VanderKam/P. W. Flint, The Meaning of the Dead Sea Scrolls: Their Significance for Understanding the Bible, Judaism, Jesus, and Christianity (London 2005).

R. de Vaux, Archaeology and the Dead Sea Scrolls, Oxford 1973.

R. de Vaux/F. Rohrhirsch/B. Hofmeir, Die Ausgrabungen von Qumran, 1A: Die Grabungstagebücher, Fribourg/Göttingen 1996.

G. Vermes/M. Goodman (Hrsg.), The Essenes According to the Classical Sources, Sheffield 1989 (Oxford Centre Textbooks 1).

M. Vogel, Herodes. König der Juden, Freund der Römer, Leipzig 2002 (Biblische Gestalten).

M. Waheeb, The First Season of the an-Naqʿ Project, Ghawr as-Safi, ADAJ 39 (1995), 553–555.

H. Walter/S.-W. Breckle, Vegetation und Klimazonen, Stuttgart ⁷1999.

H. Walter/H. Straka, Arealkunde-Floristisch-Historische Geobotanik, Stuttgart 1970 (Einführung in die Phytologie III/2).

H. Weiss/R. S. Bradley, What Drives Societal Collapse?, Science 291 (2001), 609–610.

H. Weiss/M.-A. Courty/W. Wetterstrom/R. Meadow/ L. Senior/F. Guichard/A. Curnow, The Genesis and Collapse of Third-Millennium North Mesopotamian Civilization, Science 261 (1993), 995–1004.

J. Wilkinson, Egeria's Travels, Warminster 1981.

T. Wright (Hrsg.), Early Travels in Palestine, London 1848, 178–81.

Y. Yadin, The Finds from the Bar Kokhba Period in the Cave of Letters. Jerusalem 1963.

Y. Yadin, Masada. Der letzte Kampf um die Festung des Herodes, Hamburg 1967.

Y. Yadin, Bar-Kokhba. Archäologen auf den Spuren des letzten Fürsten von Israel, Hamburg 1971.

Y. Yadin/J. C. Greenfield/A. Yardeni/B. A. Levine. The Documents from the Bar Kokhba Period in the Cave of Letters. Hebrew, Aramaic and Nabatean Aramaic Papyri. Jerusalem 2002.

Y. Yechieli/M. Magaritz/Y. Levy/U. Weber/ U. Kafri/W. Wölfli/G. Bonani, Late Quaternary Geological History of the Dead Sea Area, Israel, Quaternary Research 39 (1993), 59–67.

Y. Yekutieli, Is Somebody Watching You? Ancient Surveillance Systems in the Southern Judaean Desert, JMA 19 (2006), 65–89.

Y. Yom Tov/E. Tchernov (Hrsg.), The Zoogeography of Israel, Dordrecht/Boston/Lancaster 1988.

J. Zangenberg, Wildnis unter Palmen? Chirbet Qumran im regionalen Kontext des Toten Meeres, in: Mayer 2000, 129–164.

J. Zangenberg, Region oder Religion? Überlegungen zum interpretatorischen Kontext von Khirbet Qumran, in: Küchler/Schmidt 2006, 25–67.

J. Zangenberg, Kontroverse in der Wüste, AW 39/1 (2008), 19–28.

F. Zayadine, Recent Excavations at Petra (1979–81), ADAJ 26 (1982), 365–393.

Y. Zerubavel, Recovered Roots. Collective Memory and the Making of Israeli National Tradition, Chicago 1994.

D. Zohary/M. Hopf, Domestication of Plants in the Old World, Oxford² 1993.

M. Zohary, Flora Palaestina, Part 1-Text: Equisetaceae to Moringaceae, Jerusalem 1966.

M. Zohary, Man and Vegetation in the Middle East, in: Holzner u. a. 1983, 287–295.

M. Zohary, Pflanzen der Bibel, Stuttgart³ 1995.

M. Zohary/P. Spiegel-Roy, Beginnings of Fruit Growing in the Old World, Science 187 (1975), 319–327.

W. Zwickel, Die Landnahme in Juda, UF 25 (1993), 473–491.

W. Zwickel, Wirtschaftliche Grundlagen in Zentraljuda gegen Ende des 8. Jhs. aus archäologischer Sicht. Mit einem Ausblick auf die wirtschaftliche Situation im 7. Jh., UF 26 (1994), 557–592.

W. Zwickel/F. H. Neumann/E. J. Kagan/M. Stein, Settlement, Climate and Vegetation History at the Dead Sea from the Bronze Age until the Crusader period, for Geoarchaeology (in Vorbereitung).

ANMERKUNGEN

Frank H. Neumann, Elisa J. Kagan und Mordechai Stein: Region der Extreme

1. Freund u. a. 1970; Garfunkel 1981.
2. Ben-Menahem 1991; Ken-Tor u. a. 2001; Migowski u. a. 2004.
3. Siehe z. B. Ken-Tor u. a. 2001 und Ken-Tor u. a. 2001; Migowski u. a. 2004.
4. Neev/Emery 1967; Stein 2001.
5. Bartov u. a. 2002.
6. Stein 2001; Stein 2002; Migowski u. a. 2006.
7. Yechieli u. a. 1993.
8. Neev/Emery 1995; Yechieli u. a. 1993; Migowski u. a. 2004; Migowski u. a. 2006.
9. Bookman (Ken-Tor) u. a. 2004.
10. Zohary 1995.
11. Magness 2002, 49.
12. Zohary/Hopf 1993; Magness 2002, 214.
13. Gvirtzman 2006.
14. Danin 1995.
15. Walter/Straka 1970; Zohary 1995.
16. Danin 1995.
17. Danin 1988; Zohary 1983.
18. Zohary 1995, Abb. 2.
19. Miller II 2005, 52: „Researchers have established that the modern climate ... can be applied to the ancient period".
20. Frumkin 1997.
21. Baruch 1990; Baruch 1993; Heim u. a. 1997.
22. Migowski u. a. 2004; Migowski u. a. 2006.
23. Migowski u. a. 2004.
24. Bookman (Ken-Tor) u. a. 2004; Migowski u. a. 2006.
25. Bookman (Ken-Tor) u. a. 2004.
26. Migowski u. a. 2006.
27. Nach Levy 1995a.
28. Bar-Yosef 1995.
29. Bar-Yosef 2000.
30. Vgl. Gopher 1995.
31. Ahlström 1993, 103.
32. Bar-Yosef/Kra 1994.
33. Mazar 1992; Gonen 1992; Stern 2007.
34. So z. B. im Negev, siehe Levy 1995b.
35. Grigson 1995; Zohary/Hopf 1993.
36. Migowski u. a. 2006.
37. Ahlström 1993.
38. Ahlström 1993; Neev/Emery 1995; Beit-Arieh 1997.
39. Ahlström 1993; Weiss/Bradley 2001; deMenocal 2001; Weiss u. a. 1993; Cullen u. a. 2000.
40. Migowski u. a. 2006.
41. Neumann u. a. 2007.
42. Bookman (Ken-Tor) u. a. 2004.
43. Vgl. Neumann u. a. 2007; Neumann u. a. (in Vorb.).
44. Zohary/Spiegel-Roy 1975; Neef 1990.

45 Ahlström 1993; Mazar 1992; Neev/Emery 1995.
46 Finkelstein 1988; Beit-Arieh 1997.
47 Bunimovitz 1995; Issar/Zohar 2004.
48 Frumkin u. a. 1991.
49 Finkelstein 1995.
50 Na'aman 1992; Dever 1995.
51 Nissenbaum 1993.
52 Urman 1985.
53 Issar/Zohar 2004.
54 Nissenbaum u. a. 1990; Hadas 1993; Zangenberg 2000.
55 Zangenberg 2000; Magness 2002, 214.
56 Zohary/Hopf 1993.
57 Bruins 1994.
58 Sperber 1974, 274; Frumkin u. a. 1991.
59 Beit-Arieh 1997.
60 Baruch 1993.
61 Issar/Zohar 2004; Migowski u. a. 2006.

Wolfgang Zwickel: Das Tote Meer – Ein Wechselbad der Kulturgeschichte

1 Bar-Adon 1980.
2 Garfinkel 1999.
3 Ussishkin 1980.
4 Broshi/Gophna 1984.
5 Zwickel 1993.
6 Zwickel 1994.
7 Bar-Adon 1989.
8 Cross/Milik 1956; Stager 1976.

Jürgen Zangenberg: Die hellenistisch-römische Zeit am Toten Meer

1 Dazu siehe z. B. Kasher 1988; Keel/Küchler 1982; Cotton 1999; Zangenberg 2006 mit weiterführenden Literaturangaben.
2 Röhrer-Ertl u. a. 2000.
3 Wichtige Informationen gewinnen wir aus den Papyrusdokumenten aus Höhlen um En-Gedi, siehe dazu den Beitrag von G. Faßbeck in diesem Band.
4 Belege bei Zangenberg 2000; Zangenberg 2006.
5 Siehe dazu Ibach 1994; Piccirillo/Alliata 1998; Roll 1999.
6 Neben der Literatur zum Beitrag von K. Galor in diesem Band siehe auch Keel/Küchler 1982, 492–550; Hachlili/Killebrew 1999.
7 Piccirillo/Alliata 1998; Piccirillo/Alliata 1998a.
8 Piccirillo 1999.
9 Ibach 1987; Merling/Geraty 1994.
10 Keel/Küchler 1982, 562 f.
11 Vgl. dazu Hirschfeld 2006a, 271–305; Hirschfeld 2006b.
12 Vgl. dazu den Beitrag von J.-B. Humbert in diesem Band; Magness 2002; Hirschfeld 2006; Zangenberg 2008.
13 Clamer 1999.
14 Broshi/Qimron 1986.
15 Siehe dazu den Beitrag von K. D. Politis in diesem Band sowie Hirschfeld 2006c; Yekutieli 2006.
16 Gichon 1993; Fischer u. a. 2000.

Katharina Galor: Die hasmonäischen und herodianischen Winterpaläste in Jericho

1 Siehe dazu Netzer 1999, 5–59; Netzer 2001a, 13–67; Netzer 2001b; Netzer 2004; Netzer 2006, 42–80; zur Keramik Bar-Nathan 2002.
2 Zu einer möglichen früheren seleukidischen Bauphase siehe Stacey 2006.
3 Donceel-Voûte 1998; Hirschfeld 2006a, 274 f. (u. ö.). Diese Vergleiche lassen sich mittlerweile leicht überprüfen, siehe Netzer 2004, 39–144.
4 Die Überreste der Bronzezeit und der nach-herodianischen Besiedlung bleiben hier unberücksichtigt, ebenso die weitverzweigte Chronologie, die Netzer in seinem „final report" benutzt (Netzer 2001, 1–10; zur methodischen Kritik an der Periodisierung siehe Stacey 2006, 200).
5 Ein ähnlicher Turm erhebt sich in der Südwestecke des Kernbaus in Qumran, für Hirschfeld 1998; Hirschfeld 2006a, bes. 289–292 ein wichtiges Indiz, dass Qumran zur Kategorie der „manor houses" gehört; ähnlich argumentieren Humbert 1994 (nur für die erste Phase) sowie Magen/Peleg 2006, 102–104.
6 Dazu Netzer 1999, 13–17. Stacey 2006, 192–197 bestreitet nicht, dass diese Becken hauptsächlich zum Vergnügen gedient haben.
7 Vgl. dazu das erste Gebäude im westlichen Palast von Masada in Netzer 1999, 74 sowie auch das Kerngebäude von Qumran, dazu Humbert 2003c, 470–473.
8 Diese Interpretation beruht nach Ansicht des Verfassers nicht auf ganz eindeutigen Befunden, siehe dazu auch Levine 2000, 68 f.
9 Kelso/Baramki 1955, 5; Netzer 1999, 40 f. und 51–53.

Jean Baptiste: Ist das „essenische Qumran" noch zu retten?

1 Zum Hintergrund siehe Humbert 1994; Humbert 1999; Humbert 2000; Humbert 2003a; Humbert 2003b; Humbert 2003c; Humbert 2006 mit jeweils weiterführender Literatur. Magness 2003 hält die Siedlung von Qumran bereits in allen ihren nacheiszeitlichen Phasen für essenisch, Hirschfeld 2006 und Zangenberg 2008 bestreiten hingegen, dass die Siedlung überhaupt essenisch gewesen sein muss.

Mladen Popović: Die Schriftfunde vom Toten Meer

1 Die abschließende wissenschaftliche Ausgabe der Qumranfragmente liegt vor in der Serie „Discoveries in the Judean Desert" (DJD), Oxford University Press, bisher 39 Bände. Die Texte anderer Fundstellen vom Toten Meer sind oft verstreut publiziert (darunter in der Reihe „Judean Desert Studies" oder in Aufsätzen). Hilfreich bei der Erschließung der Texte insgesamt ist Schiffman/VanderKam 2000. Gut erreichbar sind Studienausgaben/Übersetzungen wie z. B. Garcia Martinez/Tigchelaar 1997; Maier 1995–1996; Maier 1997; Lohse 1981; Steudel 2001.
2 Als Einführungen in die Thematik eignen sich z. B. Davies u. a. 2002; Fieger u. a. 2001; Frey/Stegemann 2003; García Martínez/Tigchelaar 2003; Mébarki/Puech 2002; Stegemann 1993; Tov u. a. 2002; VanderKam/Flint 2002.
3 So z. B. Hirschfeld 2006; Zangenberg 2008.
4 Dabei handelt es sich im Wesentlichen um Philo, *Quod omnis probus liber sit* 75–91; Plinius, *Naturalis historia* 5,73; Flavius Iosephus, *Bellum iudaicum* 2,119–161 und *Antiquitates iudaicae* 18,18–22. Die antiken Quellen über die Essener sind im Original mit englischer Übersetzung bequem greifbar in Vermes/Goodman 1989.

Gideon Hadass und Jürgen Zangenberg: En-Gedi: Palmengarten und königliche Oase

1 Zu den Ankern siehe Hadas 1992; Hadas 1993; zu den Verkehrsverbindungen siehe Zangenberg 2000; Zangenberg 2006.
2 Dazu Hadas 2002.
3 Patrich 2006.
4 Zwei Endberichte liegen vor: Stern 2007; Hirschfeld 2007, dort jeweils weitere Literatur; vgl. auch Hadas 1993; Hadas 1994; Hirschfeld 2005.
5 Siehe dazu z. B. Hammond 1959.
6 Zu dieser Siedlung vgl. Hirschfeld 2006a, 293–305; Hirschfeld 2007, 132–156; anders etwa Amit/Magness 2000.
7 Dazu Hadas 1992; Hadas 1993.
8 Cotton 2001.
9 Vgl. z. B. Porat u.a. 2007.
10 Zur Inschrift siehe Faßbeck 2000; Rosen/Ben-Yehoshua 2007.

Katharina Galor: Masada und die Palastfestungen des Herodes

1 Siehe dazu Roller 2007; Netzer 1981; Netzer 2006 und Levine 1981.
2 Zu Herodes und seinen Bauten siehe auch Roller 1998; Richardson 1996; Lichtenberger 1999; Japp 2000. Zum Leben und kulturellen Kontext des Herodes siehe z. B. Schalit 1996; Vogel 2002; Kokkinos 2007; Günther 2007.
3 Ob es sich bei Flavius Iosephus um eine wahrheitsgetreue Schilderung handelt oder nicht, insbesondere mit Blick auf den kollektiven Selbstmord, ist umstritten. Siehe dazu Cohen 1982 und allgemein die Studien in Rodgers 2007. Zur Rolle Masadas als

Nationaldenkmal des Staates Israel siehe Ben-Yehuda 1995, 228–316 und Zerubavel 1994, 60–69.
4 Unmittelbar nach der Ausgrabung legte Y. Yadin die ersten Ergebnisse sowie seine persönlichen Eindrücke in einem populären Bericht vor: Yadin 1967 (englisch 1966). Die endgültige wissenschaftliche Publikation umfasst bis heute acht Bände: Aviram u. a. 1989–2007.
5 Netzer 1991, 199–359; Netzer 1999, 71–79.
6 Humbert 1994; vgl. auch Hirschfeld 1998 und Magen/Peleg 2006, 102–104. Letztere sehen in dieser räumlichen Aufteilung mit Mittelhof ebenfalls ein typisch hasmonäisches Charakteristikum.
7 Netzer 1991, 617–619; Netzer 1999, 80–89.
8 Hirschfeld 2004 beschreibt und analysiert die Bibliothek von Masada in ihrem architektonischen und kulturellen Kontext; zu antiken Bibliotheken allgemein siehe Hoepfner 2002.
9 An diesem Punkt weicht E. Netzer von Y. Yadins Deutung ab, der den westlichen Palast als repräsentatives und zeremonielles Gebäude versteht, den nördlichen aber als königliche Privatgemächer ansieht, vgl. Yadin 1967, 70–72.119 mit Netzer 1991, 585–588.
10 Dazu Reich 1988, 102–107.
11 Dazu Netzer 2008.
12 Zu Machaerus siehe Strobel 1974; Corbo/Loffreda 1991; Loffreda 1996; Netzer 1999, 67 f.; Netzer 2006, 213–216.
13 Siehe dazu etwa Foerster 1996; Lichtenberger 1999; Japp 2000; Netzer 2006.

Christa Clamer: Paradies am Meeresrand

1 Strobel/Wimmer 2003, 51 f.
2 Vgl. auch Donner 1963, 74 f.
3 Zu den antiken Quellen siehe Donner 1963, 60 f.; Clamer 1997, 21–23.
4 Strobel/Wimmer 2003, 64–66.
5 Zur Entdeckungs- und Forschungsgeschichte siehe Clamer 1997, 23–26. Die Grabungen wurden in den ersten zwei Jahren von Dr. Christa Clamer und im letzten Jahr von Prof. August Strobel im Auftrag des Deutschen Evangelischen Instituts für Altertumswissenschaft des Heiligen Landes durchgeführt. Die Berichte liegen vor in Clamer 1997 und Strobel/Wimmer 2003.
6 Schult 1966, 146 f., Abb. 3; Donner 1963, 80.
7 Donner 1963, 75–78.
8 Strobel/Wimmer 2003, 34 f.
9 Clamer 1997, 47.
10 So Netzer 2003, 236 Fig. 52. Strobel/Wimmer (2003, Abb. 7) fügen eine weitere Säulenreihe an der Ostseite hinzu.
11 Clamer 1997, 55 Fig. 91.
12 Clamer 1997, 135 Pl. 11:14.
13 Strobel/Wimmer 2003, 38 f.
14 Clamer 1997, 13 Fig. 17.
15 Clamer 1997, 14 Fig. 20.
16 Netzer 1984, 2–6 Figs. 6, 8–9; Branham 2006; Hirschfeld 2006, 241, 269 f.
17 Clamer 1997, 91 f.; Strobel/Wimmer 2003, 47 f.

Konstantinos D. Politis: Zoara, Khirbet Qazone und die Nabatäer am Südostende des Toten Meeres

1 Quellen bei Hackl u. a. 2003.
2 Politis 1999b.
3 Le Strange 1890, 288.
4 King u. a. 1987, 439; Albright 1924, 1–12; Frank 1934; Glueck 1935–1935, 7–9; Rast/Schaub 1974, 5–53; King 1985, 41–47; MacDonald 1992; Waheeb 1995, 553–555; Politis 1998a; Jones u. a. 2000, 523–534; Photos-Jones u. a. 2002, 591–614; Politis u. a. 2005; Politis u. a. 2007.
5 Rast/Schaub 1974.
6 Rast/Schaub 2003.
7 Politis 1995, 483–488; Politis 1997, 344–47.
8 Politis u. a. 2007.
9 Edwards u. a. 2004.
10 Politis 1999a, 534–544.
11 King u. a. 1987, 449; MacDonald 1992, 83–87.104.249.
12 Politis u. a. 2007.
13 Politis u. a. 2005.
14 Politis u. a. 2007.
15 Bowersock 1983, 74–75; Politis 2003, 106.
16 Politis 1990, 382.
17 Politis 2003, 108.
18 Politis u. a. 2007.
19 Politis u. a. 2005.
20 Politis u. a. 2007.
21 Politis 2001, 586–588.
22 Politis 1999c, 588.
23 Politis 1999b; Politis 1999c.
24 Politis u. a. 2005.
25 Politis 2004, 361–370.
26 Politis 1998b, 611–614.
27 Zayadine 1982, 366 und pl. CXXI,1.
28 Politis 1989, 596–597.
29 Granger-Taylor 2000, 113–116.
30 Politis/Granger-Taylor 2003, 110–112.
31 Healey 1995, 189–190; Sachet 2006, pl. 123.
32 Politis u. a. 2005.
33 Politis 2006, 151.
34 King u. a. 1987.
35 Politis 2003.
36 Edwards u. a. 2004, 195–199.
37 King u. a. 1987, 439–433; Parker 1994, 385–394.
38 King u. a. 1987, 442–443.

Gabriele Faßbeck: Fenster ins Leben

1 Eine ausführliche Würdigung der Person Y. Yadins und seiner Bedeutung für die Archäologie und Politik des frühen Staates Israel bietet Silberman 1993.
2 Vgl. die Analyse in Aharoni 1960, 13.
3 Cotton 2001.
4 Einige Interpreten halten Jerusalem für das zentrale Lager des Bar-Kochba, auf das sich dieser Papyrus bezieht. Die aus Papyrusfunden und Numismatik gewonnenen Indizien sprechen allerdings eher gegen eine Eroberung Jerusalems durch Bar-Kochba.
5 P. Yadin 52 gibt einen Soumaios als Absender an, der in der Fachliteratur verschiedentlich mit Bar-Kochba identifiziert wird. Hannah M. Cotton hat in ihrer Neuedition der Briefe starke Argumente gegen eine solche Interpretation angeführt und identifiziert den Absender als einen Nabatäer, der sich dem jüdischen Aufstand angeschlossen hatte (Yadin u. a. 2002, 351–362).
6 Zum Versuch einer genauen Lokalisierung Mahozas Cotton/Greenfield 1995.
7 Safrai 2005, 225.
8 Das Verständnis dieses Dokuments, insbesondere der hier leitenden Rechtsvorstellungen, ist in der Fachliteratur umstritten. Die Darstellung hier folgt der Interpretation von Cotton 1997 gegen Lewis 1989; Ilan 2001; Katzoff 2005.
9 Cotton 1993.
10 Lewis 1989, 22–26; Kraemer 2003.
11 Ilan 2001, 217–233 rekonstruiert ausführlich Identität und Werdegang der Julia Crispina aus den verfügbaren literarischen und dokumentarischen Quellen.
12 Cotton/Eck 2005.
13 Cotton 2001.
14 Rosen/Ben-Yehoshua 2007, 629.
15 Cotton 2001.

Joan E. Taylor: Aus dem Westen ans Tote Meer

1 Kreiger 1997.
2 Strabon (*Geographica* 16, 2, 44) schrieb jedoch, dass 60 stadia von der zentralen Siedlung Sodom entfernt nichts zu Schaden kam, während Sodom und ihre Töchterstädte zerstört wurden.
3 Nach Wilkinson 1981, 219 war es ein Gemeinplatz in frühchristlicher Literatur, dass dieser Pfeiler noch sichtbar ist (vgl. auch 1Clem 11,4; Irenaeus, *Adversus haereses* 4, 31, 3).
4 Im 12. Jh. wurde das Grab Absaloms schließlich mit einem monumentalen Gebäude im Tal Joschafat identifiziert (so Benjamin von Tudela 36). Flavius Iosephus (*Antiquitates iudaicae* 7, 243) berichtet, dass sich das Grab Absaloms im „Tal der Könige", zwei Stadien (ca. 426 m) von Jerusalem entfernt, befindet.
5 Dazu siehe Hirschfeld 1992.
6 Münzen des 4. Jhs. n. Chr. (einschließlich zweier Stücke des Theodosius [379–395]) wurden in Loci 34 und 152 von Khirbet Qumran gefunden; sechs weitere Münzen des 4. Jhs. stammen aus Loci 7, 68, 88, 91, 96 und 119. Münzen des 5. und 6. Jhs. stammen aus Loci 42 und 76, siehe de Vaux u. a. 1996, 127 f. Die

recht große Anzahl byzantinischer Münzen und vereinzelte Scherben könnten darauf hinweisen, dass hindurchziehende Gruppen die Ruinen der Phase III von Qumran als Behausungen nutzten. In Khirbet el-Yahoud (= Khirbet Mazin) 3 km südlich von Ras-Feshkha gibt es Hinweise auf byzantinische Besiedlung und in Ain-Feshkha südlich von Qumran wurde Locus 20 in einen Unterschlupf verwandelt (de Vaux 1973, 60.72.75.86 und 88). Eine Höhle oberhalb von Ain et-Turabe und eine weitere bei Ain el-Ghuweir waren in der byzantinischen Zeit bewohnt (siehe Blake 1966, 566). Johannes Moschus erwähnt in seinem *Pratum Spirituale* (ca. 600) einen Gärtner, der Gemüse für die Einsiedlereien von Mardes (Marda), das sich auf dem Hügel von Khirbet Mird befand, anbaute.

7 Gil 1997, 474–7.
8 Mehr dazu in Taylor/Hepper 2004, 5–44.
9 Zu Beginn des 4. Jhs. berichtet Eusebios von Balsam und Dattelpalmen in Zoara (*Onomastikon* 42) sowie in En-Gedi (*Onomastikon* 86).
10 Siehe Milright 2003.
11 Der arabische Geschichtsschreiber at-Tamimi (10. Jh.) schrieb, dass eine besondere Art Salz am Nordwestufer des Toten Meeres gesammelt wurde (dazu Amar 1998; Bloch 1962; Rosenson 1986).
12 Aristoteles (*Meteorologika* 2,4).
13 Eine große Menge Verkehr wurde in der Antike auf Flüssen, Seen und Meeren abgewickelt und das Tote Meer war keine Ausnahme. Nissenbaum 1991; Hadas 1992; Shimoni u. a. 1992. Häfen wurden in Rujm el-Bahr, Khirbet Mazin und Kallirrhoë gefunden, siehe Zangenberg 2000; Hirschfeld 2006a, 275 f. und 278 f. Beda (*De locis sanctis* 11/317) erwähnt, dass Bitumen von der Wasseroberfläche von Booten aus aufgesammelt wurde.
14 Dazu, dass man Bitumen mit Urin zu erweichen versuchte, siehe Strabon (*Geographica* 16,2,43); zu Menstruationsblut siehe Flavius Iosephus (*Bellum iudaicum* 4,478) und Tacitus (*Historiae* 5,6).
15 Aus Flavius Iosephus (*Bellum iudaicum* 4,480), anders Tacitus (*Historiae* 5,6). Die Aschenfrucht könnte auf zutreffenden Beobachtungen beruhen. Am Toten Meer gibt es verschiedene Arten von Fruchtbäumen, die man mit dem „Sodomsapfel" identifizieren könnte, am wahrscheinlichsten sind *Calatropis procera* oder *Solanum incanum* (Nigel Hepper sei für diese Hinweise herzlich gedankt).
16 PPTS XI (1895), 29–31.
17 Zur mittelalterlichen Zuckerherstellung in der Region siehe Jones u. a. 2002; Hamarneh 1977–78.
18 PPTS XII (1896), 58–63.
19 Wright 1848, 178–181.
20 PPTS VI (1894), 38–40.
21 PPTS IX (1893), 150–174.
22 Zu Theriac, das aus einer Mischung u.a. mit Opium und Vipernfleisch als Allheilmittel hergestellt wurde, schrieb schon Galen einen ganzen Traktat, vgl. Amar 1996–97.
23 Siehe dazu den Beitrag von J. Zangenberg in diesem Band sowie Schult 1966; Hirschfeld 2006a, 275 f., 278 f.
24 So der englische Besucher Thomas Bodington, siehe 'A Journey to Jerusalem or, the Travels of Fourteen English Men to Jerusalem in the Year 1669', in: Burton 1683, 79–104 auf S. 102.
25 Zu Timberlake siehe Taylor 2006.
26 Maundrell 1703, repr. Wright 1848, 452–55.
27 Seetzen 2002.
28 Dazu Rook 1998. Ein besonders schönes Beispiel damaliger Bootsreisen bieten Loth/Abel 1997.
29 Vgl. auch das Verzeichnis der Reiseberichte S. 162.

ABBILDUNGSNACHWEIS

Titelbild: Yvan Travert/akg-images (oben) | Getty Images/Travel Ink Photo Library (unten)
Frontispiz: Dinu Mendrea
S. 4: GNU License 1.2/Guy Haimovitz

Vorwort
Abb. 1: Radu Mendrea | Abb. 2: gemeinfrei/NASA | Abb. 3.4: Matthias Windrath

Frank H. Neumann, Elisa J. Kagan und Mordechai Stein: Region der Extreme
Abb. 1: Dinu Mendrea

Wolfgang Zwickel: Das Tote Meer
Abb. 1.4: Friedrich Klütsch | Abb. 2: Dinu Mendrea | Abb. 5.6: akg-images/Erich Lessing

Jürgen Zangenberg: Die hellenistisch-römische Zeit am Toten Meer
Abb. 1.3: Radu Mendrea

Katharina Galor: Die hasmonäischen und herodianischen Winterpaläste in Jericho
Abb. 1–4: Jürgen Zangenberg

Jean-Baptiste Humbert: Ist das „essenische Qumran" noch zu retten?
Abb. 1.4.7: Jürgen Zangenberg

Mladen Popović: Die Schriftfunde vom Toten Meer
Abb. 1.2.7: Radu Mendrea | Abb. 3: akg-images/Erich Lessing | Abb. 4: akg-images/Israelimages | Abb. 5.6: Matthias Windrath

Gideon Hadass und Jürgen Zangenberg: En-Gedi
Abb. 1.2: Jürgen Zangenberg | Abb. 3.4a: Dinu Mendrea | Abb. 4b: Sandu Mendrea

Katharina Galor: Masada und die Palastfestungen des Herodes
Abb. 1: Radu Mendrea | Abb. 2.6: Dinu Mendrea | Abb. 3.4.5.7: Jürgen Zangenberg

Christa Clamer: Paradies am Meeresrand
Abb. 1.2: Jürgen Zangenberg

Konstantin D. Politis: Zoara, Khirbet Qazone und die Nabatäer am Südostende des Toten Meeres
Alle Abb.: vom Autor

Gabriele Faßbeck: Fenster ins Leben
Abb. 1.2: akg-images/Israelimages | Abb. 3–5: akg-images/Erich Lessing

Joan E. Taylor: Aus dem Westen ans Tote Meer
Abb. 1: Studium Biblicum Franciscanum | Abb. 2–8: Palestine Exploration Fund, London

Alle anderen Abbildungen von den Autoren der einzelnen Beiträge.

173 Seiten mit 86 Farb- und 3 Schwarzweißabbildungen

Umschlagabbildung: Masada, Blick zum Toten Meer (oben), Totes Meer (unten)
Frontispiz: Totes Meer

Bibliografische Information der Deutschen Nationalbibliothek

Die Deutsche Nationalbibliothek verzeichnet diese Publikation in der
Deutschen Nationalbibliografie; detaillierte bibliografische Daten sind
im Internet über http://dnb.d-nb.de abrufbar.

Weitere Publikationen aus unserem Programm finden Sie unter:
www.zabern.de

© 2010 by Verlag Philipp von Zabern, Mainz
ISBN: 978-3-8053-4074-8
Gestaltung: Michaela Binasch, Bild1Druck GmbH, Berlin
Alle Rechte, insbesondere das der Übersetzung in fremde Sprachen,
vorbehalten. Ohne ausdrückliche Genehmigung des Verlages ist es
auch nicht gestattet, dieses Buch oder Teile daraus auf fotomechanischem
Wege (Fotokopie, Mikrokopie) zu vervielfältigen oder unter
Verwendung elektronischer Systeme zu verarbeiten und zu verbreiten.
Printed in Germany by Philipp von Zabern
Printed on fade resistant and archival quality paper (PH 7 neutral) · tcf